图解 精益制造 *089*

生产技术

図解入門ビジネス
生産技術の実践手法がよ〜くわかる本

[日] 菅间正二 著

潘咏雪 译

人民东方出版传媒
People's Oriental Publishing & Media
东方出版社
The Oriental Press

图字：01-2022-6023 号

ZUKAI NYUMON BUSINESS SEISANGIJUTSU NO JISSENSHUHO GA YO~KU WAKARU HON
[DAI2HAN] by Shoji Sugama
Copyright © Shoji Sugama, 2017
All rights reserved.
First published in Japan by Shuwa System Co., Ltd., Tokyo.

This Simplified Chinese edition is published by arrangement with Shuwa System Co., Ltd., Tokyo in care of Tuttle-Mori Agency, Inc., Tokyo through Hanhe International (HK) Co., Ltd.

图书在版编目（CIP）数据

生产技术 /（日）菅间正二 著；潘咏雪 译. —北京：东方出版社，2024.3
（精益制造；89）
ISBN 978-7-5207-2781-5

Ⅰ.①生… Ⅱ.①菅… ②潘… Ⅲ.①工业生产—生产技术 Ⅳ.①F406.3

中国国家版本馆 CIP 数据核字（2024）第 001633 号

精益制造 089：生产技术
（JINGYI ZHIZAO 089：SHENGCHAN JISHU）

作　者：	[日] 菅间正二
译　者：	潘咏雪
责任编辑：	高琛倩
出　版：	东方出版社
发　行：	人民东方出版传媒有限公司
地　址：	北京市东城区朝阳门内大街 166 号
邮　编：	100010
印　刷：	北京明恒达印务有限公司
版　次：	2024 年 3 月第 1 版
印　次：	2024 年 3 月第 1 次印刷
开　本：	880 毫米×1230 毫米　1/32
印　张：	13.25
字　数：	241 千字
书　号：	ISBN 978-7-5207-2781-5
定　价：	68.00 元

发行电话：(010) 85924663　85924644　85924641

版权所有，违者必究

如有印装质量问题，我社负责调换，请拨打电话：(010) 85924602　85924603

前　言

随着企业之间的竞争日益全球化和激烈化，制造商需要强化他们的产品开发能力和制造能力，以使得自身能在竞争中存活下来。特别是，随着为满足消费者的需求而小批量生产各种产品的趋势越来越明显，以及环境的其他变化，现在比以往任何时候都更需要确立技术的独特性，并显示出对竞争对手的技术优势。

在这种环境下，日本在制造业方面的技术实力之高，在全世界是有目共睹的。生产和制造技术是实现这种高水平制造能力的关键。在本书中，我们重点讨论这两项技术。因为，我们需要以优质、廉价、快速和合理的方式对开发、设计好的产品进行生产。

这些生产技术可以说是将设计工程师的梦想具象化的技术，并使产品在QCD（质量、成本和交付期限）方面具有竞争力。换句话说，生产技术就是在广泛而又复杂的技术中，选择更有用和更划算的方式，生产相应规格产品的能力。换句话说，生产技术的工作成果体现在生产系统中，生产技术的熟练程度对企业产品的竞争力也有很大影响（如QCD），而这又会影响到企业的利润。

为了满足客户日益复杂的需求，技术革新是永无止境的。一边"忠实于基本"，切实解决技术课题，一边又需要积累技术和经验，巩固不断构筑坚实的技术基础正变得越来越重要。

本书内容针对以下群体：那些对制造业感兴趣并希望获得生产技术知识的人，那些希望提高生产技术实践能力的人，那些希望对生产技术工作有所了解的人，以及生产车间的管理人员和监督人员。

我们真诚地希望各位读者能够通过此书，了解生产技术的知识，洞悉生产技术负责人的态度和思维方式，熟悉开展工作的方法，通过实际应用和悉心钻研取得自身的进步，从而为企业乃至社会的发展做出一定的贡献。

最后，我想借此机会向"秀和系统（出版社）"的编辑部的各位同人表示感谢，感谢他们给了我书写并出版本书的机会。

菅间正二

目 录

第 1 章　什么是生产技术

1-1　制造（业）究竟是什么 …………………………… 002
1-2　技术归根到底是什么 …………………………… 005
1-3　什么是基础技术、固有技术和要素技术 …………… 008
1-4　对生产至关重要的 4M 和 QCD 是指什么 ………… 011
1-5　构成 4M 的具体项目有哪些 …………………… 014
1-6　生产包括哪些形态和方式 …………………… 017
1-7　制造业的流程（变迁）是怎样进行的呢 …………… 020
1-8　生产技术到底是什么 …………………………… 023
1-9　生产技术所处的环境是怎样的 …………………… 026
1-10　为什么需要生产技术 …………………………… 029
1-11　生产技术的目的和作用是什么 …………………… 032
1-12　生产技术的对象是什么 …………………………… 035
1-13　生产技术在生产流程中如何进行定位 …………… 038
1-14　生产技术具体是做什么 …………………………… 041
1-15　生产技术是如何进行分类的 …………………… 044

I

1-16	生产技术在哪里进行 ··················	047
1-17	生产技术中的 PDCA 是怎么样的 ·············	050
专栏	日本生产技术的历史 ···················	053

第 2 章　生产技术的基础知识

2-1	预先了解生产设备的变迁 ·················	058
2-2	预先了解产品功能特性和制造工序 ············	061
2-3	预先了解生产技术和制造技术之间的区别 ········	064
2-4	预先了解生产力和生产效率的区别 ············	067
2-5	预先了解劳动率和可动率的区别 ·············	070
2-6	加深对生产设备和工具的理解 ··············	073
2-7	预先了解设备引进的步骤 ················	076
2-8	预先了解生产设备的控制技术 ··············	079
2-9	预先了解缩短筹备期的必要性 ··············	083
2-10	预先了解缩短设定时间的必要性 ············	086
2-11	预先了解建厂时要考虑的问题 ·············	089
2-12	预先了解丰田生产方式的概要 ·············	092
2-13	预先了解单元生产方式的概要和生产技术的作用 ···	095
2-14	预先了解同步生产方式的概要和生产技术的作用 ···	098
2-15	预先了解混合生产方式的概要和生产技术的	

作用 ……………………………………………………… 101

专栏　从产业遗产群看日本生产技术的步伐 ……………… 104

第3章　生产技术计划的推进方法

3-1　构建符合产品要求的生产系统 …………………… 108

3-2　进行能够高效、低廉生产的工序计划和工序
　　　设计 ……………………………………………… 111

3-3　确定新产品的内外部分类制造 ……………………… 114

3-4　在单件生产的基础上规划新生产线 ……………… 117

3-5　做好生产前的质量保证活动 ………………………… 120

3-6　通过QC工序表等提供产品质量的鸟瞰图 ………… 123

3-7　规划和建立合理的布局 ……………………………… 126

3-8　启动新产品等的生产 ………………………………… 129

3-9　在生产启动中使用来自样品验证时获得的技术
　　　诀窍 ……………………………………………… 132

3-10　对于不稳定的技术要通过进行测试等提前做好
　　　准备 ……………………………………………… 135

3-11　有效地实施设备投资 ……………………………… 138

3-12　预先决定规格说明书的项目和内容 ……………… 141

3-13　设定标准作业和标准工时 ………………………… 144

3-14　应用工作研究中获取的知识建立生产系统 ……… 147

3-15　采购并安装具有安全措施的设备 ………………… 150

3-16	创建一个对人和环境都友好的生产系统	153
3-17	尽可能压缩生产系统	156
3-18	修复并有效利用陈旧老化的设备	159
3-19	明确初期流动管理的指定和解除条件	162
3-20	生产的移交将有条不紊地进行	165
专栏	经营环境和生产技术之间的关系	168

第 4 章 推进生产技术控制的方法

4-1	实现垂直启动	172
4-2	充分进行试运行、运行调整和试加工	175
4-3	在工序中建立质量	178
4-4	通过运行状况的可视化实现顺利的生产	181
4-5	了解并提高生产力	184
4-6	提高设备的总效率	187
4-7	减少故障停机时间	190
4-8	促进设定的改进	193
4-9	减少短停机,提高 SQCDM	196
4-10	缩短瓶颈工序的周期时间	199
4-11	促进不合格产品的减少和质量的改进	202
4-12	将设备改进(方案)等向相关部门反馈	205
4-13	让生产线一目了然	208
4-14	动力设备的正确管理和无故障运行	211

目 录

4−15 消除设备中的漏油和漏气问题 …………………… 214

4−16 将 ISO 方法应用到生产技术业务中去 …………… 217

专栏 一个完成度低的生产系统，让每个人都

感到烦恼 …………………………………………… 220

第 5 章　生产技术管理的推进方法

5−1 把握、可视化并活用本企业的生产技术现状 …… 224

5−2 通过拆解等方式调查并活用其他企业的产品 …… 227

5−3 了解并活用企业现有的生产设备 ………………… 230

5−4 给生产设备标上固定资产编号进行管理/活用 …… 233

5−5 创建和使用设备故障履历 ………………………… 236

5−6 减少闲置设备的产生，并进行管理和活用 ……… 239

5−7 掌握、活用外部擅长的技术和值得记录的

生产设备 …………………………………………… 242

5−8 按变更编号对各种图纸、其他文件进行管理和利用

（图纸管理）………………………………………… 245

5−9 管理和应用各种单据及技术资料 ………………… 248

5−10 了解本企业产品的 SCM，并进行管理和应用 …… 251

5−11 对生产技术负责人的技能可视化处理，并进行

培养和应用 ………………………………………… 254

5−12 有效应用积累的活动内容和诀窍 ………………… 257

5−13 将业务顺序等编成手册并加以使用 ……………… 260

V

5-14	推动和利用标准化	263
5-15	制定并活用本企业独特的技术标准	266
专栏	图纸管理的重要性	269

第 6 章　提高 QCD 的生产技术

6-1	利用生产技术来降低制造成本	272
6-2	在标准作业中纳入运动经济的原则	275
6-3	用更少的工时进行生产（降低工时）	278
6-4	通过采用 GT 方法推动高效和低成本的生产	281
6-5	推动小批量生产	284
6-6	了解并使用 VA/VE 和 IE 等方法	287
6-7	通过工序重组和生产线重组提高生产效率	290
6-8	通过工厂重组谋求经营支援的有效利用	293
6-9	推动工厂自动化	296
6-10	稳步积累改进之处	299
6-11	推动瓶颈技术的改进	302
6-12	推进（生产）方法改进和技术改进	305
6-13	了解设备改进的步骤并利用这些步骤进行改进	308
6-14	改造成便于使用的设备	311
6-15	通过自働化推动设备改进	314
6-16	推动连续自动运行	317

目 录

6-17 改进生产设备等设计上的薄弱环节 …………………… 320

6-18 追求并实现高效的 MH ………………………………… 323

6-19 将 MP 信息和工序信息活用于设备维护等 …………… 326

6-20 将技术信息反馈到产品设计等方面 …………………… 329

专栏 产量下降的时候才是改进公司体系的机会 ………… 332

第 7 章　今后的生产技术：基本项目

7-1 积极推动 CE、SE ……………………………………… 336

7-2 参与设计评审（设计审查）…………………………… 339

7-3 利用 3D 打印技术缩短生产准备时间 ………………… 342

7-4 要构筑高度可靠和灵活的生产系统 …………………… 345

7-5 积极使用 IT 技术 ……………………………………… 348

7-6 利用 PLS 系统高效生产 ……………………………… 351

7-7 生产设备和夹具类应易于设定 ………………………… 354

7-8 在关键设备中嵌入自动设定装置 ……………………… 357

7-9 实现一次合格 …………………………………………… 360

7-10 推进按订单生产 ………………………………………… 363

7-11 内部设备也配有 ATC、AWC 和 APC ………………… 366

7-12 把信息系统和生产设备的控制系统结合起来 ………… 369

7-13 在重点线群中构建 CIM ……………………………… 372

7-14 善于使用 CAD/CAM、CAE …………………………… 375

7-15 引进更节能的设备 ……………………………………… 378

VII

7-16	积极推进生产方法的开发	381
7-17	引进企业所缺乏的技术和新技术	384
7-18	推进 MOT（技术经营）	387
7-19	将 IoT 引进并运用到本企业的生产技术中	390
7-20	引进并运用工业 4.0 的理念	393
专栏	什么是可靠的生产技术	396

索　引 399
参考文献 405

第 1 章

什么是生产技术

随着企业之间的竞争日益全球化和激烈化,对制造商来说,建立一个比其竞争对手更有用和更划算的制造系统变得越来越重要。为了使制造商在这种竞争中能够幸存,不仅需要有出色的开发能力和设计能力,还需要拥有生产技术。要以廉价、快速和合理的方式生产出好产品,这一点是不可或缺的。

在这一章中,我们将介绍廉价、快速、合理地生产好产品必需的与生产相关联的基本知识,并且介绍其周围的环境,概述支持其顺利生产不可缺少的生产技术,具体而言,就是要明确以下内容,包括生产技术是为了什么而做,怎样做,在哪里做,以及它在整体中占据的位置等。

1-1
制造（业）究竟是什么

制造（业）的基本内涵是，利用自然界存在的事物，依次对其进行改造，使其更加有用和划算，进而使我们的日常生活更加方便、舒适和殷实。

▶▶ **此处涉及的对象是什么**

当我们的祖先诞生于地球上时，没有任何人造物存在，他们靠采集和猎捕自然物来生活。在生活的过程中，他们不仅学会了使用木材、石头和火等材料，还学会了利用它们制造和使用工具[①]，这使他们能够获得自身血肉之躯无法实现的能力。利用上述所学的知识，他们下苦功夫对其逐一进行了改进，通过使其更加成熟，进而发明了更便捷、更易于使用的东西，并将其传给了后世的我们。这些发明和其所需的技术不间断地传给下一代，并逐渐发展成为今天的工业产品。

今天，我们靠着像这样制作出的产品和其他天然材料的帮助，开展人们各自的日常生活。

世界上有各种各样的物体。本章我们将主要讨论人造产品，

---

① 工具：从狭义上讲，是用于制造东西或做事的工具的总称。

也就是我们人类制作出的东西,包括我们利用的自然界中原本存在的东西。

▶▶ 制造业

制造这些东西的整个过程被统称为"制造业"。换句话说,制造业是将低价值物体转化为高价值物体的过程。因此,制造业中所说的低价值物体无所谓是自然的,或者是人工的。制造业的基本内涵是利用和改造它们,使其更加有用和划算,进而使我们的日常生活更加方便、舒适和殷实。

上述所提到的制造业,从"徒手操作的制造"到"利用工具进行的制造",到"使用机器进行制造的制造(业)",再到"通过无人操作进行的制造(业)"(详情请见第7-11节),可以说,它们是依次从劳动密集型的制造业走向资本密集型的制造业。

上述的这些过程,在当今社会正不断变得越来越复杂化和高度化,为了在这一领域开展业务,必须能够适应时代的变化和需要,因为市场竞争的原则要求它们要变得更有用且更划算。

制造业的概念

物体（物品）
用于制造的产品
＝来自大自然的原始材料和人造产品

制造业
高效和廉价地将低价值物体转化为高价值物体的过程

制造业的基础内容：高效和廉价地生产对未来有用的东西，进而使我们的日常生活更加方便、舒适和殷实

制造业的发展过程

劳动密集型的制造业 → 资本密集型的制造业

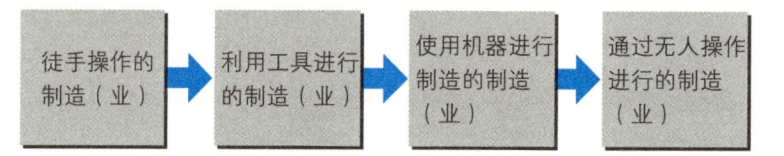

| 徒手操作的制造（业） | → | 利用工具进行的制造（业） | → | 使用机器进行制造的制造（业） | → | 通过无人操作进行的制造（业） |

1-2
技术归根到底是什么

为了稳定持续地制造工业产品，如新产品或换代产品，坚实的技术是必不可少的。这样，技术就成为制造业能够持续发展的命脉。

▶▶ **技术**

众所周知，今天的"技术"拥有更广泛的含义。例如，它可以用来描述制造东西的技术，还可以用来描述驾驶汽车的技术、运动的技术、医院和艺术史中使用的技术，以及最近的环境和安全技术。这表明技术的概念相当广泛。

技术已经通过这种方式，获得广泛传播及应用，借以实现效率和宣传等目的。它可以指任何手段或方法。因此，人们通常把它解释为包括个人习得能力在内的功能。顺便说一下，如果你在《广辞苑》①（岩波书店）中查找"技术（技術）"一词，你会发现它定义如下："①熟练地做事的技巧、技术或技艺；

---

① 译者注：《广辞苑》是由岩波书店出版的中型日语词典。首次出版于1955年。第七版已于2018年出版。它不仅是一本日语词典，也是一部百科全书，包含约250,000字。

②在实践中应用科学来改变或加工自然事物,并使其对人类生活有用的技术。"

▶▶ 本书涉及的技术

  技术多种多样,本书所讨论的是其中的工序技术,如制造业生产某些工业产品所需的手段和方法。这些技术用来引发消费者和终端用户的消费欲望,也是制造业获得生存发展的必要条件。换句话说,它们是制造业的命脉。坚实的技术对工业产品的稳定和持续生产至关重要。这里所说的"产品"不仅指现有产品,还包括新产品和换代①产品。

  技术不是一朝一夕形成的,而是由我们的前辈经过反复的思考、创造和摸索,才最终创造出来的模式。

  此外,为了适应制造业周围环境的变化,包括消费者和最终用户的变化,产品和生产产品所需的技术也必须随着时代变化。

  为了适应这个不断变化的时代,为了在企业之间的激烈竞争中生存,技术要日渐发展、进步,永无止境。

---

  ① 换代:对现有产品的设计进行改变或改进,然后作为新产品进行销售的过程。有时,产品出现大变化的情况被称为"整体变动",出现轻微变化的情况则被称为"局部变动"。

第1章 什么是生产技术

技术的概念

```
         我们的生活
       手 ┌─────────┐
       艺│ 工业产品 │自然物
         │（人造物）│
         └─────────┘ 采集
            技术      等
```

创造消费者和终端用户喜爱的东西的能力＝技术

↑

随着时代的变化，所需的技术也在变化（例如，IT应用、环境技术等）

技术的发展与进步是永无止境的

技术是指：
① 熟练地做事的技巧、技术或技艺
② 在实践中应用科学来改变或加工自然事物，并使其对人类生活有用的技术

引自《广辞苑》第五版（岩波书店）

1-3
什么是基础技术、固有技术和要素技术

为了促进制造业的发展，基础技术、固有技术和要素技术不可或缺。梳理本企业拥有的技术和尚且不足的技术，在此基础上进一步发展，这一点是很重要的。

▶▶ **基础技术**

即使你用一些尖端技术开发出了一个高性能的产品，只要你缺乏制造该产品所需的基本技术，就无法使其商业化。这些基本技术被称为基础技术、固有技术或要素技术。

基础技术对于工业产品的生产和丰富我们的生活来说是重要的和不可缺少的。因此，为了保持和提高基础技术的水平，促进经济的发展，政府制定了《制造业基础技术振兴基本法》[①]。

现在来看一下基础技术的定义[②]。作为国家机关的信息推进研究机构认为，基础技术是指：在很大程度上有助于提高国民

[①] 译者注：制定这部法律（1999年第2号法律）的目的是全面和有序地推动促进日本"制造基础技术"的措施。它将制造业定位为日本经济的一个关键产业，并呼吁发展和加强制造业，提高技术工人的地位。

[②] 从国家机关信息通信研究机构公开征集民间基础技术研究促进制度的对象中，定义基础技术。

经济规模和人民生活的技术。换句话说，它是一种描述影响度（即对性能和生产力提高的影响大小）和波及性（即使用领域的范围）的技术。

另外，所谓"制造基础技术"是指在《制造业基础技术振兴基本法》的第二条第一款中所规定的 26 种技术（如第 10 页图所示）。此外，在关于中小企业特定制造基础技术高度化的方针中，将精密加工相关的技术等 12 个领域定义为"特定制造基础技术"。

▶▶ 固有技术和要素技术

固有技术是指涉及企业经营发展的支柱技术，必须在该企业成长过程中有效利用该技术。例如，许多企业已经获得了加工和装配的特定技术，如精密切割技术；通过深入追求切割加工技术的加工制度，可以使自己有别于竞争对手。该技术有时被称为"管理技术"，控制产品的 QCD（见第 1-4 节）和生产的效率。

另一方面，要素技术是指开发生产或运用某一产品、系统所需的各个基本技术。这意味着，在产品和生产系统的开发以及生产和运用中，需要恰当地组合这种要素技术，有时还需要确立某种原有的要素技术。

在生产技术领域，重要的是要通过上述视点，梳理企业已经拥有的或尚有不足的技术，明确构成企业生存基础的技术，找到未来的方向并进一步推动其发展。

基础技术及其种类

制造业基础技术振兴基本法施行令（摘录）

（制造业基础技术）

第一条《制造业基础技术振兴基本法》第二条第一款中通过政令方式进行规定的技术，包括以下内容：

一	与设计有关的技术		
二	与压缩成型、挤压成型、空气喷射加工、注射成型、锻造、铸造和冲压加工有关的技术		
三	与轧制、拉制和拉挤有关的技术		
四	与研磨、裁剪、切削和表面处理有关的技术		
五	与脱毛*及纺纱有关的技术	十六	与熔炼有关的技术
六	与织造、剪裁和编织有关的技术	十七	与涂装和电镀有关的技术
七	与缝纫有关的技术	十八	与炼制（石油）有关的技术
八	与染色有关的技术	十九	与水解和电解有关的技术
九	与研磨有关的技术	二十	与发酵有关的技术
十	与漉纸*有关的技术	二十一	与聚合*有关的技术
十一	与制版有关的技术	二十二	与维护真空有关的技术
十二	与分离有关的技术	二十三	与复卷有关的技术
十三	与洗涤有关的技术	二十四	与生产流程的管理有关的技术
十四	与热处理有关的技术	二十五	与机械和仪器的修理和调整有关的技术
十五	与焊接有关的技术	二十六	与非破坏性测试和物理特性测量有关的技术

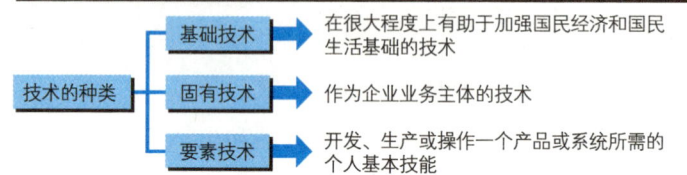

技术的种类
- **基础技术**：在很大程度上有助于加强国民经济和国民生活基础的技术
- **固有技术**：作为企业业务主体的技术
- **要素技术**：开发、生产或操作一个产品或系统所需的个人基本技能

*脱毛：是羊绒加工过程中最重要的步骤，在此过程中，只需从原毛中去除绒毛。
*漉纸：从纸浆中滤出固体物造纸。
*聚合：几个结构简单的分子化合物连接在一起，形成另一种化合物。

1-4
对生产至关重要的 4M 和 QCD 是指什么

生产的 4M 是指人（Man）、材料（Material）、机器（Machine）和方法（Method）；QCD 是指质量（Quality）、成本（Cost）和交付期限（Delivery）。二者对于工业产品的稳定和不间断生产至关重要。

▶▶ 生产的 4M

为了生产一个工业产品，有四个要素是必不可少的，即：人、材料、设备和方法。生产的这四个要素用英语表示的话，就是：Man（人）、Material（材料）、Machine（机器）、Method（方法）。一般取每个单词的首字母，称为生产的 4M[①]。

例如，在切割钢圆棒的外径时，人是工人，材料是圆钢，设备是车床或咬合机等，方法是车床的转速、进给和切割深度等。如果缺少这些因素中的任何一个，圆钢就不能被切割成所需的尺寸和精度。

[①] 4M：上述提到的"生产的 4M"，有时也会被加入 Money（金钱）、Management（管理）、Market（市场）、Measure（测定）等，加上适当的 M 后，也可以被称为"生产的 5M、6M、7M、8M"。

许多读者会注意到，自动车床可以在不需要工人的情况下继续生产。这是因为工人的动作、加工方法，如切削条件、工件的进料和出料等，都事先纳入了设备的运行中。在如此高度自动化（见第6-9节）的设备上，工人即便不在现场，也仍然需要进行生产启动（见第3-8节）和设定（见第2-10节）等工作。换句话说，再先进的设备也需要工人和生产的4M。

这些生产的4M就相当于制造业的投入（要素系统）。

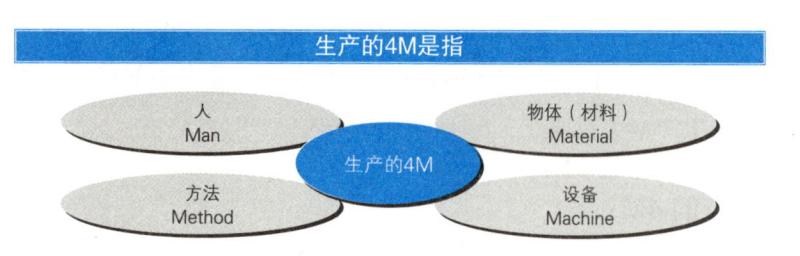

生产的4M是指

- 人 Man
- 物体（材料）Material
- 方法 Method
- 设备 Machine
- 生产的4M

▶▶ QCD

为了按照客户的要求生产工业产品，需要以下三个要素，即：质量、成本（费用）和交付期限。这三个要素的英文词语是 Quality、Cost、Delivery，取每个单词的首字母，缩写为 QCD，即生产的三要素，或者生产管理的三要素。

如果我们再看看上面提到的切割圆钢外径的情况，质量是指要切割的外径大小、精度、切割面的粗糙度等，成本（费用）是指切割需要多少钱（日元）或多少时间（分钟），而交付期限是指应该在什么时候完成。如果缺少这些因素中的任何一个，我们将无法满足客户的要求。

第 1 章 什么是生产技术

因此,当我们提到要生产某种工业产品的时候,除非具体说明应该以什么价格(成本),在什么时候(交货日期),生产多少个达到什么质量标准的产品,否则就不可能开展生产。

由此可知,QCD 是制造业的一个输出(结果系统)。然而,以材料为例,在生产的 4M 方面,QCD 也需要前端工序提供的信息,如达到什么样的质量,生产多少商品,何时进行交货,应该有多少单位的库存。

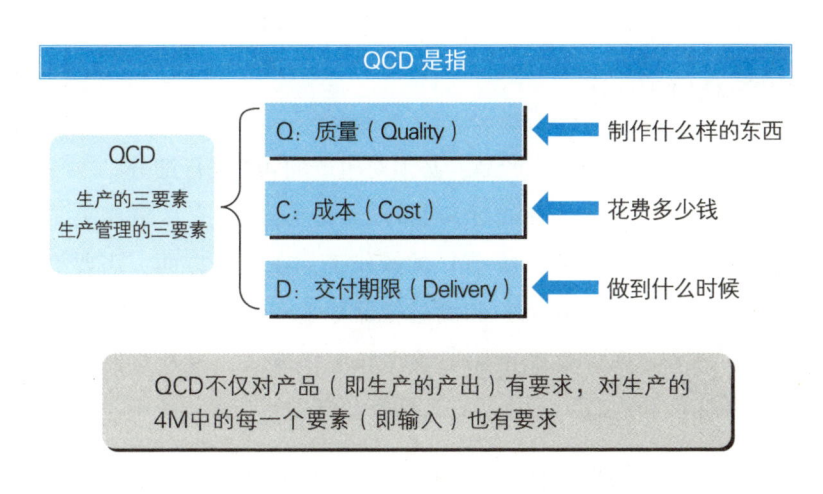

QCD 是指

QCD
生产的三要素
生产管理的三要素

- Q:质量(Quality) ← 制作什么样的东西
- C:成本(Cost) ← 花费多少钱
- D:交付期限(Delivery) ← 做到什么时候

QCD不仅对产品(即生产的产出)有要求,对生产的 4M中的每一个要素(即输入)也有要求

1-5
构成 4M 的具体项目有哪些

生产工业产品所需的 4M 生产中，每一项都包含许多项目。我们需要对它们进行适当的准备、使用和管理。

▶▶ 生产 4M 的细分

为了生产一个工业产品，必须对生产的 4M 进行细分。

例如，工人不是普通意义上的工人，而是具有从事相关工作的必要技能（见第 5-1 节）的操作工。在设备方面，需要机床、工具（见第 2-6 节）和测量仪器等生产设备来直接加工工件；在方法方面，要确定加工条件和工作方法，以及它们依据的各种标准和规范。上述所有这些都包括在生产的 4M 中。

▶▶ 生产的 4M 构成的具体实例

为了研究生产的 4M 的具体项目，我们将进一步深入研究其中的一项，即构成设备的工具。我们可以看到，存储设备和研磨机等是稳定生产必不可少的机械，其负责准备、储存备用工具及重新研磨使用过的工具。同样，为了保护该测量工具的精度而进行校准、保管所需的块规①、保管器材等的其他设备也不可或缺。

此外，还必须有以下项目存在：人、物（材料）和方法以及设备作为二次构成的组成项目（详情参看第 16 页图）和管理它们的业务等。

为了确保产品的生产稳定和顺利，适当地对生产的 4M 进行管理也很重要。具体而言，在人力方面，包括工人的教育和培训、技能管理和考勤管理。

在货物方面，包括 QCD 对原材料、零部件和产品的管理，以及对供应给供应商②的货物和生产线上的半成品管理等。

在设备方面，包括生产设备的检查、测试、调整/整顿、清扫、加油和紧固等维护活动，以及运转状态的管理等。

在方法上，我们可以列举出生产某种产品必需的标准作业和标准工时（见第 3-13 节）等的设定，以及各种改进活动等。

只有在上述如此多的项目存在，且有适当的活动和控制的情况下，我们才能生产出工业产品。这就是生产技术的负责人必须了解的内容。他们必须努力创造、维护和改进生产系统，从而以更高效和更低成本的方式生产产品。

---

① 块规：是对长方体两面之间进行精密精加工的量规，通常将尺寸不同的块规进行组合从而产生所需尺寸，其是用作长度基准测量而使用的测量工具。
② 供应商：supplier。向企业提供零件的人。

构成生产的4M的东西

生产的4M	基本设定	二级结构
人 Man	具备开展工作所需技能的工人	车间教练、监管人员等
物品（材料） Material	直接材料，间接材料，如各种油类药剂和废物、副产品等	储存设备、各种仓库等
设备 Machine	除了直接加工的生产设备，还有工具和测量工具等机器类	研磨机、块规等
方法 Method	标准作业、切割条件及其所依据的标准和规范	技术、技术诀窍、技术标准等

为了确保生产的安全和顺利

生产的4M	具体的实施内容
人	工人的教育和培训、技能管理和考勤管理等
物品（材料）	原材料、部件和产品的QCD管理、间接材料管理等
设备	检查、测试、调整/整顿、清扫、加油和紧固等维护活动，以及运转状态的管理等
方法	标准作业和标准工时的设定和改进活动等

1-6
生产包括哪些形态和方式

根据生产目标产品进行了各种考察的生产形态和生产方式，并从中了解本企业实际进行的生产形态、生产方式的种类和定位，并加以应用是很重要的。

▶▶ 生产形态与生产方式

市场上既存的工业产品，在包括该产品所处市场状况和技术状况等在内的环境条件下，以最佳的生产形态进行生产。这种区分生产形态的体系被称为"生产形态（type of production）"，各种生产形态如第 19 页图所示。

另外，为了实现自己的生产目标，制造商使用各种生产方法来满足他们生产目标产品的要求和规格。

为了能够高效、低成本地生产有关产品，必须从各种生产系统和方法中，选择最适合该产品的特点、生产量，以及其他要求规格的生产系统和方法，并在此基础上，构建一个最佳的生产系统。

因此，生产技术的负责人必须知道，生产形态和生产方式各自包含哪些种类，以及其拥有的特质和具体的用途等。

▶▶ 生产形态和生产方式的分类和种类

这些生产形态根据生产对象品的生产时期和产量等，被分为不同种类。典型的分类方法是根据①生产时期；②生产品种、产量；③生产指令；④加工品的流程；⑤生产方式进行的分类。

生产形态按照①生产时期分类，可分为按订单生产（也称为"订单生产"）和预测生产；按照②产品类型和数量分类，可分为多种少量生产、中种中量生产、少种多量生产、变种变量生产等；按照③生产指令进行分类，可分为押出成型和提取成型；按照④加工品的流程进行区分，可分为加工车间型[①]和流动型[②]；按照⑤生产方式进行分类，可分为单独生产、批量（分批）生产、连续生产、工序生产。

同样，生产方式可以分为以下几种：①侧重于软件方面的生产方式，②侧重于硬件方面的生产方式，以及③企业原有的生产方式。（如第19页图所示）

生产技术的负责人，首先要牢记这些生产形态和生产方式的分类、文件记录，并了解自己企业中实际进行的生产形式和生产方法的类型、定位，并将其应用到自己的业务工作中。

[①] 加工车间型：一种按照机器种类排列的、在机器群中的设备上进行的生产类型。

[②] 流动型：根据产品的加工工序，按顺序配置必要的设备，从而进行生产的生产形态。具体布局的示例详见本书第3-1节。

第1章　什么是生产技术

生产形态的分类和种类

分类	种类
生产时期	按订单生产、预测生产
生产品种、产量	多种少量生产、中种中量生产、少种多量生产、变种变量生产*（见第1-7节）等
生产指令	押出成型和提取成型
加工品的流程	加工车间型和流动型
生产方式	单独生产、批量（分批）生产（见第6-5节）、连续生产、工序生产

（生产形态）

生产方式的分类和种类

分类	种类
侧重于软件方面的生产方式	单独生产、批量生产、连续生产、工序生产、流程化生产、模块化生产、敏捷化生产*等
侧重于硬件方面的生产方式	FMS（见第7-12节）、装配中心、CIM（见第7-13节）等
企业原有的生产方式	丰田生产方式（见第2-12节）、日产生产方式（NPW）、佳能生产方式 等

（生产方式）

* 译者注：多种少量生产，即多种类小批量；中种中量生产，即适宜种类，适宜批量；少种多量生产，即少种类多批量；变种变量生产，即可自由调节的、多变的种类与批量。

* 敏捷化生产：Agile manufacture。指拥有核心固有技术（详情参见本书第1-3节）的企业之间建立网络，面向特定客户生产产品的方式。

019

1-7
制造业的流程（变迁）是怎样进行的呢

随着消费者和市场的需求发生变化，制造业已从大批量生产（又称为多种多量生产），转向多种少量生产、变种变量生产和混合方式的生产。

▶▶ 消费者和制造业之间的关系

在过去，商品短缺的时代，产品只要被生产出来，就随时能卖出去。因此，需要生产大量的产品来供应市场的需求。后来，随着经济的快速增长，市场上开始充斥着各类商品。此时的消费者不再满足于拥有和别人一样的东西，他们开始追求有个性的商品。其结果是，新的市场和新的产品类型不断增加，批量生产相应减少。

我们的生活通过这些变化而变得更加丰富，消费者和市场的需求变得更加多样化，新市场不断产生，在此基础上，制造业的方法也随之改变和发展，以此来适应不断变化的时代需要。

▶▶ 从大量生产到变种变量生产

如上文所述，制造业在以前的短缺时代（也就是只要能生

第1章 什么是生产技术

产就能卖出去的时代），进行少种类大批量的生产，即大量生产特定产品并供应给市场。如今到了商品过剩时代，即需要快速制造畅销的产品并及时供应给市场。为此，制造业也转向多种类小批量生产的模式，特别是具有高度自由生产的变种变量生产[①]和混合生产（见第 2-15 节）。

与此相伴，生产方式也出现了如下的变化：原本由一个工人操作一台机器的模式，转变为由一个工人操作多台机器、负责多道工序的模式。现在成为主流的生产方式是以单元生产（见第 2-13 节）为主的单人生产方式。此处提到的"单人生产方式"意味着只需要一个人就可以完成该生产模块的工作。

由此可知，随着时代的变化，有效和廉价的生产形态及生产方式（见第 1-6 节）正在发生变化。这意味着制造商必须能够迅速了解消费者和市场不断变化的需求，并据此调整其生产形态和方法以满足上述的需求。

---

① 变种变量生产：根据消费者需求的变化，在当时的情况下可以改变生产品种和产量的生产方式。

制造业的流程（变迁）

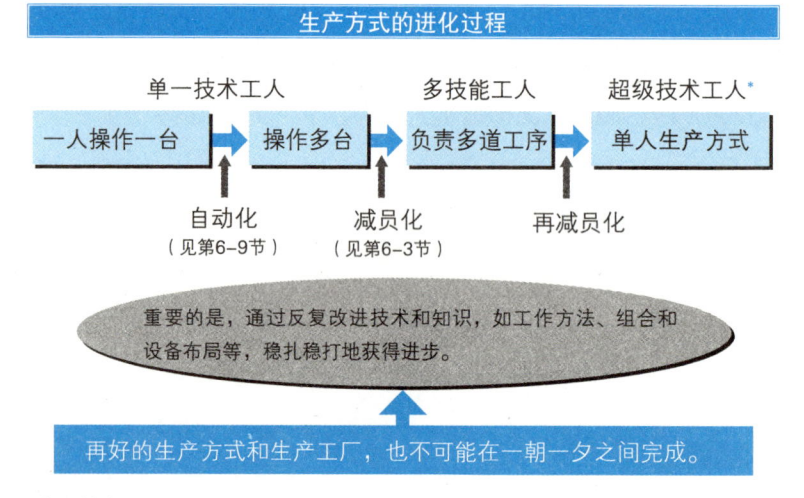

只要生产就能卖出去的时代 → 快速制造畅销产品的时代

少种多量生产 → 多种少量生产 → 变种变量生产 / 混合生产

管理精度（高度）

管理手法

生产方式的进化过程

单一技术工人	多技能工人	超级技术工人*
一人操作一台 → 操作多台	→ 负责多道工序	→ 单人生产方式

自动化（见第6-9节） 减员化（见第6-3节） 再减员化

重要的是，通过反复改进技术和知识，如工作方法、组合和设备布局等，稳扎稳打地获得进步。

再好的生产方式和生产工厂，也不可能在一朝一夕之间完成。

*超级技术工人：Super multi-skilled worker。可以自己生产模块或产品的工人。

1-8
生产技术到底是什么

生产技术涉及整个生产的技术系统，以合理的理念为基础，确保产品符合要求的 QCD，并能安全、方便、顺利地生产。

▶▶ **生产技术**

生产和销售产品所需的技术包括设计东西的产品相关技术、生产东西的生产相关技术、销售东西的销售相关技术、采购材料的采购相关技术、处理环境问题的环境技术、处理计算机硬件和软件的技术，以及各种管理技术。在上述所有这些技术中，生产技术包括与制造有关的整个技术范围。

与以上所说的生产技术类似的技术是产品技术（产品工程）。如果我们观察一下产品技术和生产技术在技术领域上的区别，我们就可以认为：产品技术涉及制造东西的整体技术，而生产技术涉及如何制造东西的整体技术。换句话说，生产技术是高效、低成本地生产工业产品所需的技术，或者说，是满足产品的要求规格，如质量（Q）、成本（C）和交付期限（D）的技术，这对产品的竞争力至关重要，也是确保安全、便捷和顺利生产的需要。可以说，它是一个基于理性思维的技术性政策体系，目的是创造企业的利润。

具体来说，就是开发、设计、准备生产某一产品所需的生产工序、生产设备、工具等，用来构建生产系统①，供给生产，维持、改进生产等，与推进高效、经济的生产相关的结构和技术等，统称为生产技术。

▶▶ 生产技术的特征

生产各种工业产品所需的技术并不统一。根据目标产品的需求不同，需要采用各种专门的技术，其中一些只能用于特定领域。然而，生产技术不仅是一种高度专业化的技术，也是一种以要素技术（见第1-3节）为主的，可用于许多工业领域的技术。

而且，生产技术除了需要机械工程学、生产系统工程学和管理工程学方面的知识，一般制造业的技术知识，还需要技术经验，以及运用智慧和下苦功夫的能力等。生产技术的特点是具有广泛的与生产有关的实际技能。

因此，生产技术的负责人要在日常生活中接受锻炼，将他们的知识和经验结合起来。这是在许多产业领域都必须做到的事情。

---

① 系统：System。由多种技术、机制（构造）等组成的集合体或体系。

第1章 什么是生产技术

制造商所需的技术

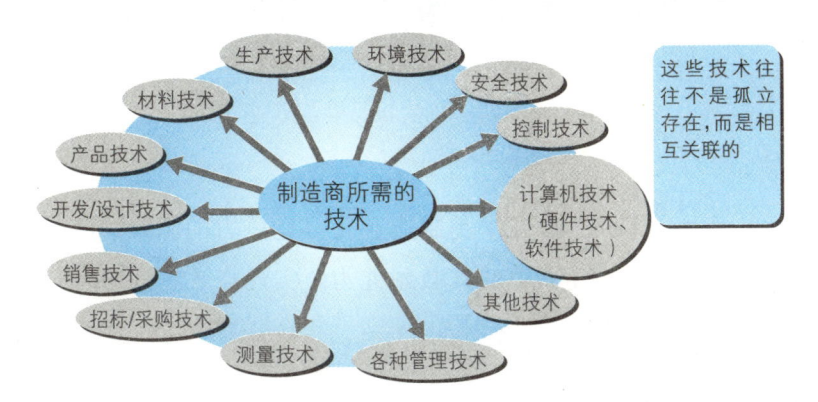

- 生产技术
- 环境技术
- 安全技术
- 材料技术
- 控制技术
- 产品技术
- 制造商所需的技术
- 计算机技术（硬件技术、软件技术）
- 开发/设计技术
- 销售技术
- 其他技术
- 招标/采购技术
- 测量技术
- 各种管理技术

这些技术往往不是孤立存在，而是相互关联的

产品技术和生产技术就像是汽车的两只轮子

产品技术　生产技术

产品技术和生产技术的技术领域

☆产品技术⋯处理技术的所有方面，着眼于制造什么样的产品

☆生产技术⋯着眼于如何制造东西，涉及整个技术范围

1-9
生产技术所处的环境是怎样的

产品技术和生产技术是制造业获得竞争力的源泉。最近，各个企业都致力于提高生产技术能力，实现高效经济的生产，提高竞争优势。

▶▶ **制造业竞争力的关键因素**

在企业活动全球化、企业间竞争越来越激烈的今天，某种商品要想确保和维持市场优势，不仅要有体现优秀产品的产品开发力和产品设计力，也就是所谓的产品技术力，还需要使生产技术确保一定的质量水平和低价格。在这些技术能力的基础上开发新技术，并获得知识产权，如专利等工业产权[①]，可以使有关企业在一定时期内独家使用该新技术，并巩固其竞争优势。因此需要我们提升产品技术和生产技术。

此外，通过以低成本的价格向市场提供产品的方案，可以降低制造成本。其中，迫切需要在不降低该产品功能的前提下，高效、低廉地生产出满足（客户）要求的高质量产品，并降低

---

① 工业产权：旨在保护和利用专利权、实用新型权、外观设计权、商标权等知识产权而发现产业的权利的总称。

制造成本,加快制造速度。也就是说,在保持产品功能不变的同时,高效、低廉地进行生产的生产技术是企业拥有竞争力的关键因素。因此,各企业不仅致力于产品技术能力,还致力于提高生产技术能力。

▶▶ 影响产品的竞争力

市场上物品越来越多,竞争越来越激烈。现在,随着消费者需求的多样化,产品生命周期也变短,开发所需的时间越来越少,想在生产技术上实现差异化的企业越来越多。

这是因为生产技术力、发挥度的高低会对该产品的质量和批量生产时的偏差[①]、生产该产品所需的人员和生产筹备期(见第2-9节)的长短、路线等的高低产生决定性的影响,进而影响该产品的竞争力和企业利益。

在企业间竞争不断全球化的今天,以生产设备和生产系统为基础的制造业,很难与其他企业区别开来。因此,以生产技术力量的优势谋求与其他企业差别化的企业越来越多。例如,追求"减员"生产,即减少工人数量来进行生产,用自己的技术制作生产设备,即进行"设备内制化"(见第7-11节)等。

要推进这样高效、低成本的制造生产,就越来越需要在减员的基础上通过廉价、快速地制造出均质产品的生产技术。

---

① 偏差:因测量值发生差异等,使工作效果无法达成一致的状态。

```
┌─────────制造业竞争力的源泉─────────┐
                              差别化技术
           ┌产品开发能力和设计能力 = 产品技术
制造业     │
竞争力的源泉┤制造（业）           = 生产技术
           │
           └除上述之外           = 其他的技术（包含管理技术）
```

```
┌────────生产技术所处的环境的主要趋势────────┐

• 因（日本）国内的少子老龄化而造成的劳动力短缺
• 向金砖国家*和其他国家进行技术转让（见第6-8节），以提高
  海外技术能力等

              ↓ 技术革新

        追求减员生产
  减员化生产：以无人（化）生产为首的，
  雇用更少的人员，实现原定的生产目标
```

生产技术的对象正在扩大

制造业（第二产业） ➡ 第三产业、第一产业

*金砖国家：BRICS，即用巴西、俄罗斯、印度和中国四个新兴市场国家英文名称首字母组成的缩写词。截至2023年底，成员国已增加至10国，除上述四国外，还有南非、沙特阿拉伯、埃及、阿拉伯联合酋长国、伊朗、埃塞俄比亚。

1-10
为什么需要生产技术

为了确保高标准生产，赢取关注，并确保稳定和顺利地生产出满足 QCD 质量的产品，使企业区别于竞争对手，我们就需要生产技术。

▶▶ **建立生产系统时的必要性**

我们在购买某工业产品的时候，不仅需要其具备我们所需的功能，还会试图期待它是质优价廉的。而一旦它满足上述标准，我们就会立即进行购买。为了满足这些需求，各制造商都在致力于新产品的开发，以及满足随之而来的高效、低成本的生产和产品改良等需求，努力使自身产品与竞争对手的产品相区别。为了低成本、及时、稳定、顺利地生产出能够与其他企业不同的质量良好的产品，就需要生产技术。

具体来说，就是计划、设计或实际构建生产系统，使我们能够高效、低廉地生产新产品和换代产品等，从而使我们能够采用比竞争对手更低的成本，以更迅速、更合理的方式生产同质的产品。

此外，在该产品的生产启动等阶段（见第 3-8 节），为了建立一个最佳的生产系统，比如我们想通过在初期阶段解决生产中可能出现的技术问题，以及通过比较和统一不同产品的生产方法来提高产品的 QCD，我们就需要生产技术。

▶▶ 运行生产系统时的必要性

建立以生产设备（见第 2-1 节）为首的生产系统，廉价、及时、稳定、顺利地生产高质量的产品，需要其中各要素具有互换性①和再现性②等。因此，为了进行技术性的探讨和验证，为了维持和改进生产系统，生产技术是必要的。

并且，如果本企业的生产系统发生故障，这将会给后续工序和顾客带来损失。因此，拥有优秀生产技术的企业，正在积极推进各项活动，尽力将这些故障造成的损失降到最低。换句话说，为了在这些故障发生之前就进行规避，或者预测发生的危险性并防患于未然等，就需要优秀的生产技术。

而且，这些制造商将他们在实践中学到的技术经验，通过水平（横向）推广到其他生产系统（见第 6-10 节），或在设计及下一个生产系统的构筑中进行反馈③，以进一步提高技术水平。

---

① 互换性：尺寸和形状等在某个转移范围内，可以相互交换的状态。
② 再现性：指将使某一事件成立的要素或因素等环境设为相同条件时，相同结果中再次出现的性质。
③ 反馈：Feedback。在输入（input）和输出（output）的系统中，根据输出，调整输入。

第1章　什么是生产技术

生产工程中需要什么

- 要求生产技术人员具备广泛的技术知识和深刻的企业经营知识
- 生产工程中需要
  ☆建立或维持提高更合理的生产体系
- 高品质化
  减员化
  低成本化
  高速化
  省空间化等
- 合理、使用方便的生产系统

追求如何高效、低廉地生产

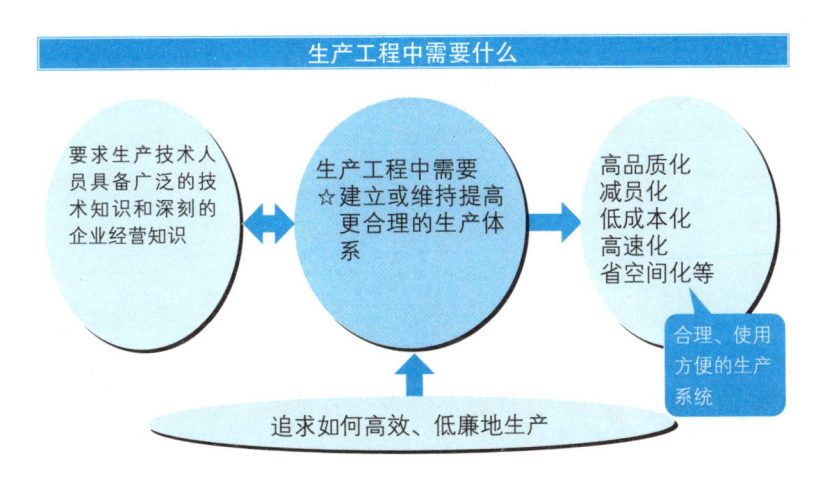

生产技术的必要性

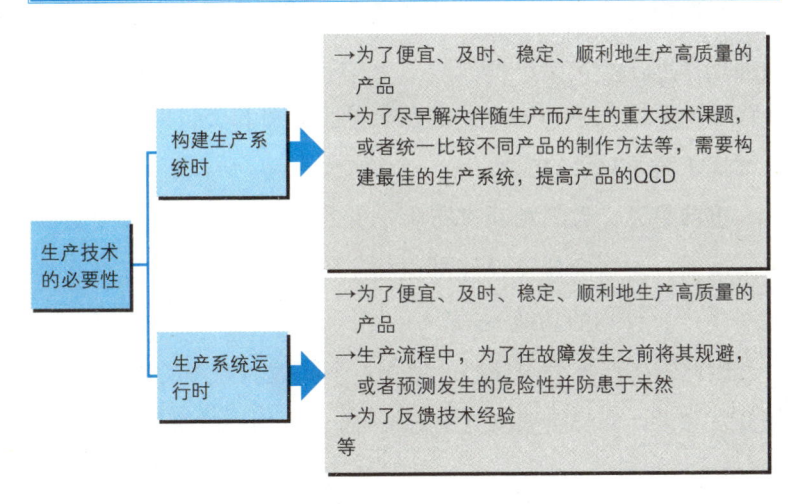

生产技术的必要性

构建生产系统时
→为了便宜、及时、稳定、顺利地生产高质量的产品
→为了尽早解决伴随生产而产生的重大技术课题，或者统一比较不同产品的制作方法等，需要构建最佳的生产系统，提高产品的QCD

生产系统运行时
→为了便宜、及时、稳定、顺利地生产高质量的产品
→生产流程中，为了在故障发生之前将其规避，或者预测发生的危险性并防患于未然
→为了反馈技术经验
等

031

1-11
生产技术的目的和作用是什么

生产技术的目的是通过建立一个高效和经济的制造系统，以合理的方式制造相关产品，提高 QCD 的竞争力，实现确保所谓的制造优势的生产，从而促进企业的管理。为了实现这一目标，必须了解生产技术的作用并加以完善。

▶▶ **生产技术的目的**

制造商的生产，旨在帮助开发设计部门克服重重困难，使得商业化的产品能够顺利生产，并稳定供应给市场。此外，生产需要向后续工序和客户提供在质量、价格和交付期限等 QCD 方面优于竞争对手的产品。

也就是说，为了顺利进行生产并稳定供应产品，需要具备以下功能：①连接开发设计部门和生产车间的功能，②体现经营（生产）计划的功能。

因此，生产技术的目的是建立一个高效和经济的制造系统，使开发和设计部门能够以更少的工时[①]、更均一的质量，通过低

[①] 工时：衡量完成的工作量或完成工作的能力（时间）的单位。它是以生产一定数量的产品所需时间的形式来使用的。

廉、快速和合理的方式生产出可销售的产品，并提高制造的优势。通过这种方式，我们可以提高我们产品的 QCD 竞争力，增加我们企业产品的价值，提升客户的满意度，增强本企业在行业中的制造优势，从而提升我们的销售额和利润，最终为社会做出贡献。

生产技术的作用

为了达到生产技术的目标，有必要通过追求有关产品的制造、加工和装配的便利性，以合理的方式，在较短的时间内，用较低的成本，建立起实现所需 QCD 的生产系统。此外，还需要维护和改进生产系统，使其能够稳定可靠地运行，以满足日益严峻的市场需求，履行生产车间的生产责任。

也就是说，生产技术的作用是对生产技术必要性（见第1-10节）做出的回应，建立、维护和改进所需的生产系统，在短时间内以低成本实现高效和廉价的生产，同时负责与生产相关的整体技术，完成生产计划[①]。

生产技术的负责人必须牢记本部门的目的和想法，并为此认真计划、开展自己的业务，同时努力提高自己的生产技术能力，为提高企业的利润做出自己的贡献。

---

① 生产计划：Production Planning。是指对财货和服务生产的主要行程进行规划，包括对生产的类型、数量和时间进行规划。

生产技术的目的

☆连接开发设计部门和生产车间的功能
☆体现经营（生产）计划的功能

↓

确保开发设计部门能够稳定、顺利地生产商品化的产品

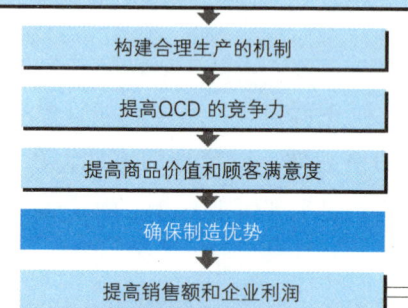

↓

构建合理生产的机制

↓

提高QCD的竞争力

↓

提高商品价值和顾客满意度

↓

确保制造优势

↓

提高销售额和企业利润 ⇒ 社会贡献

生产技术的作用

代表例

生产技术的作用
- 生产系统的建立
  - 确保生产力
    - 构建新产品等生产系统（包括生产车间）
    - 扩大现有产品的生产力
  - 提高产品竞争力
- 生产系统的维护、改进
  - 提高现有产品的竞争力
  - 生产系统的评价与改进
  - 终止生产的全部手续
  - 与总体生产技术相关的管理
- 其他业务（见第1-14节）

1-12
生产技术的对象是什么

生产技术包括促进各种产品的高效、低廉生产所需的全部技术。因此,该技术领域既广泛又深入。

▶▶ 生产技术的对象

我们在日常生活中受惠的工业产品是经过很多人的手制作的。这些工业产品仅仅是由开发设计部门进行制造变成产品的话,还不能成为真正有市场竞争能力的产品。如何高效、低廉地生产该产品,才会决定该产品的市场竞争力。

受此影响,生产技术的对象涵盖了与制造相关的所有技术。因此,为了恰当地应对日益同化、复杂化的各种工业产品的变化和演进,实现高效、低成本的生产,生产技术所对应的技术领域,必然是广泛深入的。

具体而言,它包括与产品技术有关的一切技术、与生产工序有关的一切技术、与生产系统有关的一切技术、与工序计划和工序设计有关的一切技术、与加工方法有关的一切技术、与组装方法有关的一切技术、与生产设备的规格和设计制作有关的一切技术、与夹具和生产设备等的设计有关的一切技术、与生产设备的使用相关的一切技术、与生产设备的维护相关的一切技术、以设备为首的各种布局①相关的一切技术、与现有系统的整合废弃等相关的一切技术，以及其他以技术信息为首的各种管理的全部技术等。

▶▶ 生产技术的负责人的需求

生产技术的负责人要顺利完成自己的业务，除了要具备相关产品的知识，还需要在制造方面有广泛的知识和经验。

这些知识、经验在行业和产品等类别上有所不同，而且要求该领域特有的知识和经验，很多时候仅靠一般的知识和经验很难应对。

此外，为了构建或改进高效、经济的生产系统，还需要分析现状，具备能够解决各种课题的应用能力、智慧和功夫等创意能力，以及与经营相关的知识和见解②等。

因此，生产技术负责人需要整理企业所需的知识和经验等，并长期有计划地培养员工（见第5-11节）。

---

① 布局：以设备布局（具体案例可见第3-1节和第6-4节）、工具布局（见第2-6节）、工厂布局（见第3-7节）、场地布局等为代表。
② 见解：正确判断事物的能力。

第1章　什么是生产技术

生产技术的对象

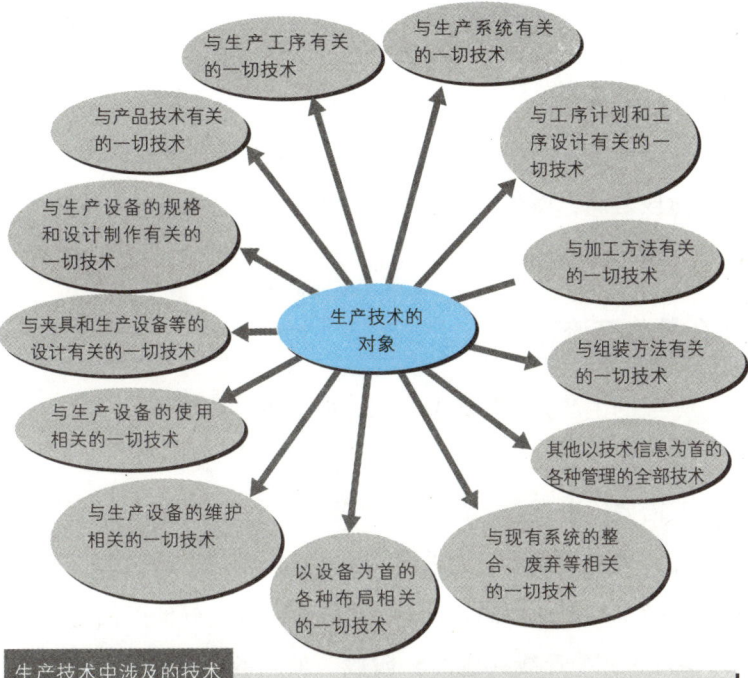

- 与生产工序有关的一切技术
- 与生产系统有关的一切技术
- 与产品技术有关的一切技术
- 与工序计划和工序设计有关的一切技术
- 与生产设备的规格和设计制作有关的一切技术
- 与加工方法有关的一切技术
- 与夹具和生产设备等的设计有关的一切技术
- 与组装方法有关的一切技术
- 与生产设备的使用相关的一切技术
- 其他以技术信息为首的各种管理的全部技术
- 与生产设备的维护相关的一切技术
- 以设备为首的各种布局相关的一切技术
- 与现有系统的整合、废弃等相关的一切技术

生产技术中涉及的技术

基础技术（见第1-3节）、固有技术（见第1-3节）、要素技术（金属加工技术、测量技术、控制技术、机电一体化技术、分析技术、管理技术等各个基本技术）、产品技术（见第1-8节）、制造技术（见第2-3节）、产品QCD技术（见第6章）、降低成本技术（主要见第6章）、大规模生产技术、安全相关技术、节能（见第7-15节）等环境相关技术，等等

1-13
生产技术在生产流程中如何进行定位

主要阶段是与生产有关的阶段，介于开发设计阶段和检验出货阶段之间，而生产技术是两者之间的技术接口，从技术角度确保生产顺利进行。

▶▶ **什么是生产流程**

一般的生产流程的典型实例，如第 40 页图所示。

具体来说，一个产品在策划后，进入开发阶段。在这一阶段，它需要依次克服产品生产所需技术中的缺陷，从而开始产品设计，进入样品验证（见第 3-9 节）阶段。该过程结束后，产生的结果反馈到产品设计（部门），完成更好的产品（设计）后，部署[1]到生产线（生产）阶段。虽然各企业内部存在差异，但生产技术部门从生产线（生产）开始生产前就参与其中，并进行筹备活动，如开始工序计划（见第 3-2 节）和工序设计（见第 3-2 节）等。在收到具体的生产订单后，该部门通过安排和准备生产设备，开始生产有关产品，进而进行大规模生产、

---

[1] 部署：在确定某产品进行生产等情况下，促使后续工序进入生产准备活动。有时，其与具体的生产指示一起称为"生产指令"。

第 1 章　什么是生产技术

检验和发货。

这一系列的生产制造过程就被称为"生产流程（工序）"。

随着企业之间的竞争变得越来越全球化和激烈，制造商需要在这些生产流程中利用每一个 QCD（见第 1-4 节）将自己与竞争对手区分开来，以确保竞争优势并成为一个可持续经营的企业。

▶▶ 生产技术的定位

如上述实例所示，生产技术在一系列的生产过程中，位于与生产相关的阶段，介于本企业产品开发设计阶段和检验、发货阶段，负责整个生产相关的技术。也就是说，生产技术的主要舞台是完成生产系统的构建及其维持、提高。这里使用"主要舞台"一词是因为，从第 40 页图所示的生产技术的参与程度可以看出，为了实现更有效和更经济的生产，还必须发展与技术有关的所有活动，包括参与上游和下游的环节，汇编积累的技术和知识，修改和废除现有生产系统等。

在此基础上，生产技术一般定位在两个阶段：一是生产系统的建设阶段，即从生产线（生产）的部署、接到生产指令到开始具体生产；二是生产系统的维护和改进阶段，即从保证产品在实际生产阶段中进行产品的 QCD 为开端。这样，生产技术就成为产品的开发和设计阶段与检验和运输阶段之间的一个技术接口[①]。通过这种方式，确保生产可以顺利进行。

---

① 接口：Interface。在两个东西相接的部分，起到连接或进行信息交换中介作用的东西。

生产技术在一般生产流程中的参与程度

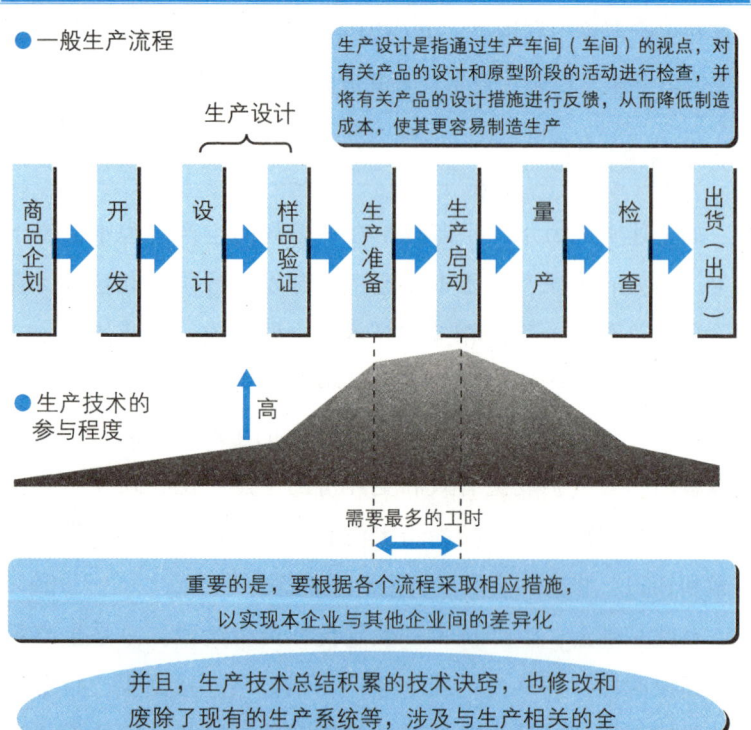

● 一般生产流程

生产设计是指通过生产车间（车间）的视点，对有关产品的设计和原型阶段的活动进行检查，并将有关产品的设计措施进行反馈，从而降低制造成本，使其更容易制造生产

生产设计

商品企划 → 开发 → 设计 → 样品验证 → 生产准备 → 生产启动 → 量产 → 检查 → 出货（出厂）

● 生产技术的参与程度

↑ 高

需要最多的工时

重要的是，要根据各个流程采取相应措施，以实现本企业与其他企业间的差异化

并且，生产技术总结积累的技术诀窍，也修改和废除了现有的生产系统等，涉及与生产相关的全部技术

040

1-14
生产技术具体是做什么

生产技术负责范围广泛的技术业务，一方面包括构建生产系统，以及对它的维护和改进等，另一方面也包括与生产有关的技术性的业务和生产环境中的监察业务等。

▶▶ 生产技术进行的业务

为提高本企业产品的市场竞争力，需要利用生产技术开展各类具体业务。如果我们对此进行分类，大致可以分为构建生产系统的业务，维护和改进现有生产系统的业务，以及其他业务（见第1-11节）。

构建生产系统的业务是指，在新产品或换代产品进行新生产，以及生产目标产品的更换等时，一边阅读产品图纸，一边研究生产方法，计划和设计最佳的生产工序（见第3-2节），并将其具体体现在生产系统中的业务中，如进行生产设备的设计、制作和外部引进等与生产系统化相关的业务，以及与生产启动（见第3-8节）等相关的技术有关的业务。

另一方面，所谓维持和提高现有生产系统的业务，包括使现行的生产系统顺利有效地运转，确保该产品所需的QCD，同时，还有使其进一步提高所需的技术业务相关的业务。

此外，作为生产技术进行的业务，也包括与安全卫生和环境等合规（法令遵守）有关的业务、与环境对策有关的业务、与生产设备的管理和废弃等有关的业务，还包括技术人员培养等与本部门有关的业务。

▶▶ 生产技术人员面临的课题

某制造商生产的产品在市场上竞争力靠该企业的综合实力决定，包括生产技术力等。为了提高竞争力，生产技术应该解决本企业产品的以下课题，即在质量均质化和高效化、小型化、自动化（参照第 6-9 节）、省力化、减员化、设备内制化等方面下功夫。而且，最近，为了应对以全球变暖问题为首的环境问题，社会层面也积极要求降低成本，推进节能、省资源等，还关注与环境相关的工作，要求降低环境负荷等。

第1章　什么是生产技术

生产技术进行的业务

具体的业务

- **构建生产系统的业务**：工厂建设计划、设备投资计划、大规模生产准备计划及使其具体展示的相关业务、生产系统设计制作相关业务、设备订货、生产启动、新技术开发和引进相关业务、准备时间设定相关业务、生产设备的设计制作相关业务等

- **维持和改进现有生产系统的业务**：与产品QCD的维护和改进有关的技术工作，各种改进工作，如生产线改进*，与设备维护有关的工作，设备改造，降低工时，与停产有关的工作等

- **其他业务**：合规*（遵纪守法）相关的业务、环境对策相关的业务、生产设备的管理和废弃相关的业务、技术人员培养相关的业务等

生产技术应该致力于解决的典型课题

①提高质量　②提高生产力和生产率
③降低成本　④提高安全性
⑤降低环境负荷　⑥资产的有效利用和精简化
⑦合规（遵纪守法）相关的业务
　劳动安全卫生法、环境相关法、工厂选址法等

比起考虑部分最佳，更应考虑整体最佳

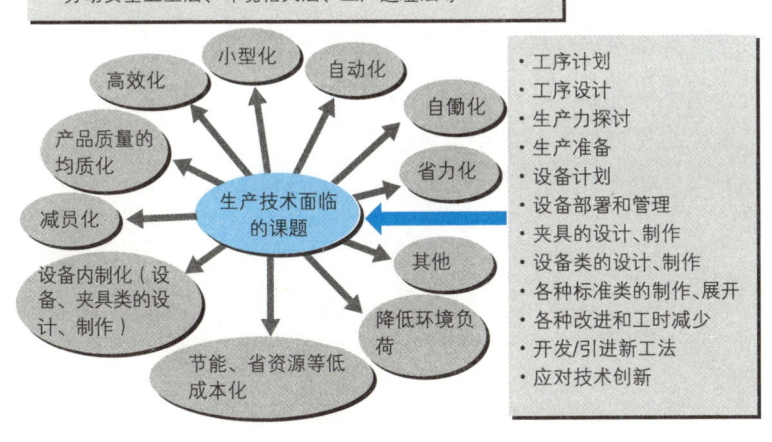

生产技术面临的课题：小型化、自动化、自働化、省力化、其他、降低环境负荷、节能省资源等低成本化、设备内制化（设备、夹具类的设计、制作）、减员化、产品质量的均质化、高效化

- 工序计划
- 工序设计
- 生产力探讨
- 生产准备
- 设备计划
- 设备部署和管理
- 夹具的设计、制作
- 设备类的设计、制作
- 各种标准类的制作、展开
- 各种改进和工时减少
- 开发/引进新工法
- 应对技术创新

＊ 生产线改进：发现该生产线内潜在的问题，使之改进到比现有状况更好。
＊ 译者注：“合规”是一个通用术语，指的是企业和组织在不偏离法律、道德和社会规范的情况下适当开展业务。通常被翻译为"遵纪守法"。

043

1-15
生产技术是如何进行分类的

生产技术可以大致分为硬技术和软技术，也可以从生产系统的生命周期方面大致分为计划期、准备期、运转期、整理期的业务。

▶▶ 生产技术的分类

生产技术大致可分为硬技术和软技术。

随着两种技术之间的壁垒逐年降低，分类正变得越来越困难。因此，在实践中，已经没有必要过多关注分类，但在这里我们仍将梳理出生产技术的内容，并据此尝试对生产技术进行分类。

硬技术是指以硬件为主（机械技术等）和以软件（设备控制、管理等）为辅的技术。硬技术的典型实例包括用于构建生产系统的各种技术、生产设备、生产线、设备改造和改进技术、CNC（见第 2-1 节）、工业机器人、FMC[①] 和 FMS[②]、CIM 和

[①] 译者注：Fixed Mobile Convergence。FMC 是指对固定（有线）和移动通信进行整合的一种通信系统或服务。它通常指的是一个允许同一手机既作为移动电话，又作为 IP 电话通过固定线路使用的系统。

[②] 译者注：Flexible Manufacturing System。FMS 是指灵活的生产系统，即使用计算机和机器人的自动化生产系统。它可以用来生产各种各样的产品，以满足消费者的多样化需求。

FA 等。

软技术是指以软件为主、硬件为辅的技术。软技术的典型实例有：操作生产系统的技术，如即时生产（见第 2-12 节）；与设定有关的技术，如 CE、SE（见第 7-1 节）、设定工序设计和标准工时的技术（见第 3-13 节）；与设备、夹具有关的技术；各种控制和改进的技术，如 MRP①、MRP Ⅱ②、ERP③、SQC（统计质量控制）、TQC（全企业质量控制）等。

▶▶ 生产系统分阶段生产技术

正如产品（商品）有引进期、成长期、成熟期、衰退期等产品生命周期一样，生产系统也有计划期、准备期、运转期、整理期等生产系统生命周期。

这些生产系统生命周期的每个阶段都存在各自需要的生产技术。作为各阶段的代表性生产技术，我们可以分阶段进行举例，如下面所示：①计划期：进行图纸讨论、工序计划、工序设计等；②准备期：开始生产设备的准备、生产启动等；③运转期：生产系统的运用、维护等；④整理期：进行生产系统的重组④和废弃相关的技术等。

---

① MRP：资产需求计划。
② MRP Ⅱ：制造资源计划。
③ ERP：企业资源计划。
④ 生产系统的重组：详情请参见本书第 6-7 节和第 6-8 节。

生产技术的分类

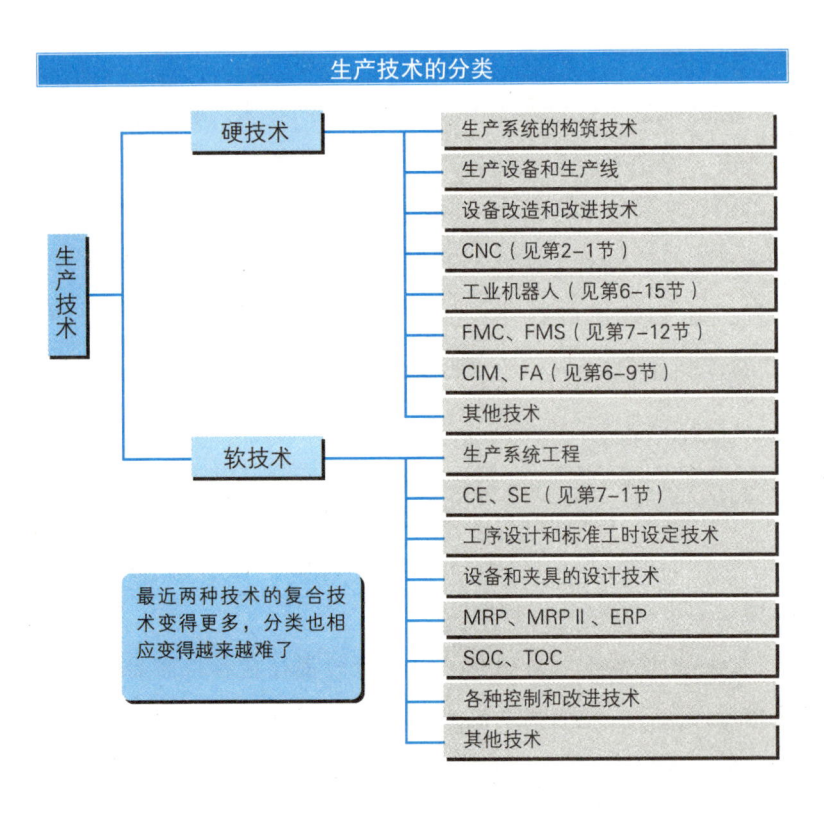

- 生产技术
  - 硬技术
    - 生产系统的构筑技术
    - 生产设备和生产线
    - 设备改造和改进技术
    - CNC（见第2-1节）
    - 工业机器人（见第6-15节）
    - FMC、FMS（见第7-12节）
    - CIM、FA（见第6-9节）
    - 其他技术
  - 软技术
    - 生产系统工程
    - CE、SE（见第7-1节）
    - 工序设计和标准工时设定技术
    - 设备和夹具的设计技术
    - MRP、MRP Ⅱ、ERP
    - SQC、TQC
    - 各种控制和改进技术
    - 其他技术

> 最近两种技术的复合技术变得更多，分类也相应变得越来越难了

从生产系统生命周期方面看生产技术的分类

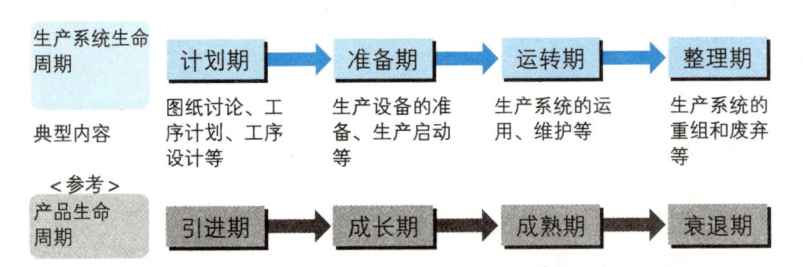

生产系统生命周期	计划期	准备期	运转期	整理期
典型内容	图纸讨论、工序计划、工序设计等	生产设备的准备、生产启动等	生产系统的运用、维护等	生产系统的重组和废弃等
＜参考＞产品生命周期	引进期	成长期	成熟期	衰退期

046

1-16
生产技术在哪里进行

由于行业、企业规模、生产目标产品、生产形态等存在差异，组织经济也呈现多样化的特点。而负责生产技术的部门也因企业而异。比起由哪个部门负责生产技术，能否顺利地进行业务运营更为重要。

▶▶ 因组织形态而异

4M 对产品的顺利生产至关重要。在越来越多的企业里，生产部门直接对其进行管理和操作，生产管理部门和质量管理部门提供货物（材料），生产技术部门提供设备和方法。

这样，生产技术部门准备生产设备，决定生产方式，并为生产部门提供技术支持，确保生产顺利进行。为了使生产部门能够以更低的成本更快、更稳定、不拖延地生产出更好的产品，该部门始终与生产部门紧密合作，促进必要的生产项目和方法的各种改进活动，从而创造一个使该部门能够专注于生产的环境。

一般来说，制造商可以有各种组织形式，这取决于行业类型、企业规模、目标产品和生产类型（见第 1-6 节），但所有这些组织形式都是为了实现稳定和顺利的生产。接下来，让我通过举例的方式，来阐述一个进行重复性生产的制造商究竟采用什么样的组织结构（见第49页图）。

在这个实例中，生产某种产品必需的生产技术，由隶属于工厂制造部门的生产技术科负责。该例中，生产技术课细分为技术经营计划组、技术控制组和工务组。技术经营计划组负责计划的作业和构筑生产系统等；技术控制组负责维护和改进生产系统（见第1-14节）；工务组负责工厂区域（见第4-14节）为主的能源供应及其管理、生产设备的修理等。并且，在本例中，开发设计部门、销售部门和会计部门都包括在总部结构中。

另外，各个企业存在差异。有的企业的工务部门独立于生产技术部门之外，也有企业的工务部门中包括生产技术部门。还有一些企业要求产品设计部门负责全部技术，或者要求制造部门中的工作人员兼任生产技术业务。

像这样负责生产技术的部门在不同的企业中存在着不同的组织形态，所以不需要太拘泥于单一的模式。

▶▶ 从超越竞争对手的观点说开去

如前所述，生产技术具体由哪个部门负责，存在不少争论，究竟哪种方式更好，很难一概而论。制造商已经尝试了各种各样的组织形态，并在此基础上确定了符合当前企业需求的组织。

由此，我们可以认为：与其决定由谁来负责生产技术，不如彻底了解你所在企业的实际情况，考虑什么样的组织能使你

第1章 什么是生产技术

进一步发展你目前的生产技术，并确保你的生产技术优于你的竞争对手。同时，如果组织机构是基于企业的实际情况，例如，如果组织机构与大客户的组织机构相似，以便于业务操作，那么它就更实用、更容易发挥作用。

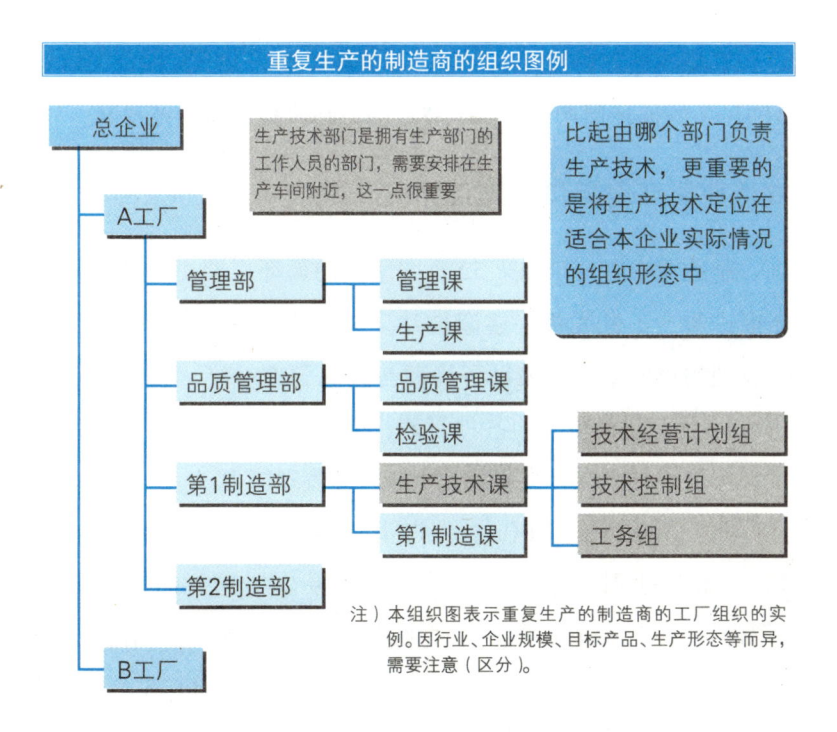

重复生产的制造商的组织图例

```
总企业
 ├─ A工厂
 │   ├─ 管理部 ─┬─ 管理课
 │   │         └─ 生产课
 │   ├─ 品质管理部 ─┬─ 品质管理课
 │   │             └─ 检验课
 │   ├─ 第1制造部 ─┬─ 生产技术课 ─┬─ 技术经营计划组
 │   │           │               ├─ 技术控制组
 │   │           │               └─ 工务组
 │   │           └─ 第1制造课
 │   └─ 第2制造部
 └─ B工厂
```

生产技术部门是拥有生产部门的工作人员的部门，需要安排在生产车间附近，这一点很重要

比起由哪个部门负责生产技术，更重要的是将生产技术定位在适合本企业实际情况的组织形态中

注）本组织图表示重复生产的制造商的工厂组织的实例。因行业、企业规模、目标产品、生产形态等而异，需要注意（区分）。

1-17
生产技术中的 PDCA 是怎么样的

重要的是，要反复进行制造业循环周期和 PLAN DO CHECK ACTION 的循环周期，使生产技术能力和管理水平逐渐提高。

▶▶ 制造业循环周期和 PDCA 循环周期

制造业中有一个如第 52 页图所示的循环周期。该循环周期不断进步，不断发展，逐渐推动生产出更复杂和精密的产品。从管理的角度来看，该循环周期与其他管理一样，为了有效地进行与生产技术相关的各种管理，必须通过有效地运行 PDCA 的循环周期，来提升当前的技术能力和管理能力。

此处所提及的 PDCA，由以下 4 部分构成：①PLAN（计划）：制定计划；②DO（执行）：按照计划执行；③CHECK（评价）：评价实施成果；④ACTION（改进）：进行适当的改进。将上述英语单词的首字母提取出来，组成了新单词 PDCA，我们称其为"PDCA 循环周期"或者"管理的循环周期"。

PDCA 的最后一部分循环被称为"螺旋"，用以逐步提高技术能力和管理能力。因此，就像一步一步切实攀登螺旋阶梯一样，要逐渐实现越来越高的目标，就必须提高能力、技术、管理。这一点，在企业竞争上至关重要。

生产技术中的 PDCA

第 52 页图是生产技术中 PDCA 循环周期的一个实例。如本例所示，在生产技术部门，PDCA[①] 的管理循环被反复和持续地应用于维护、改进和升级已经获得的技术。这不仅能使我们顺利完成生产，还能对现有技术的不稳定性进行改进和修复，并依次提高我们的生产技术和管理能力。

随着世界生产技术水平的不断提高（包括开发和引进新技术），必须不断重复 PDCA 的循环周期，使其螺旋式上升。换句话说，我们需要脚踏实地改进我们目前的技术能力，使其完成度提高，最终超越其他的竞争对手。

---

① PDCA：在许多地方，PDCA 的定义分别是计划、执行、检查和行动。

制造周期

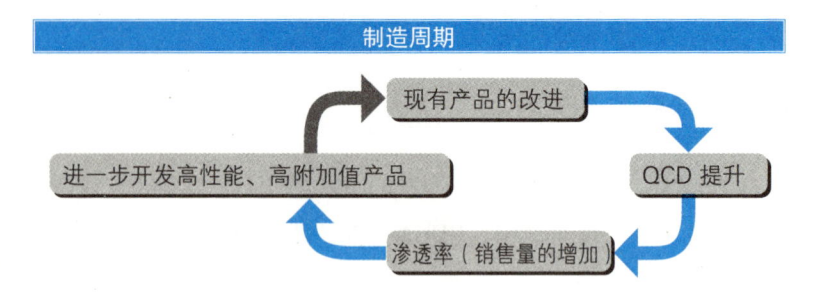

- 现有产品的改进
- QCD 提升
- 渗透率（销售量的增加）
- 进一步开发高性能、高附加值产品

生产技术中的PDCA循环周期

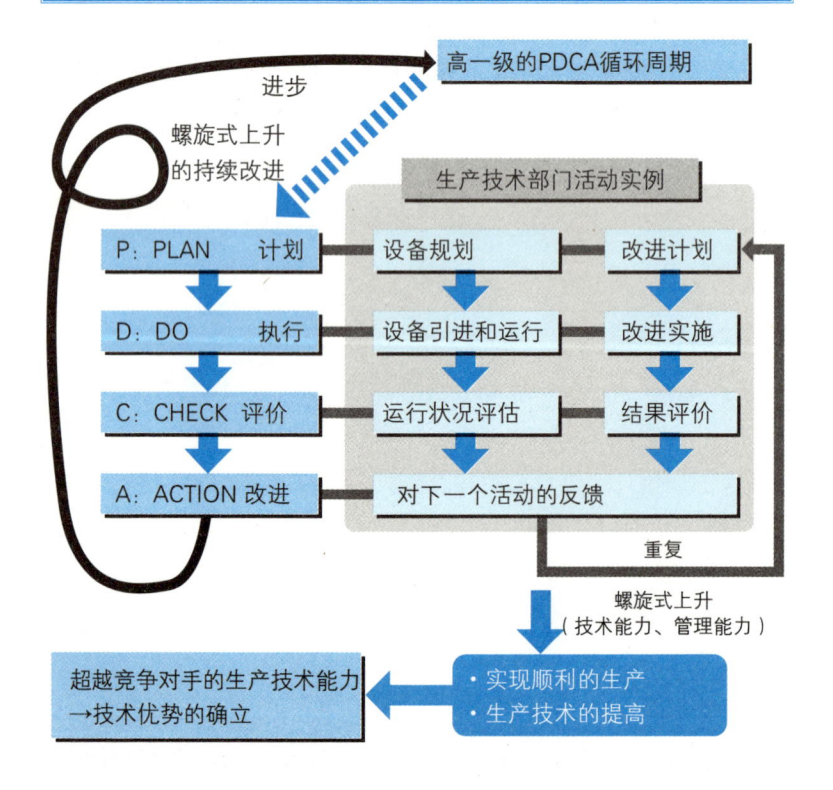

高一级的PDCA循环周期

进步
螺旋式上升
的持续改进

P：PLAN 计划
D：DO 执行
C：CHECK 评价
A：ACTION 改进

生产技术部门活动实例

- 设备规划 → 改进计划
- 设备引进和运行 → 改进实施
- 运行状况评估 → 结果评价
- 对下一个活动的反馈

重复

螺旋式上升
（技术能力、管理能力）

- 实现顺利的生产
- 生产技术的提高

超越竞争对手的生产技术能力
→技术优势的确立

第1章 什么是生产技术

专栏 日本生产技术的历史

生产技术根据产品及其规格的不同而有所不同。它是一门需要经验的实用科学（技术），随时变化，因此不能只通过文献来理解。在此，我（们）希望与各位读者分享日本生产技术的大致流程。

日本的生产技术概念始于明治维新之后。当时，前奇兵队① 队长井上省三②先生正在一家德国捻线厂工作。而曾在英国学习

---

① 奇兵队：高杉晋作于1863年6月建立了长州藩的第一支民兵部队。同年5月，长州藩决定驱逐外国人，并炮击通过下关海峡的外国船只。这导致了同月和次月美国和法国船只的报复性攻击，长州藩被迫开始了一场艰苦的战斗。此后，幕府不得不再次起用被软禁的高杉晋作。在下关的富商白石正一郎家中，高杉组织了一支民兵部队。其与幕府的正规军不同，被称为"奇兵队"，由500名志愿者组成，他们中有武士、外乡人、农民和城镇居民。该组织的成员由幕府提供武器和薪水，甚至那些平民百姓也被允许佩带带有他们姓氏的武器。1865年，他们作为各部队的主力参战，第二年，在第二次征服长州期间，他们成为丰前口战役的主力，并攻占了小仓城。随后，他们还参加了1868年戊辰战争中的鸟羽/伏见之战，并在北越战争中进行了艰苦的战斗。结果，有77人阵亡，61人因伤病死亡，199人受伤。第二年，由于军事系统的改革，各部队被解散。奇兵队和其他部队反对解散军队，并在暴乱中与幕府军队作战，最终被镇压。(相关内容请参阅1918年由日本史籍协会出版的《奇兵队日记》)

② 井上省三：(1845—1886) 明治时期的官员，姓伯野。曾经是长门（山口县）萩藩的毛利氏的家臣。1870年，他奉木户孝允之命前往东京，1871年开始在德国学习纺织。1876年，他进入内务省，1877年成为东京千住制绒所的第一任所长。他于1886年12月14日去世，享年42岁。

保险学的山边丈夫①（前庆应大学英语教师）在一家英国纺纱厂工作，并将他在那里获得的技术和知识带回了日本。这就是日本生产技术概念的起点。

具体来说，他们回国后，各自在东京（千住制绒所，后来的大和毛织，1960 年关闭）和大阪（大阪纺织，后来的东洋纺织）建立了自己的工厂，并在生产活动中介绍了与生产有关的术语和技术。在获取这些信息的基础上，他们成立了京都高等蚕业学校，培训生产技术人员，从而巩固了制造业存在的基础，同时通过纺织业赚取外汇。其结果是传统手工制造的效率稳步提高，这促进了日本工业实力的提升，并使其逐渐赶上了西方大国。

1935 年，丰田汽车企业第二任总裁丰田喜一郎（被认为是企业的真正创始人）将今天实行的即时制（just in time）概念纳入企业手册，并于 1938 年发展成为一种惯例。

战后，日本进入商品短缺时期，国家的制造业通过劳动密集型生产，实现了少种多量生产，这一点大大加快了日本的生产制造。该时期，工业机械变得越来越先进，在减轻了工人肉

---

① 山边丈夫：出生在岛根县津和野的一个武士家庭，被同一家族的武士山边善藏收养。在藩校养老馆学习后，于 1870 年前往东京，师从中村正直、西周、福泽谕吉等人。1877 年，他在伦敦大学学习经济学，在涩泽荣一的推荐下，他转投国王学院学习机械工程并在一家纺织厂工作。1880 年，他回到日本。1915 年，他与涩泽等人成立了大阪纺织企业，在那里他被任命为经理，1895 年担任董事，1896 年担任专务，1898 年就任社长。后来，他促成大阪纺织和三重纺织合并，并将企业名称改为东洋纺织，继续担任社长。在此期间，他引进了环形纺纱机、诺斯洛普自动机。

第1章 什么是生产技术

体负担的同时,提高了生产力。

此外,在经济高速增长期过后,日本进入稳定增长期,消费者的需求发生了变化,从大量生产统一的产品转向生产种类繁多的小批量产品。因此,生产设备已经从大规模生产传输机的全盛时期(见第2-1节)转向高度灵活的生产设备和系统,以追求更有效和低成本的生产。

作为本书的作者,我强烈希望读者能够通过日常的生产技术工作,牢记日本生产技术的历史,从而进一步获得发展。

第 2 章

生产技术的基础知识

要建立高效、低成本的生产体系，维护和提高生产效率，生产技术人员必须具备生产标准业务相关的知识，并能够实际应用。像这样顺利推进生产技术业务，除了生产相关的专业知识和经验，还迫切需要解决课题的应用能力和合理性。

因此，本章在推进构建高效、低成本的生产系统，并对此进行维护、提升等生产技术相关业务的基础上，从以下两方面入手。一方面，从必要的基础知识开始介绍生产设备的基本工作人员及其相关知识、工厂选址的讨论事项、代表性的生产方式相关知识等；另一方面，也要阐述负责制造相关技术部分的生产技术负责人要求的基础知识及其作用等。

2-1
预先了解生产设备的变迁

随着各种控制技术的发展,生产设备的复杂性和精密性也在增加。为了推进高效、低成本的生产,提高本企业产品的市场竞争力,必须掌握日益复杂且精密的生产设备的知识并熟练使用它们。

▶▶ 生产设备的发展趋势

近年来,随着控制技术的进步,生产设备变得更加复杂和精密,从手工生产设备,到半自动生产设备和顺序控制①的自动生产设备,再到 NC(数控)机床和复合加工机,能够通过程序切换完成各种复杂的操作。

其中的复合加工机将车床、铣床、镗削、钻孔和研磨的功能结合在一起,使各种高速、高精度的加工操作都能在一台机床上完成,而且变得越来越复杂和精密。

为了应对日益复杂和精密的生产设备,有关设备本身和各种控制技术的知识(见第 2-8 节)正变得至关重要。这就要求生产技术的负责人必须具备上述的知识,并拥有能熟练运用它

---

① 顺序控制:指生产设备等的动作按照预定顺序依次动作的控制方式。

们的技能。

▶▶ 如何更好地使用日益复杂且精密的设备

要想熟练使用复杂、精密的设备，提高市场竞争力，选择满足目标产品规格（见第 3-1 节）的生产设备是理所当然的。除此之外，添加自行进行的设定也变得越来越重要。比如组装自动停止装置（见第 6-15 节），万一在运行中发生异常，机器可自动停止生产，或者迅速、准确地通知因"减员化"（见第 6-3 节）而远离现场的工人等，这也要求生产技术负责人掌握更多技术知识，工人掌握更多技能。

由于这个原因，在内部制造生产设备，也就是实施所谓"设备内制化"的制造商们，不仅通过安装 NC（数控）功能等方式，使他们的生产设备更加复杂，还要简化生产设备，让其只具有生产系统中重复生产工件所需的功能。此外，他们还采取了各种措施来自动检测和制止工件、设备本身的异常情况。

生产技术的负责人必须充分理解这些技术动向和功能等，掌握建立一个能够尽可能简单的生产系统的技术，同时向生产车间提供符合本企业产品生产规格的生产设备、内部制造等使用方便的生产系统。

生产设备的变迁

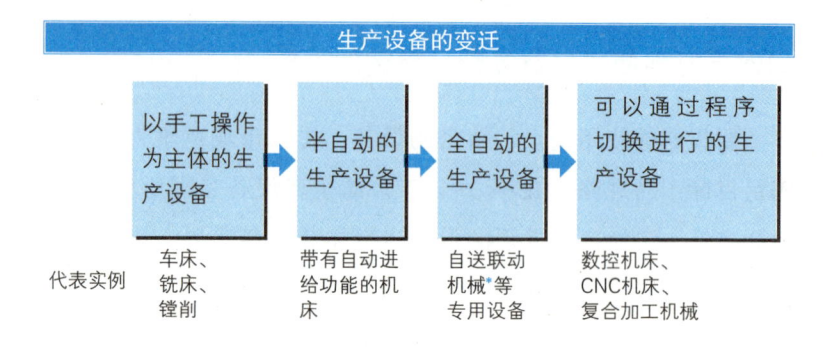

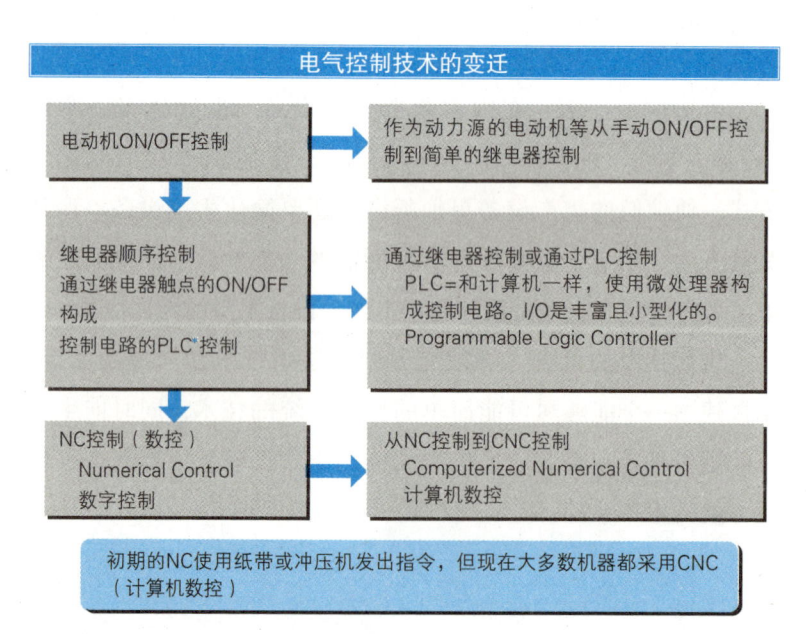

以手工操作为主体的生产设备	→	半自动的生产设备	→	全自动的生产设备	→	可以通过程序切换进行的生产设备
代表实例：车床、铣床、镗削		带有自动进给功能的机床		自送联动机械*等专用设备		数控机床、CNC机床、复合加工机械

电气控制技术的变迁

- 电动机ON/OFF控制 → 作为动力源的电动机等从手动ON/OFF控制到简单的继电器控制

- 继电器顺序控制 通过继电器触点的ON/OFF构成 控制电路的PLC*控制 → 通过继电器控制或通过PLC控制 PLC=和计算机一样，使用微处理器构成控制电路。I/O是丰富且小型化的。 Programmable Logic Controller

- NC控制（数控） Numerical Control 数字控制 → 从NC控制到CNC控制 Computerized Numerical Control 计算机数控

初期的NC使用纸带或冲压机发出指令，但现在大多数机器都采用CNC（计算机数控）

＊自送联动机械：指将手动工序按加工类排列，放在一台设备上，依次输送工件进行加工的高效自动机械。
＊PLC：有时也被称为可编程控制器或序列（三菱电机）。

060

2-2
预先了解产品功能特性和制造工序

为了制造出更好的产品，生产技术的负责人必须熟悉自己负责的产品功能特性和制造工序等，并在自己的业务中灵活运用这些知识。

▶▶ 产品功能特性与制造工序

要按照开发设计部门发布的产品图纸，高效、低成本地生产该产品，生产技术的负责人必须充分理解目标产品的功能、性能、特性、使用方法等。在此基础上，必须计划设计最符合要求规格的工序，使其能够在规定的时间开始生产。

我们将产品具有的功能、性能、特性、使用方法等统称为产品功能特性（product function characteristic）。

此外，为了高效、低成本地生产具有相同功能特性的产品，生产技术的负责人必须熟悉生产同一类别产品所需的流程，这是顺利推进自身业务必不可少的。而该流程从置办[1]生产所需的原材料等开始，经过依次加工、组装等工序加工成产品，随后是检查出货，最终供应给客户和市场。

---

[1] 置办：预先准备物品、服务、资金等，达到使用者可以使用的状态。

在这个流程中，生产产品所需的一系列步骤或过程被称为制造工序或制造流程（manufacturing process）。

▶▶ 如何在实践中应用它们的实例

要提高本企业产品的市场竞争力，生产企业的负责人必须熟悉自身所负责产品的功能、特性和制造工序，并在此基础上，时刻带着问题意识投入自己的业务，增加产品的吸引力，进一步提高该产品的 QCD。

这就要求生产技术的负责人在掌握当前产品的功能、特性和制造工序后，调查分析问题点，重新审视该产品的改良方法和制作方法，并为下一期产品提供反馈，随后通过更高效、低成本的方式将其制造出来，提高市场竞争力。

另外，在当今企业之间竞争异常激烈的情况下，必须有效地了解竞争对手的产品功能、特性和制造工序，这样才能更好地改良本企业的产品并决定产品战略。为此，获取竞争对手的产品并实施拆解（见第 5-2 节）也是有效的方法之一。

生产技术的负责人掌握产品功能、特性和制造工序后，将其应用于自己的业务和组织中。实例如第 63 页图所示。

第 2 章 生产技术的基础知识

产品功能特性和制造工序之间的关系

产品技术能力
生产技术能力

产品功能特性…产品功能、性能、特性、使用方法等的总称

制造工序…生产产品所需的一系列工序或处理

掌握产品功能特性和制造工序后，对其进行有效利用的实例

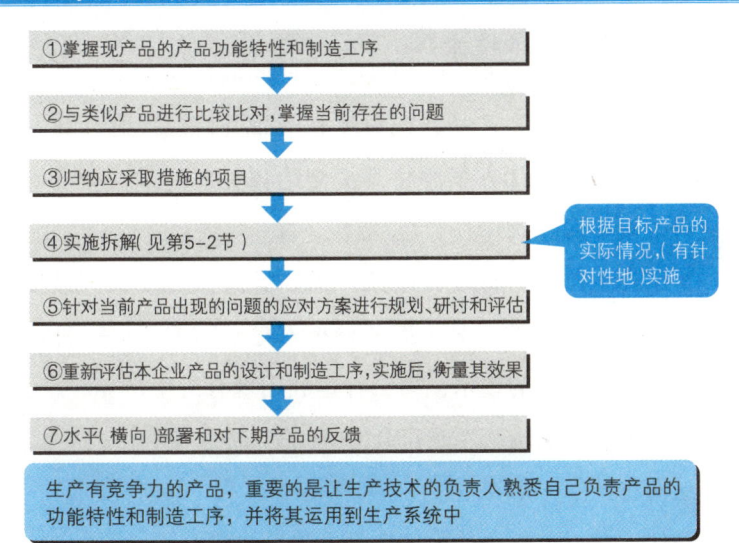

① 掌握现产品的产品功能特性和制造工序

② 与类似产品进行比较比对，掌握当前存在的问题

③ 归纳应采取措施的项目

④ 实施拆解（见第5-2节） ← 根据目标产品的实际情况，(有针对性地)实施

⑤ 针对当前产品出现的问题的应对方案进行规划、研讨和评估

⑥ 重新评估本企业产品的设计和制造工序，实施后，衡量其效果

⑦ 水平(横向)部署和对下期产品的反馈

生产有竞争力的产品，重要的是让生产技术的负责人熟悉自己负责产品的功能特性和制造工序，并将其运用到生产系统中

063

2-3
预先了解生产技术和制造技术之间的区别

想要确保所开发和设计的产品能够优质、低廉、快速、顺利和安全地生产，生产技术和制造技术是必不可少的。了解这两种技术之间的差异并在实践中加以应用是很重要的。

▶▶ **制作设计品的两种技术**

每当需要开发新产品，或对现有产品进行换代时，开发设计部门都会制定设计方案并将其提交给相关部门，以便准确传达自身的设计理念。

为了让生产部门将设计图纸中描述的内容转换为可以稳定生产并供应给市场的产品，有两种技术是必需的。第一种技术是制造相关产品等的技术，第二种是利用现有的生产4M（见第1-4节）和生产系统来生产符合QCD的产品等技术。

这两种技术一般被称为"生产技术"和"制造技术"，是进行高效、低成本的商品生产中不可缺少的技术。

▶▶ **生产技术和制造技术**

生产技术也可以说是制造整个生产的技术体系，包括以新产品等的生产启动（见第 3-8 节）为代表而设计的产品，为了能够实际着手生产而准备生产系统，构筑有竞争力的生产系统等的施工方法和步骤等。典型的实例是：工序计划和工序设计（见第 3-2 节），设备、夹具的选定采购（见第 2-2 节），标准作业和标准工时（见第 3-13 节）的设定等与构建生产系统相关的技术等。

制造技术可以说是一个与技术相关的体系，包括：如何高效运转现有的生产 4M 和生产系统，维持、提升正在生产产品的 QCD。也就是说，为了稳定生产目前流行的产品，或者廉价、快速、顺利地制作出优质的产品，将很好地使用生产的 4M 的技术统称为"制造技术"。典型的实例包括维护和改进生产系统的技术，比如：处理质量和交货问题的措施，提高生产力的措施（见第 4-5 节），降低工时的措施（见第 6-3 节），以及实施各种改进等。

此外，一些企业对生产技术和制造技术这两种技术进行了区分，另一些企业则将其看作一种技术。在本章中，这两项技术将被视为广义上的生产技术，因为它们对于如何良好地、廉价地、快速地、顺利地和稳定地制造所开发和设计的产品是必要的。

生产技术和制造技术的区别

	广义的生产技术	
	生产技术	制造技术
定位	设计和制造的中间 高效、低廉地制造的技术	与制造紧密相连 熟练使用生产4M和生产系统的技术
技术性质	固有技术 连接设计和生产车间的技术	管理技术 现场技术
主题	如何做好那个产品	如何使用、维护和改进现有的生产系统
质量	确保设计质量*（目标质量）	适合均质*确保完成范围的质量
业务主体	以构建生产系统的相关的技术业务为主	以维护和改进生产系统的相关技术业务为主
代表实例	决定生产系统的构筑、产品的制作方法、生产设备上的有效废除等	生产系统的维护/改进、生产力提高的对应策略、工时降低的对应策略、工具寿命的对应策略等

在实践中，一些企业将生产技术和制造技术这两种技术区分开来，而另一些企业则将其看作同一种技术

* 设计质量：指设计者为了满足某个产品要求的质量特性，将其作为制造目标而想要达成的质量，有时也称为"目标质量"。Quality of design。
* 适合均质：Quality of conformance。指以设计质量规定的质量特性为目标而制造的产品的实际质量，有时也称为"出色的质量"。

2-4
预先了解生产力和生产效率的区别

作为生产技术的负责人,需要充分理解到即使生产力高,生产效率也会降低的情况,并将其运用到自己的业务中。

▶▶ 生产力与生产效率

"生产力"(productivity)是指产出量(output)与投入量(input)的比例。其值可以通过第69页图的公式求出,是作为分子、分母的个别生产要素的取值方法,可以分为劳动生产力、资本生产力、原材料生产力等。

考虑到其在工厂内等进行使用的实例,例如,在反复进行生产的生产车间等中,越来越多地使用容易被工人掌握的个别生产要素,和容易理解的成交量等计算出劳动生产力。

另一方面,生产效率是指制造某一产品所需的劳动力(输入),和为了制造该产品而产生的劳动力(输出),可以说是能源方面的比例,代表了生产本身的效率。因此,无论生产效率如何高,其值都不会超过100%。

另外,近年来IT技术(参照第7-5节)正在成为提高生产力和生产效率的有效工具。特别是在需要判断合格与否、统计、重复计算，甚至检索等业务出现的情况下，IT 技术能够比人工更快、更准确地执行命令，因此需要生产技术的负责人熟悉 IT 技术，并将其活用于自己的业务和自己构建的生产系统中。

▶▶ 生产力高但生产效率低的实例

高生产力不一定会带来高生产效率。例如，生产过剩（见第 2-12 节），即过于关注个别劳动生产力（每一个工人的产出），导致生产系统和工厂出现整体的不平衡。这就是生产力高但生产效率低的实例。具体来说，尽管每个工人的工作速度都很快很高，产量也很高，但由于产品流通不畅，工序间和工厂内的半成品和库存都变多了。为了清理、搬运这些半成品和库存，对其进行清点并开具发票等，需要更多的工作人员和操作空间，结果，不仅没有降低成本，反而导致成本上升。这样的生产车间，目前依然存在。

为了防止这些事态的发生，作为生产技术的负责人需要考虑到该生产系统之间和工厂整体的平衡，设定适当的工序设计（见第 3-2 节）和标准作业、标准工时（见第 3-13 节），或者制定、实施合理的布局（见第 3-7 节），并在考虑全局的基础上进行改进等。

第 2 章　生产技术的基础知识

生产力的求导方式和文件

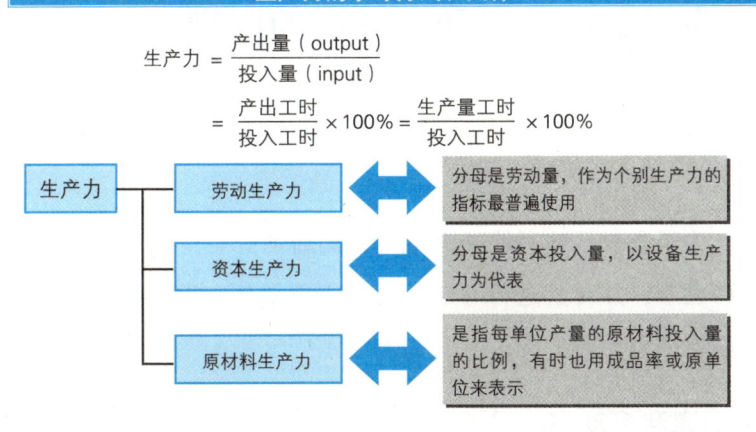

$$生产力 = \frac{产出量（output）}{投入量（input）}$$

$$= \frac{产出工时}{投入工时} \times 100\% = \frac{生产量工时}{投入工时} \times 100\%$$

生产力
- 劳动生产力 ⇔ 分母是劳动量，作为个别生产力的指标最普遍使用
- 资本生产力 ⇔ 分母是资本投入量，以设备生产力为代表
- 原材料生产力 ⇔ 是指每单位产量的原材料投入量的比例，有时也用成品率或原单位来表示

生产效率的求导

$$生产效率 = \frac{输出功率}{输入功率} = \frac{产出劳动力}{投入劳动力}$$

生产效率是指能源方面的比例，表示生产本身的效率，接近100%很重要

2-5

预先了解劳动率和可动率的区别

为了及时且顺利地进行生产，提高现有生产设备的劳动率和可动率，并对其进行有效使用是很重要的。近年来，人们越来越重视可动率。

▶▶ **劳动率和可动率**

劳动率是指：在1天的作业时间内，对直接生产有帮助的直接生产时间所占的比例。它是衡量有效作业时间与可利用时间的比率的指标。例如，一天的作业时间为8小时，其中直接生产时间为6小时，则劳动率表示为6小时/8小时，也就是75%。为了提高该劳动率，（我们）正在调查、分析工人和设备为生产贡献出的时间比率以及劳动内容，重新构筑最佳的作业方法，也就是所谓的"劳动分析"（见第3-14节）等。另一方面，在需要某个设备时，该设备正在使用或能够运转的概率被称为可动率或可用性率。因此，可动率是指在需要该设备时，其随时处于活动或可动的状态，也就是说目标应该是可动率100%。

为了提高可动率，认真实施预防性维护（见第5-3节），防

第2章 生产技术的基础知识

止故障（见第 4-7 节）引起的设备停止的发生，尽可能地减少停工时间（见第 4-7 节）等非常重要。也就是说，通过减少平均修复时间 MTTR（见第 5-5 节）来延长平均故障间隔 MTBF，减少工具更换时间①、设定时间（见第 2-10 节）等活动，提高可动率。

▶▶ 重视可动率

受世界的经济动向、本企业产品的竞争力、库存状况等因素的影响，生产要求量会发生变动。换言之，在经济景气、本企业产品竞争力高、库存少等的情况下，生产要求量增加，反之，生产要求量减少。

由此，生产所处环境发生变化，其所需要的可动率也会发生变化。为了灵活应对这些变化、防止生产过剩，企业越来越重视可动率。也就是说，在有生产要求的时候，生产所需的设备，必须处于正常、良好的状态下，随时可以运行或投入使用，这样才能快速生产并将其供应给市场。

从上述可知，生产技术的负责人，必须意识到劳动率和可动率之间的差异，引入不发生故障或难以发生故障的生产设备，构建一个新的系统，使得现有的生产设备始终保持正常、良好状态（见第 6-14 节），缩短设定时间，改进生产设备设计中的薄弱环节等。这样才能确保生产车间及时、顺利地进行生产。

---

① 工具更换时间：指在使用中更换磨损或损坏的工具（具体示例见本书第 5-8 节）所需的时间。为了缩短时间，提高加工尺寸的再现性很重要。

劳动率的求导方式

$$\text{劳动率} = \frac{\text{有效劳动时间}}{\text{作业时间或可利用时间}} \times 100\%$$

$$= \frac{\text{实际劳动时间}}{\text{总时间}} \times 100\%$$

> 为提高劳动率所进行的劳动分析（见第3-14节）

可动率（可用性率）的求导方式

$$\text{可动率（可用性率）} = \frac{\text{可能工作的时间}}{\text{可能工作的时间} + \text{不可能工作的时间}} \times 100\%$$

> 为了提高可动率（可用性率），需要尽量缩短发生的停止时间，或预防设备停止的发生

2-6
加深对生产设备和工具的理解

要实现高效、低成本的生产，不能缺少生产技术人员对生产设备和工具方面的深入了解。只有深入了解，才可以将最佳的生产设备和工具等提供给生产者。

▶▶ **生产设备和工具的分类**

生产设备属于"生产的4M"之一（见第1-4节），可大致分为两类：一类是通用设备，另一类是（具有特殊用途的）专用设备。通用设备是指为处理各种工件（Work）而设计的生产设备，市场上销售的大多数机床都属于这种类型。专用设备是为能够高效、大批量加工特定工件而设计的生产设备，典型的实例是自送联动机械（见第2-1节）和性能测试机。

另外，用于加工和组装等作业的工具，除了切削工具和磨削工具、作业工具，还有夹具和安装工具、基于各种施工方法的模具、测量用工具等分类。这些工具有时统称为工具类。

生产技术的负责人需要加深对生产设备和工具的分类、类型（见第75页图）及其使用方式的理解，并在应用和设计自己的生产系统，以及维护和改进现有生产系统时，充分利用这些知识，实现高效、低成本的生产。

生产技术的负责人应充分了解生产设备和工具的分类、种类和用途（见第75页图），并将这些知识应用于自己的生产系统，设计、维护和改进现有的生产系统，以实现高效和低成本的生产。

▶▶ 生产技术的负责人所不可缺少的知识

当生产技术的负责人要建立一个新的生产系统时，他（她）必须依照产品图纸和试验品，研讨并决定哪些工序最适用于生产有关产品，付诸实践，开展生产。这就需要该负责人对生产设备和工具有深入的了解。

例如，在设计加工某个产品的工序时，第一步是决定加工的顺序（工序），然后为每道工序绘制刀具布局图[①]（其中以夹紧部位和切削条件为主）。这使人们了解到应该使用的生产设备和工具的类型。此时，如果生产技术的负责人不了解生产设备和工具，或者其种类、使用方法等，就无法制定最佳的工序。为此，生产技术的负责人需要平时就关注生产设备和工具类，调查其使用方法，努力收集相关信息，满足实际运用的需要。

---

① 刀具布局图：Tooling layout drawing。显示工件（work）与所需刀具位置关系和切削条件等的图纸。

第 2 章　生产技术的基础知识

生产设备的分类

```
                                              生产的
                                              自由度
生产设备 ─┬─ 通用设备 ── 为了能够应对各种工件的    高 ── 机床制造商和测量
         │              加工而制作的生产设备              机制造商
         │              具体种类见第5-4节
         │              （部分除外）
         │
         └─ 专用设备 ── 为了能够高效、大量加工特    低 ── 专机制造商和用户
                        定工件（work）而制作的生               内部制造
                        产设备
                        典型实例：自送联动机械、
                        性能测试机等
```

工具的分类和举例说明

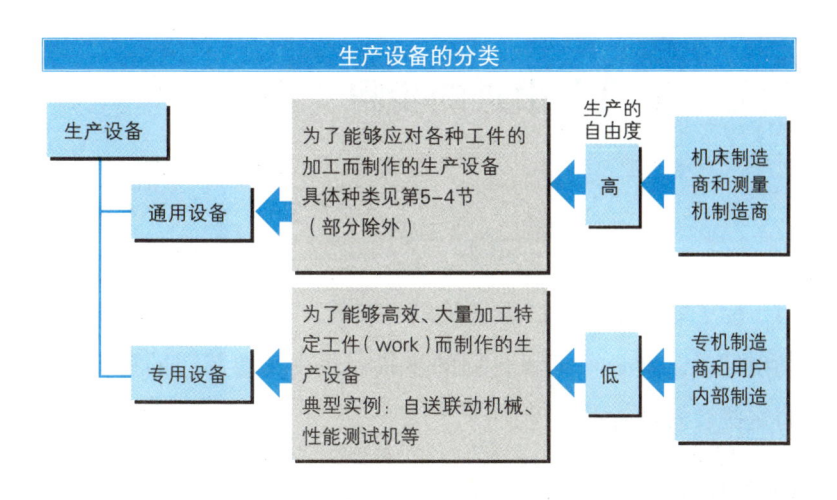

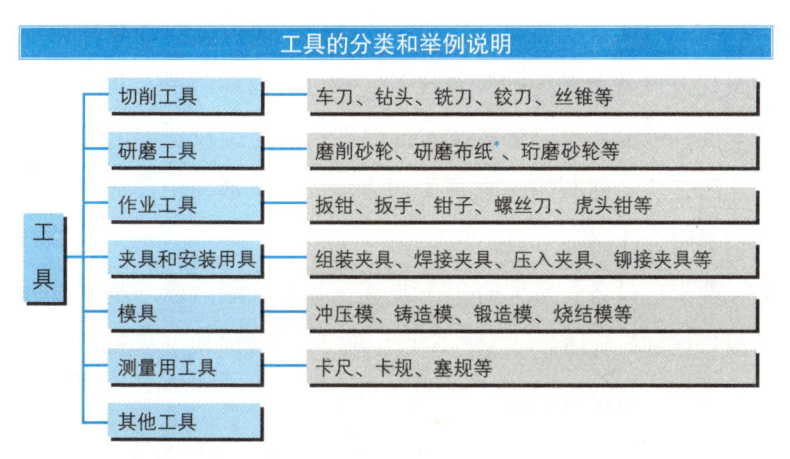

```
      ┌─ 切削工具 ───── 车刀、钻头、铣刀、铰刀、丝锥等
      │
      ├─ 研磨工具 ───── 磨削砂轮、研磨布纸*、珩磨砂轮等
      │
      ├─ 作业工具 ───── 扳钳、扳手、钳子、螺丝刀、虎头钳等
工具 ─┤
      ├─ 夹具和安装用具 ─ 组装夹具、焊接夹具、压入夹具、铆接夹具等
      │
      ├─ 模具 ───────── 冲压模、铸造模、锻造模、烧结模等
      │
      ├─ 测量用工具 ──── 卡尺、卡规、塞规等
      │
      └─ 其他工具
```

* 研磨布纸：见第5-8节。译者注：是用胶等黏结剂将研磨材料粘接在布或纸表面的研磨工具的总称。研磨材料包括熔融氧化铝（铁、钢的研磨）、金刚砂（表面光洁度）、碳化硅（软质金属的研磨）、石榴石（木材研磨）、硅石（杂项）等。

075

2-7
预先了解设备引进的步骤

为了能够在生产的准备阶段，有效、切实地进行生产设备的引进等，就必须了解合理的步骤，并在其他部门的协同下，将这些计划付诸实践。

▶▶ 设备引进的步骤

为了启动新产品、换代产品的生产，或引进配备有新技术的最先进设备，需要购买新设备，或进行内部制造，并投入生产车间。一般来说，生产技术部门在引进这类设备方面起着主导作用，从计划开始一直到生产启动的所有活动中，都与其他部门紧密合作。

要引进设备，需要有以下步骤：基本计划阶段、基本设计阶段、详细设计阶段、制作阶段、搬入/安装阶段、批量生产启动阶段等。具体内容如第78页图所示。

▶▶ 每个步骤的具体内容

在基本计划阶段，我们制定了中长期资本投资计划和年度资本投资计划，将其与产品计划挂钩，并推进对设备投资目的

第 2 章　生产技术的基础知识

的明确化（如资本投资是否真的有必要等），以及针对其进行评估和审查等的活动。

在基本设计阶段，根据生产目标产品的图纸等制定工序计划、工序设计、执行计划，或者设计布局，同时巩固对象设备及生产系统的轮廓，推进说明书的方案制定等活动。

在详细设计阶段，完成该生产设备的说明书，从商家那里获取报价，并向最合适的商家下单，开始具体的设计，进一步确认审查其图纸。

在制作阶段，根据批准的图纸进行实际制作，经过样品验证和运行调整后，在实际加工条件下对试验件进行试加工、精度确认，并进行监督核对。

在搬入/安装阶段，为了能够将已审核完毕的生产设备搬入本企业工厂，并在当地进行安装、调整、生产，需要整治周边环境，例如，配备测量台等。

批量生产启动阶段，需要对安全核查、工人的教育法、入检、工序能力（见第 4-3 节）等进行调查，确认其满足所有要求规格后进行验收①。

这些生产设施必须首重安全性，并需要其具有可靠性和可维护性等。在设备采购产品规格说明书中，明确说明这一点非常重要（见第 3-12 节）。

另外，最近，为了提高本企业（企业）的生产技术能力、

---

① 验收：指的是确认交付的物品是否满足要求规格，随后进行接收，完成后方可办理支付手续。

防止技术和信息泄露,自行设计、制作生产设备的企业,也就是所谓"内制化企业"正在增加,但基本流程是相同的。

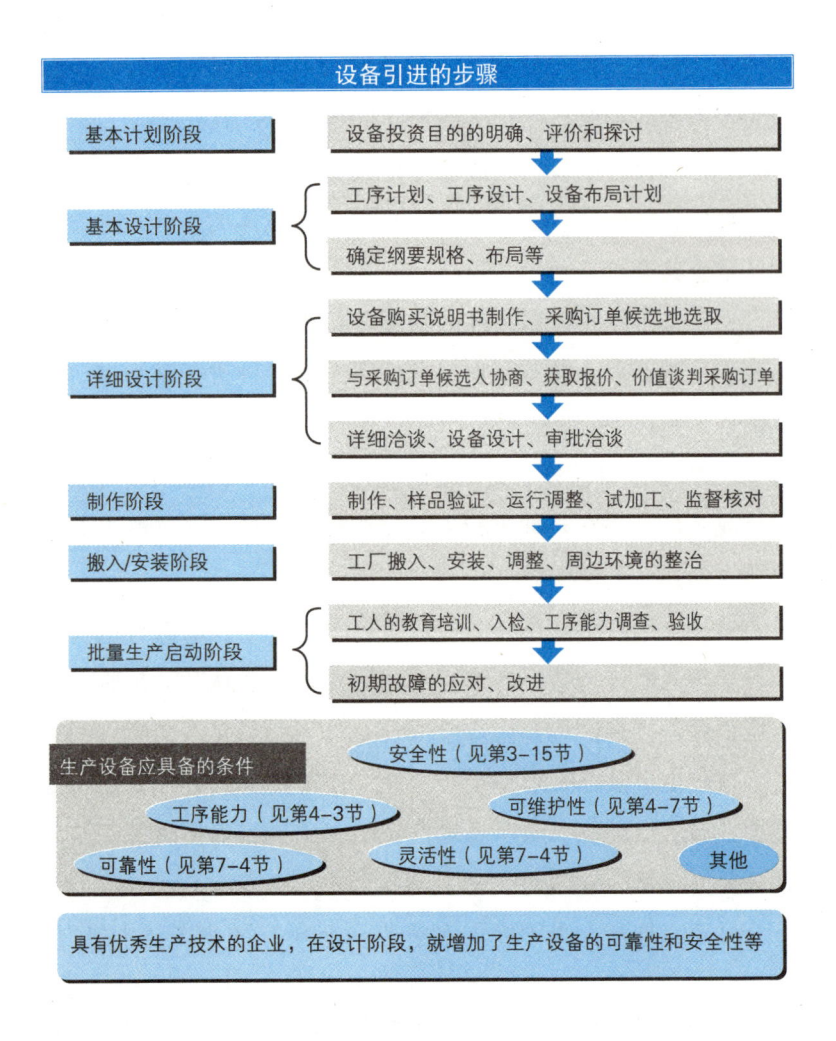

设备引进的步骤

基本计划阶段 → 设备投资目的的明确、评价和探讨

基本设计阶段
- 工序计划、工序设计、设备布局计划
- 确定纲要规格、布局等

详细设计阶段
- 设备购买说明书制作、采购订单候选地选取
- 与采购订单候选人协商、获取报价、价值谈判采购订单
- 详细洽谈、设备设计、审批洽谈

制作阶段 → 制作、样品验证、运行调整、试加工、监督核对

搬入/安装阶段 → 工厂搬入、安装、调整、周边环境的整治

批量生产启动阶段
- 工人的教育培训、入检、工序能力调查、验收
- 初期故障的应对、改进

生产设备应具备的条件

- 安全性(见第3-15节)
- 工序能力(见第4-3节)
- 可维护性(见第4-7节)
- 可靠性(见第7-4节)
- 灵活性(见第7-4节)
- 其他

具有优秀生产技术的企业,在设计阶段,就增加了生产设备的可靠性和安全性等

2-8
预先了解生产设备的控制技术

为了更有效地运用生产设备,生产技术的负责人需要了解控制技术,如生产设备的控制方法等,还需要将其灵活运用于设备引进和维护、改进等业务中。

▶▶ 液压技术

机床和工程机械等,通过利用液压产生的人力无法达到的动力,完成规定的工作,进而支撑起我们的生活。

这些液压技术(Hydraulics)在 JIS(日本工业标准)[①] 中被定义为"使用液体作为动力传输媒介的技术方法"。

支撑这种液压技术的液压回路(Hydraulics circuit),也被定义为"由液压机等元素组装而成的液压系统的功能配置"。换言之,液压回路就是液压系统的回路,它由各种液压装置通过管

[①] JIS(日本工业标准):2016 年(平成二十八年)3 月末,设定了 10542 件。译者注:它是根据工业标准化法制定的日本国家标准,目的是提高矿物和工业产品的质量、性能和安全,并促进生产效率。规定了产品的类型/尺寸、质量/性能、安全性和用于检查它们的测试方法,以及所需的标准值,并用于确保生产者、使用者和消费者可以放心地获得质量好的产品。经济产业省在必要时颁布和修订 JIS,以反映当时技术的进步、安全的提升等。

道连接组合而成，从而可以控制液压油的压力、方向和流量，以达到既定的目标。

组成这些回路的液压装置可分为三大类：压力发生装置、控制装置和执行器。

压力发生装置是指产生具有压力（液压）的装置，由液压泵、电动机、液压箱和溢流阀[①]等构成。

控制装置包括一个控制执行器运动的方向控制阀、一个控制执行器输出大小的压力控制阀、一个控制执行方式的方法控制阀和一个控制执行速度的流量控制阀。

执行器在实际工作的条件下，分为用于往复运动的液压缸、用于旋转运动的液压马达、用于摆动运动的摆动马达等种类。

▶▶ 气压技术

仔细观察工厂内部，能够看到自动组装机等一边"呼呼"地进行排气，一边进行组装等作业，还可能会搬运零件类。

这些设备利用气压技术，使气缸按照设计者的意图进行移动，完成规定的工作。

这些气压技术（Pneumatics）在 JIS 中被定义为"使用压缩空气作为动力传递介质的技术方法"。

支撑该气压技术的气压回路（Pneumatics circuit）同样定义为"由气压元件等要素组装的气动装置的功能结构"。气压回路的控制思路与液压相同。

---

① 溢流阀：是指具有保持液压回路内压力恒定作用的阀（纸浆）。

气压技术易于使用，只需要压缩空气的出口靠近工作区域，由于动力传输介质是空气，因此污染较少。

▶▶ 电动控制技术

使构成生产设备的各种机制、液压装置、气压装置、电动执行器等按照设计者的意愿动作，并使生产设备进行规定工作的技术中，不可缺少的技术就是电动控制技术。

近年来，对生产设备的要求已变得越来越复杂和精密。与此相伴，电动控制技术也变得越来越复杂和精密。例如，从使用焊接点继电器的顺序控制到使用 PLC（可编程逻辑控制器，见第 2-1 节）和 NC（数控）控制的各种专用设备（见第 2-6 节）、数控机床和 CNC 机床（见第 2-1 节）。

时间图[①]用于说明这些生产设备的运行情况。

---

① 时间图：横轴表示时间，纵轴表示设备及组成它的部件的动作。该图显示的是上述两者随时间变化而产生相应动作的示意图。

生产设备的控制技术

特征

生产设备的控制技术
- 液压技术 … 可以产生很大的力 / 中低速
- 气压技术 … 可以方便地使用 / 与液压相比更高速
- 电动控制技术 … 从AC(交流)到DC(直流) / 超高速(变迁见第2－1节)
- 机械技术 … 动作准确 超高速
- 真空技术 … 用于原材料、零部件、成品的输送等

2-9
预先了解缩短筹备期的必要性

为了快速开发、生产畅销产品,并将其提供给市场,缩短筹备期是很重要的。筹备期是该产品生产结构整体实力的晴雨表。

▶▶ **筹备期与生产技术的关系**

随着消费者需求的变化,多种少量生产化的发展,产品的生命周期(见第1-15节)正变得越来越短。

为了快速应对上述这些变化,需要在短时间开发生产出能够被市场接受的产品,并将其提供给市场。也就是说,重要的是建立和运行一个能够快速开发、生产和向市场提供可销售产品的系统,使本企业的生产系统更接近新的市场需求,将销售等机会的损失降到最低。因此,开展筹备期(lead time)的活动比以往任何时候都要重要。

这个筹备时间是指企业活动从收到订单到交付期限所需的总时间,包括设计筹备时间(见第3-9节)、采购筹备时间[①]和

---

① 采购筹备时间:从收到产品图纸或接到生产订单,到准备获得和生产所需物料的总期限。

生产筹备时间①。这些筹备时间的长短体现是一个企业生产结构整体实力的晴雨表。

这其中，生产技术部门的工作从产品图纸发布后开始，其所构建实际开始生产所需的生产系统，大多涉及以生产设备的采购为首的采购筹备期。因此，可以说生产技术部门的工作会对采购筹备期的长短产生巨大的影响。

▶▶ 以高效率、短交货期为目标

通过缩短筹备期，可以获得以下好处：①能够迅速提供产品（给市场），提高产品的新鲜度；②在推进小批量生产（见第6-5节）的同时，可以减少半成品和成品的库存；③可以减少产品更新引起的损耗；④能够实现订单生产导向型（按订单生产）。

因此，生产技术的负责人，必须缩短自己构建的生产系统和负责产品的筹备期，高效地进行自己的业务，实现高效率、短交货期的生产，为生产做出贡献。

为此，必须很好地利用技术标准（见第5-15节）等，以便迅速决定生产设备和其他需要采购的生产部件的规格，并使采购部门和其他后续工序能够迅速开始实际活动。

---

① 生产筹备时间：从开始生产到交付或发货产品的总期限。

第 2 章 生产技术的基础知识

缩短筹备期的措施和效果

筹备期是指

订单 → 交付

从订单到交货的企业活动所需的总期限

设计筹备期+采购筹备期+生产筹备期

缩短筹备期的生产技术措施

设计筹备期
为了迅速进行开发、设计工作，需要积极参与设计评审（见第7-2节）、样品验证（见第3-9节）、CA/SE（见第7-1节）、前端装载*等

采购筹备期
迅速决定生产设备和其他需要采购的生产物品的规格等，加快操作速度，加快生产系统的建立，实现纵向启动（见第4-1节），使采购部门等后续工序能够尽快开始实际采购的活动等

生产筹备期
推进作为其构成要素的加工本身的时间和工序等待等的停滞时间、工序间搬运时间的缩短活动

缩短筹备期的好处

① 能够迅速提供产品（给市场），提高产品的新鲜度
② 能够减少半成品和成品库存
③ 能够减少因产品更新而引起的损耗
④ 能够实现订单生产导向型生产（按订单生产）
⑤ 可以有效地利用有限的经营资源

构建柔性生产体制

经营精简化

* 前端装载：是指尽量提前进行开发、设计的业务，尽早发现该产品中存在的问题，并制定对策，不将其带入后续工序的、价格低成本的方法。

2-10
预先了解缩短设定时间的必要性

在消费者需求多样化的同时，多种少量生产化和变种变量生产化正在发展。随之而来的是生产车间频繁进行设定，因此，必须将其缩短。

▶▶ 设定

生产线在更换目标产品时，必须做好生产准备。例如，在开始生产之前，将设备、夹具或图纸、原材料等准备齐全，并将其调试到适合该生产对象的状态等。然后，在生产的4M（见第1-4节）准备完毕的阶段进行试加工（见第4-2节），在确认其满足加工尺寸等质量要求事项后，进入正式的生产。像上述这样，在更换生产目标产品的情况下，开始正规生产之前进行的前半部分工作被称为"设定"。这包括新产品对应设定、单次设定①、节拍内设定②、一次性设定③、单触设定（瞬间设定）、单秒设定和自动设定（见第7-8节）。

---
① 单次设定：在不到10分钟内，即所谓的单次分钟单位内进行的计划。
② 节拍内设定：在节拍时间内发生的计划。节拍时间=操作时间÷生产要求的数量。
③ 一次性设定：在循环时间内进行的计划（见第4-10节）。

当今时代，多种少量生产和变种变量生产正在不断发展。伴随设定次数的增加，缩短其时间，也就是缩短所谓的设定时间正变得越来越重要，各企业都在着力改进"设定"（见第 4-8 节）。

▶▶ 短时间内有效率地进行（设定）

伴随顾客和消费者的需求逐渐多样化和个性化，产品的种类逐渐增加，每种产品的产量却在减少，这导致了所谓的"多种少量生产"（见第 1-7 节）不断发展进步。为了适应这些要求，批量生产（见第 6-5 节）正变得越来越少，相反，进行设定的次数却在不断增加。

当然，进行设定需要一定的时间。但就如准备设定工作的时间（见第 3-13 节）一样，其对生产并没有什么贡献。因此，批量的增加是为了减少表面作业时间（见第 6-5 节），或者换句话说，就是缩短单位产品所需设定时间的比例。然而，这不仅增加了半成品和产品的库存，还会导致无法快速应对客户和消费者不断变化的需求。因此，企业越来越迫切地需要在短时间内进行有效的设定，缩短每次的设定时间（见第 7-10 节）等，并增加其次数和产品的数量。生产调整的负责人，不仅需要知道下文提及的设定工作的构成、现行的设定时间、缩短设定时间的七个诀窍，还要在自己的业务中熟练运用。

设定工作的构成

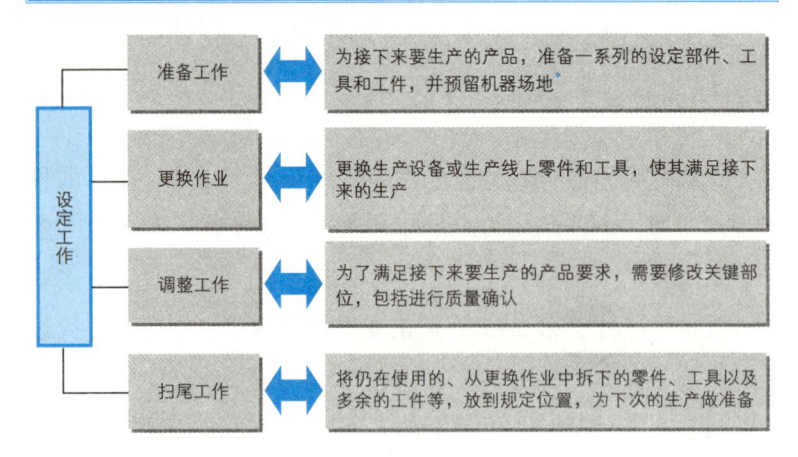

```
          ┌─ 准备工作 ⇄ 为接下来要生产的产品，准备一系列的设定部件、工
          │              具和工件，并预留机器场地*
          │
          ├─ 更换作业 ⇄ 更换生产设备或生产线上零件和工具，使其满足接下
设定工作 ─┤              来的生产
          │
          ├─ 调整工作 ⇄ 为了满足接下来要生产的产品要求，需要修改关键部
          │              位，包括进行质量确认
          │
          └─ 扫尾工作 ⇄ 将仍在使用的、从更换作业中拆下的零件、工具以及
                         多余的工件等，放到规定位置，为下次的生产做准备
```

缩短设定时间的七个诀窍

第1条	熟悉现行设定工作的构成和现状
第2条	将内设定转化为外设定（见第4-8节）
第3条	确保产品一次合格（见第7-9节）
第4条	建立最佳的生产模式*
第5条	顺利地构筑设定工作
第6条	构建机制，提高设定意识
第7条	使缩短时间设定的效果更显著（见第4-13节）

* 机器场地：毗邻生产设备等的地方。
* 生产模式：一种有效的生产顺序，旨在最大限度地减少多种产品的总安排时间，因为它们的生产顺序可以对总安排时间产生重大影响。

2-11
预先了解建厂时要考虑的问题

从选择厂址开始,建造新工厂的决定必须从多方面进行慎重考虑,决定企业的需求,以尽量减少企业未来遭遇的风险。在海外扩张的情况下,这一点尤为重要。

▶▶ **进行工厂选址和厂房研究时的注意事项**

对于制造业来说,决定建造什么类型的工厂,在哪里建造,以及建造成何种规模,是非常重要的。它将对未来的企业活动产生长期而重大的影响,必须根据企业的需要,进行慎之又慎的讨论和决定。因此,在进行决策时,必须在尽可能多层面和慎重讨论的基础上进行判断。具体来说,就是必须通过详细考虑原材料的可获得性、到目的地的距离和劳动力的可用性来尽量减少风险,如第91页图所示。

此外,在建设新工厂时,必须查明现有工厂的所有问题,计划听取多方利益相关者的意见,为解决这些问题进行计划,还需要在进一步阐述了工厂选址中讨论的要点、工厂的未来计划,以及场地和工厂的布局概念(见第3-7节)后,给设计和建造工厂建筑留有一定的规划余地。

▶▶ 拓展海外市场时应考虑的要点

　　当一个制造商想向海外扩张时，第一步是确定扩张的目标和优先事项。在此基础上，借鉴国内（日本）建厂时需要考虑的问题，还要考虑在海外生产的产品和建厂的类型，以及在哪个国家和哪个地点建厂。此外，我们必须仔细考虑语言和思维方式、商业惯例和法律、交通等基础设施状况以及当地的治安状况等的差异。

　　此外，还必须收集、分析和使用当地的信息，例如，通过实际访问该国，研究既存企业的情况，并了解他们的故事。

　　总之，在任何情况下，海外拓展都必须经过比国内更慎重的考虑，才能全面决定是否运营该项目。

　　生产技术的负责人需要考虑以上所有因素，从多方面探讨符合企业需求和当地实际、低廉且合理的计划，并在此基础上，制定进军计划并提出建议。

第2章 生产技术的基础知识

工厂选址讨论研究时的项目和注意事项

对工厂选址进行讨论研究时的项目：
- 和目的地的距离
- 原材料的可获得性
- 劳动力
- 工资水平
- 市场和相关企业的存在
- 用地面积
- 各种管制
- 气候风土
- 动力是燃料的可获得性
- 工业用水
- 运输基础设施
- 其他
- 治安情况
- 自然灾害

对当地信息的收集、分析、活用是不可缺少的

工厂选址时的注意事项
- ➡ 关于工厂建设的规定、税制、优惠是什么样的
- ➡ 生产所需的4M能否在当地采购
- ➡ 生产所需的基础设施是否完善
- ➡ 附近是否存在市场、委托生产地等相关企业
- ➡ 物流是否高效
- ➡ 劳动力的可用性、工人的劳动热情、工资水平是怎样的 等

设计工厂厂房时的注意事项
- ➡ 与长期生产计划和新产品开发计划相联系
- ➡ 将自然灾害的风险降到最低
- ➡ 安排生产区域，以确保货物在工厂内顺利流动
- ➡ 人的流动和货物的流动应该是面向未来
- ➡ 动力设备，如压缩机和锅炉等，应安排在工厂的中心附近
- ➡ 公用事业*等的能力应该是面向未来的 等

* 公用事业：utilities。生产、制造和其他活动所必需的设施，如电、气和水等。

2-12
预先了解丰田生产方式的概要

据说,世界闻名的丰田生产方式是由"即时生产"和自主化等4种手段,以及"公告板方式"和均衡化等8种方式构成。

▶▶ 丰田的生产方式

丰田的生产方式,是由丰田汽车确立并进行实践的生产方式。近期,也有人称其为 TPS（Toyota Production System 的简称）。企业网站上将其描述为"基于彻底消除浪费[①],追求制造方法的合理性,并在生产过程中全面贯彻该思维,将其系统化的生产方式"。其特点是:通过包括生产在内的日常活动,积极推动"持续改进",消除隐藏在运营和其他方面的浪费。

丰田的生产方式突然受到关注是因为1973年秋季的第一次石油危机[②]。当时,丰田汽车面对经济不景气,需要减缓利润的

[①] 浪费:是指业务中包含的不产生附加价值的动作。分为:制作过度的浪费、手头的浪费、搬运上的浪费、加工本身造成的浪费、库存造成的浪费、动作的浪费、不合格产品,共7大类,被称为"7大浪费"。与浪费有关的工作的实例可见第6-12节。

[②] 译者注:第一次石油危机是指在1973年10月开始的第四次中东战争期间,阿拉伯石油输出国组织（OAPEC）削减了石油产量并实行禁运,而石油输出国组织（OPEC）则将石油价格提高了四倍。这导致严重依赖石油的日本和世界其他地区,在经济上受到了严重打击。

降低，使其马上转为利润增长。

这些丰田的生产方式如第 94 页的图所示，包括"即时生产"等 4 种手段和均衡化等 8 种方式。

▶▶ 即时生产和均衡化生产

即时生产，是丰田的生产方式的基础思想。它是指在必要的时候、采用必要的量、使所有工序都按照后续工序的要求进行生产或供给，实现了以更少的库存进行生产的模式。

实施即时生产（也称为 JIT 生产）的步骤可以查看第 94 页图。在这种即时生产中，采用了以下操作原则：①从前一个工序领取只够后续工序使用的量；②除上述①以外的部分不能领取；③按后工序接收的量，对前工序进行生产。这些运用原则都是以各种公告板为媒介，通过贯彻后续工序的交接处理而成立的。

所谓均衡化生产，是指通过将最终组装工序的产品项目、产量以及时间均衡化，前一工序也依次均衡化来制作物品的生产方式。同时，均衡化生产包括按照需求的变动，使生产随之调整的生产方式。

生产技术的负责人，不仅需要知道这些丰田生产方式的概要，还需要将其凝聚在身体里，融化在血液中，灵活运用到自己负责的业务中。

丰田生产方式的构成

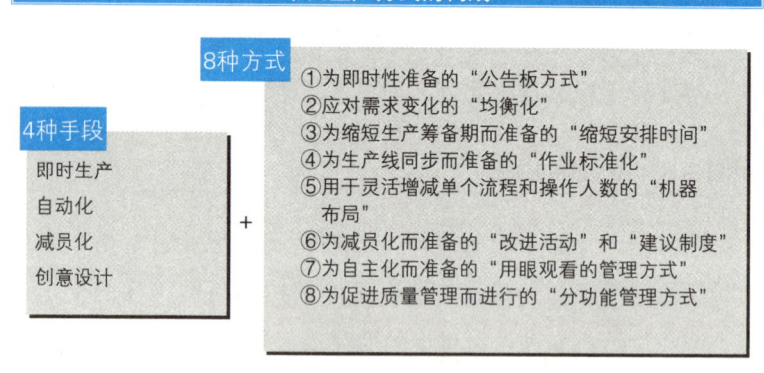

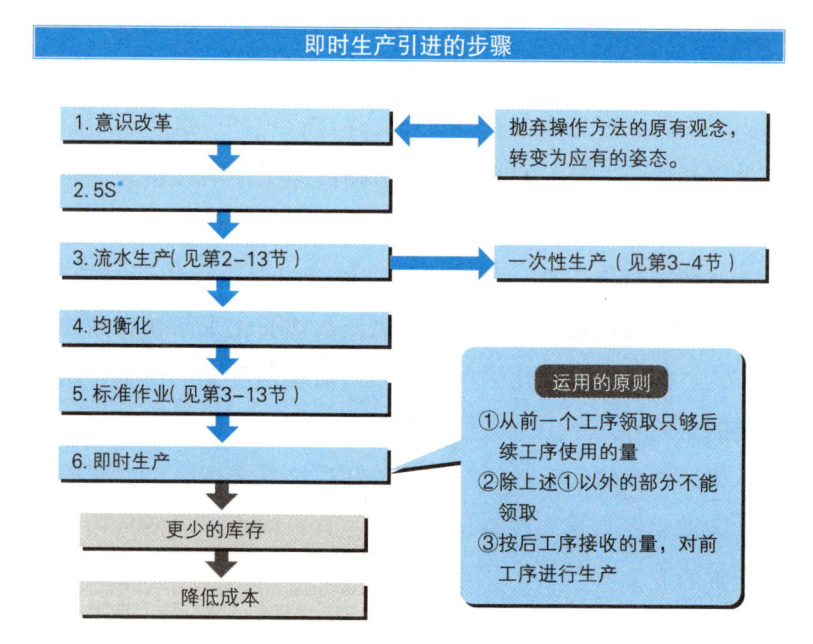

4种手段
- 即时生产
- 自动化
- 减员化
- 创意设计

+

8种方式
① 为即时性准备的"公告板方式"
② 应对需求变化的"均衡化"
③ 为缩短生产筹备期而准备的"缩短安排时间"
④ 为生产线同步而准备的"作业标准化"
⑤ 用于灵活增减单个流程和操作人数的"机器布局"
⑥ 为减员化而准备的"改进活动"和"建议制度"
⑦ 为自主化而准备的"用眼观看的管理方式"
⑧ 为促进质量管理而进行的"分功能管理方式"

即时生产引进的步骤

1. 意识改革 ⇄ 抛弃操作方法的原有观念，转变为应有的姿态。
   ↓
2. 5S*
   ↓
3. 流水生产（见第2-13节） → 一次性生产（见第3-4节）
   ↓
4. 均衡化
   ↓
5. 标准作业（见第3-13节）
   ↓
6. 即时生产
   ↓
   更少的库存
   ↓
   降低成本

运用的原则
① 从前一个工序领取只够后续工序使用的量
② 除上述①以外的部分不能领取
③ 按后工序接收的量，对前工序进行生产

*5S：整理、整顿、清扫、清洁、纪律性这五个词，用日语中的罗马字进行标记，提取它们的首字母，组成的"5S"的总称，最近被称为"信息的5S"，非常引人注目。

2-13
预先了解单元生产方式的概要和生产技术的作用

单元生产方式是指，在不降低生产效率的情况下，能够应对多种少量生产和变种变量生产的生产方式。因此，采用该方法的企业不断增加。选择符合产品（需求）的生产方式是很重要的。

▶▶ **单元生产方式**

单元生产方式是指，通过由一个或多个工人所构成的单元（cell：细胞），制造出某个模块或产品的生产方式。具体来说，是从进行流水生产的分生产线上取下传送带，缩短工人的间隔（缩短间隔），实现减员化（见第 6-3 节），同时将该产品一个个依次流动进行生产（见第 3-4 节）。

采用单元生产方式后，可达成以下好处：①大幅减少半成品的库存；②大幅缩短生产计划期（见第 2-9 节）；③大幅提高生产力（见第 2-4 节）；④大幅减少生产所占用的空间；⑤加快产品的更换速度；⑥增强对负责产品的热爱；⑦提高工人的责任感和精神面貌；等等。

另一方面，也存在以下缺点：工人掌握多种技能需要时间，工厂内物流变得复杂等。因此，事先采取应对措施也很重要。

在引进单元生产方式的最初阶段，有时会因工人操作不熟练等而暂时降低生产力，但随着各种努力和改进，以及工人的熟练度增加，后来的生产力开始逐步超过导入前的生产力，不久后，越来越多的企业都取得了巨大成功。

这些单元生产方式，以电机行业的一人一摊的生产方式，和单人生产方式（见第 1-7 节）等为起点，正不断向多个产业领域扩展。

另外，最近的一些企业也开始将多个单元组合起来，或者通过工业机器人（见第 6-15 节），使单元生产系统具有实用性。

▶▶ 如何使单元生产获得成功

单元生产的目的，是在不降低生产力的情况下，以多种少量生产应对变种变量生产（见第 1-7 节）。因此，成功的关键，一是提高变化应对能力，即能够迅速应对生产变动；二是构成部件的供给能力。

生产技术的负责人需要从不同的单元生产类别中，选择最适合的生产方式，如单人单元生产、接力式单元生产[①]、分割单元生产等，并通过准备小型的移动生产设备、成套地供应部件等方式为生产做准备。

---

① 接力式单元生产：单元生产方式的一种。与分割单元生产一样，是通过多个单元生产某个模块或产品的生产方式。

第2章 生产技术的基础知识

单元生产方式的概要

生产的4M	流水生产	单元生产
人	掌握多种技能的工人	掌握多种技能的工人或掌握更多技能的工人（见第1-7节）
物（材料）	自由度高	比较小的东西
设备	以资本密集型设备为主	以劳动密集型设备为主
方法	工序数多也可以	工序多，继电器式或分割单元生产

● 生产方式的好处

①大幅减少半成品的库存
②大幅缩短生产计划期
③大幅提高生产力
④大幅减少生产所需的空间
⑤加快产品的更换速度
⑥增强对负责产品的热爱
⑦提高工人的责任感和精神面貌　等

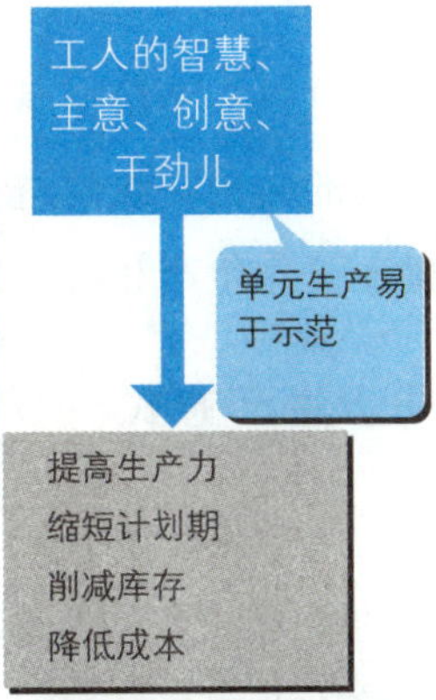

工人的智慧、主意、创意、干劲儿

单元生产易于示范

提高生产力
缩短计划期
削减库存
降低成本

● 单元生产系统的使用范例

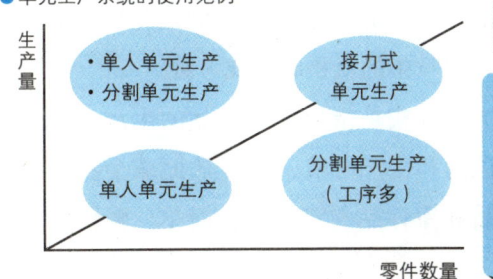

生产量

- 单人单元生产
- 分割单元生产

接力式
单元生产

单人单元生产

分割单元生产
（工序多）

零件数量

单元生产设备是以简单的设备为宗旨，当产量增大时，要对应增加单元

097

2-14
预先了解同步生产方式的概要和生产技术的作用

这是一个根据某产品的生产计划，使构成部件等的生产和供给的时机一致而进行生产的生产方式或同步生产方式。这有助于简化生产和财务的流程。

▶▶ 同步生产方式

同步是指使人的动作、物体的动作、生产设备的动作等一致的行为。使人们的动作同步的一个简单实例是花样游泳。花样游泳中的"synchronized"指的就是同步或一致。

也就是说，同步生产方式是指根据该产品的生产计划，使其所需的零部件类的供给和生产时机一致，从而减少各工序的等待时间，降低半成品和库存品的滞留等，简单、顺畅地进行生产。

该生产方式同步的对象，包括前后工序的生产速度、前后工序的产量、运转时间、外部购入品的供给时机等。典型实例是即时生产方式（参照第 2-12 节）和日产生产方式（NPW）。

通过实现这种同步生产，可以缩短生产筹备期，减少零部件类的库存量和保管空间等，在构筑简单、流畅的生产体系的

如何使同步生产方式获得成功

组装某产品时，只要构成该产品的任何一个零件出现缺失，就无法将其加工成成品。话虽如此，但如果提前进货过多，也会导致工厂内货物泛滥，这样也无法说是高效、低廉吧？因此，要求企业必须在必要的时机，以正确的顺序提供我们需要的东西。即，根据某产品的生产计划，使构成部件等的生产和供给时机相匹配，从而使某个商品的生产能够以最小的库存进行规定的生产。这就是同步生产的基本思维。要使这些生产方式成功，包括供应商在内的相关各部门都必须遵守各自的生产计划和入库计划。

鉴于此，生产技术的负责人需要将他们负责的生产系统以工序图[①]的形式进行可视化展览，以消除浪费，并提前采取应对措施，避免出现延误。具体而言，先是要努力推进不合格产品减少活动（见第4-11节），比如防止不合格产品的产生和防止因该状况而导致的物品个数短缺[②]等；此外，为了防止因设备故障发生而延迟生产，还需要削减故障停机时间（见第4-7节）等。在进行上述努力的同时，要求针对生产系统内在的各种课题进行改进，构建不会出现计划延迟的生产管理体系。

---

① 工序图：使用图示符号标记组织工序的加工工序、搬运工序、停滞工序、检查工序等，并按生产流程的顺序进行表示的图。

② 物品个数短缺：预定数量的产品出现短缺的状态。例如，一盒本应有12个产品，但实际上其中只放入了11个。

工序图符号和同步生产方式的工序图的实例

工序图符号

No.	要素工序	符号的名称	符号
1	加工	加工	○
2	搬运	搬运	○
3	停滞	贮藏	▽
4		停留	□
5	检查	数量检查	□
6		质量检查	◇

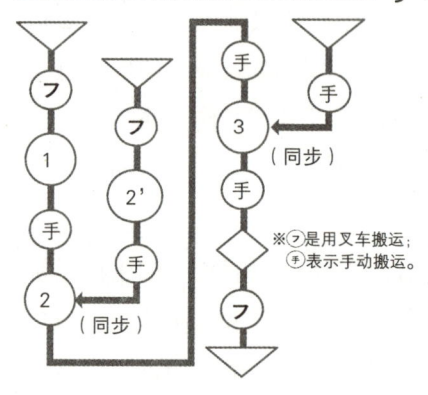

生产技术上的要点

基本上是用少量的工时生产出好的产品

基本上是通过改进布局来减少

基本上是通过各种改进,如FP(见第4-3节)和工序能力(见第4-3节)等来减少检查工时的次数

※⑦是用叉车搬运；
㋵表示手动搬运。

匹配产品生产所需部件的生产和供应时间

匹配每个流程的生产时间,包括供应商和后续工序

100

2-15
预先了解混合生产方式的概要和生产技术的作用

通过同时生产几种类似的产品,我们能够一边满足后续工序和客户的需求,一边提高生产效率,还可以促进生产的均衡化。这样的生产方式就是混合生产方式。

▶▶ 混合生产方式

使一个生产系统中不同种类的产品,能够并行生产的高级生产方式,被称为混合生产方式。

混流生产方式是在大幅缩短以往混合生产方式的设定时间(见第2-10节)的基础上发展出来的。由于可以并行生产多个产品,因此混流生产方式具有大幅减少成品库存和保管空间的优点。

这样,通过进一步促进均衡化生产的目标[①](见第2-12节),将生产项目、生产量和生产时间均衡化,混合生产系统能

---

① 均衡化生产的目标:在使生产适应需求变动的基础上,稳定前期生产的意义重大。

够生产不同类型的产品并供应给市场，即使后续工序和客户的需求发生变化，生产系统的劳动率也不会产生太大的变化（见第2-5节）。这种系统因能够生产不同类型的产品并供应给市场，而不需要对后续工序或客户的需求进行太多的改变，已被引入汽车工业和其他地方。

▶▶ 如何成功实施混合生产方式

为了促进混合生产，尽量减少设定时间，汽车制造商已经采取了一些措施，比如：使核心部件的安装间距具有统一标准，将称为平台的汽车津贴共通化，以及采用数控定位器（见第7-8节）等。这些创新正在稳步推进，以扩大GT生产系统（见第6-4节），促进混合生产和均衡化生产。

生产技术的负责人，需要建立一条能够随时满足后续工序和客户需求的生产线，将生产方式非常相似、产量较低的同类产品聚集在一起，通过大规模生产（GT生产），获得更高效、更低成本的生产。在生产过程中，重要的是采取混合生产的方法。为了实现这一目标，重要的是在自己负责的业务中积累汽车制造商的经验，摸索并构建标准的生产系统，以便能够在同一生产系统中并行生产不同的产品。

另外，混合生产方式也存在着一些问题。比如：需要大幅缩短准备时间的各产品项目需要不同的作业来完成，因此作业时出现错误的概率增加，还容易发生不同产品组装和缺货[1]的问

---

[1] 缺货：应该配备但没有配备的部件。

第2章　生产技术的基础知识

题等。为了解决上述问题，生产技术的负责人需要尽量选择同类的目标产品，与此同时，还需要与设计部门合作，确保零件或夹具通用、安装间距相同，采用无设定和一键设定（瞬时设定）、自动设定（见第7-8节），同时，为了防止作业错误，要求通过设定FP（见第4-3节）等，构建一个系统，使设定时间缩短，作业具有统一标准，防止操作错误导致不合格产品的出现。

混合生产方式的概要

生产实例（A产品4个、B产品2个、C产品1个的混合生产）

A产品 ▶ B产品 ▶ A产品 ▶ C产品 ▶ A产品 ▶ B产品 ▶ A产品

混合生产方式如上述实例所示，即使生产顺序不一致也可以应对。
高度生产方式＝混合生产加上均衡化生产的生产形态

混合生产方式的好处
◇ 由于可并行生产多种产品，因此可减少生产线数量
◇ 能够应对后续工序和客户需求的多样化和变化
◇ 即使生产目标产品的产量变动，只要在余力*范围内，就可以灵活应对
◇ 可以大幅削减成品和半成品的保管空间　等

如何应对混合生产方式
→ 尽量选择同类的生产目标产品
→ 使零件的通用化和安装间距相同，考虑通用夹具
→ 采用无设定和一键设定、自动设定
→ 为了防止作业错误而设定FP　等

* 余力：能力和负荷之间的差异，不仅要考虑企业内部，还要考虑供应商。余力出现负值就意味着能力的缺乏。

103

专栏　从产业遗产群看日本生产技术的步伐

　　经济产业省从各地区募集了象征前人步伐的现代化遗产，将其按照平成十九年度（2007）和平成二十年度（2008）进行区分，分别整理成33个故事，并在网站主页上公开。他们利用这些现代化产业遗产来讲述日本产业现代化进程。

　　我选取了其中与本书内容密切相关的11个项目，罗列如下页。

　　我希望各位读者能够通过访问经济产业省的网站，并抽出时间参观实际现场和产品，更多地了解生产技术的起源和发展过程，将生产技术当作自己身边的物品，从而产生亲近感。

第2章 生产技术的基础知识

☆涉及现代化产业遗产群的故事及构成遗产（摘录）

年度	序号	标题
平成十九年度（2007）	1	《现代技术的首次引进》：一组现代化工业遗产群，讲述了在近代之初为海防目的引进技术的历程
	3	一组现代化工业遗产群：讲述了现代钢铁工业向日本国内生产钢铁的发展过程
	10	一组现代化工业遗产群：讲述了支撑京滨工业区*重工业化和地区经济发展的常磐地区矿业的发展
	15	一组现代化工业遗产群：说明了两毛地区*在优秀生产系统支持下的进步
	17	《重工业化的排头兵》：讲述了京滨工业区的发展脉络
	26	《从轻工业到重工业，从河边到海边》：讲述了阪神工业区的发展脉络
平成二十年度（2008）	1	一组现代化工业遗产群：讲述了支撑现代的《日本制造业》的机床和精密仪器的历程
	3	一组现代化工业遗产群：讲述了汽车工业的故事，它从卡车开始，为大众市场汽车的生产奠定了基础
	5	一组现代化工业遗产群：讲述了由创意和经营创新奠定了发展基础的家电制造业的脉络
	17	一组现代化工业遗产群：讲述了电信技术发展的故事，它极大地扩展了信息传输的质量和数量，并带来了社会变革
	22	一组现代化工业遗产群：讲述了通过提供丰富的人力资源支持日本工业现代化的工程师们的故事

* 京滨工业区是以东京、川崎、横滨为中心，从东京湾西岸的临海地区扩展到内陆地区的四大工业地带之一，是日本最大的工业地带。一般是指从东京湾西岸向东延伸到松户、柏；北为埼玉、上尾；西为昭岛、八王子、相模原；南为藤泽、平冢、秦野等各市的范围。但是，第二次世界大战后，随着经济的高速发展，工厂的分散明显，并且随着新东京湾东北岸的京叶工业地区的成立和发展，范围扩大，广义上也包括京叶工业地区。

* 两毛地区是关东地区西北部的地区名称。广义上是指古代被称为毛野的范围，位于现在的群马县全境和栃木县南部。这个地区后来分为上毛野国（奈良时代以后的上野国）、下毛野国（下野国）。狭义上是指从群马县东南部到栃木县西南部的地区，位于JR两毛线和与之相连的东武铁路各线沿线一带。现在一般使用该定义。

105

第3章

生产技术计划的推进方法

按照要求的规格，高效、低廉地生产新产品和换代产品等，并将其及时供应给后续工序和客户，这就需要率先建立良好的生产体系。因此，作为生产企业的技术部门，必须认真计划并落实构成生产4M的设备和方法，构建、维护和改进产品的QCD等比竞争对手更占优势的生产系统。

因此，在本章中，我们首先介绍生产技术计划的整体内容。其中，包括以下内容：为能够安心、顺利地生产满足QCD所要求的产品，需要对高效、低成本的生产系统进行设想、计划和构建；在前者所述的阶段，需要有生产技术计划的推进方法，各项目的基本想法和解决办法；以及落实前两者的方法；等等。

3-1
构建符合产品要求的生产系统

生产技术的负责人应了解生产的类型和种类,并合理规划和实施最佳的生产系统,以满足有关产品的要求规格,包括生产数量等。

▶▶ 产品要求规格

在生产线(生产)部署某产品时,必须知道该产品需要的质量、生产数量、启动时间、发货方法等生产规格。这些为产品生产而进行要求的项目统称为"产品的要求规格"。

生产技术的负责人必须详细研究该产品的要求规格,进行与之相符的工序计划和工序设计,构建合理的生产系统。

▶▶ 由生产数量等决定

生产技术的负责人在重新计划生产某产品所用的生产系统时,必须根据目标产品的规格,如产量的多少等,选择最佳的生产形态和布局。为此,生产技术的负责人需要了解产品生产所需的生产形态种类和布局种类(见第6-4节)。

例如,在生产数量多情况下,应该选择批量生产型的布局;

第3章 生产技术计划的推进方法

而在生产数量较少的情况下，将采取非批量生产型布局等布局。

再补充一点，量产型的生产线采用流型布局和 GT 布局（见第 6-4 节）。属于量产型布局的生产线形态有：①分功能的设备线、②直线型线、③U 字型线、④二字型线、⑤大房间线[①]、⑥单元生产线等。

另一方面，非批量生产采用了按功能划分的布局，即车间型（见第 1-6 节）布局和万能型布局等。

生产数量的多少会影响生产形态和布局，所以需要计划构建合理的布局（见第 3-7 节）。

生产技术的负责人要按照第 110 页图所示的步骤制定工序计划（参照 3-2 节），制作工序计划书，并使其应用在生产系统中。

[①] 大房间线：由一个或多个工人负责接收几条生产线，这样就可以吸收零星的人力（见第 6-3 节）。

量产型布局的种类

- 分功能的设备线
  - D1　D2　D3

- 直线型线
  工人的动作 →

- U字型线

- 二字型线

- 大房间线
  成品　粗料
  粗料　成品

- 单元生产线
  单元1　单元2　单元3

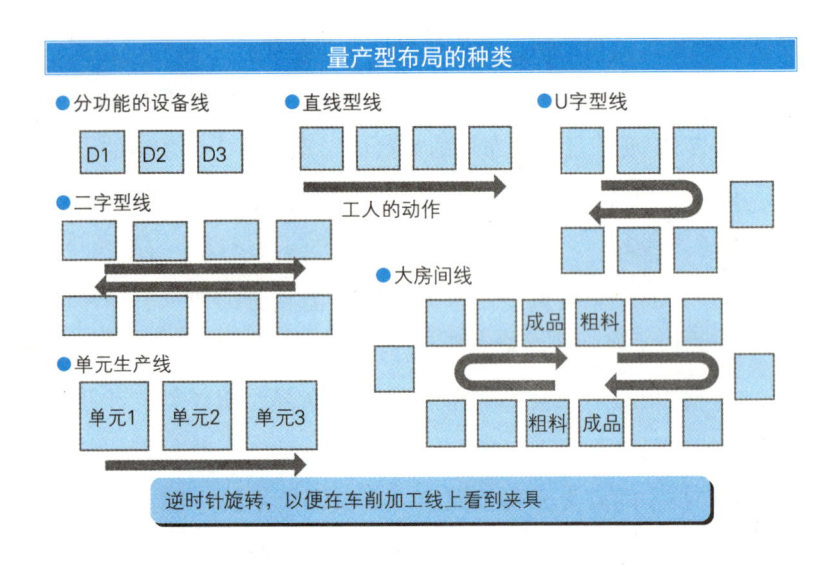

逆时针旋转，以便在车削加工线上看到夹具

工序计划的实施步骤

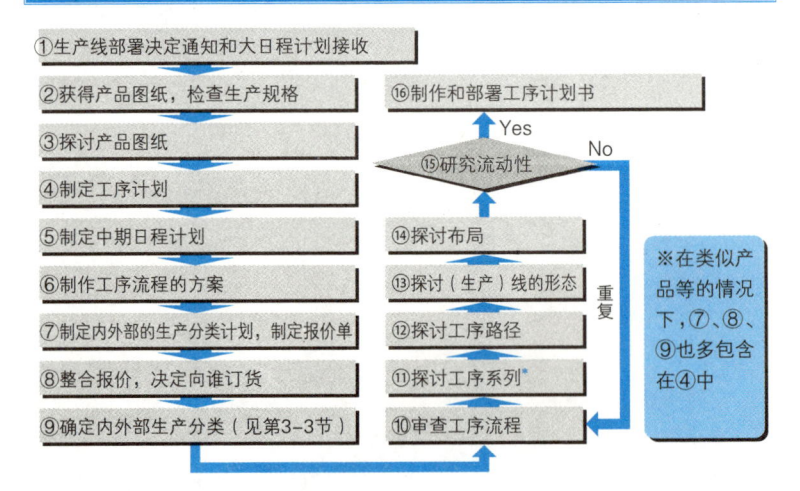

① 生产线部署决定通知和大日程计划接收
② 获得产品图纸，检查生产规格
③ 探讨产品图纸
④ 制定工序计划
⑤ 制定中期日程计划
⑥ 制作工序流程的方案
⑦ 制定内外部的生产分类计划，制定报价单
⑧ 整合报价，决定向谁订货
⑨ 确定内外部生产分类（见第3-3节）

⑯ 制作和部署工序计划书
⑮ 研究流动性　Yes / No
⑭ 探讨布局
⑬ 探讨（生产）线的形态
⑫ 探讨工序路径
⑪ 探讨工序系列*
⑩ 审查工序流程

重复

※在类似产品等的情况下，⑦、⑧、⑨也多包含在④中

*工序系列：工厂内等生产工序的过程顺序的形态，分为单一型、并联型、组装型的集合型的工序列。

110

3-2
进行能够高效、低廉生产的工序计划和工序设计

工序计划和工序设计使产品生产更加高效和低成本，对生产成本和企业的利润影响巨大。

▶▶ 工序计划和工序设计

工序计划是指一边阅读产品图纸等，一边进行某一产品生产过程的一系列计划，包括决定生产该产品所需的工序、生产线形态、布局等，有时也包括进度计划（又被称为狭义工序计划）、日程计划、其他的与工程相关的计划。

设计、制作及准备工序计划中所需的生产设备，或者进行分配作业，确定工序计划的细节，从而实现高效、低成本的生产，这一过程就被称为"工序设计"。要顺利推动工序设计，需要生产力研究[①]、生产准备计划、设备投资（见第 3-11 节）、技术改进（见第 6-12 节）、生产方法开发（见第 7-16 节）等知识。

---

① 生产力研究：将刚才计划和工序设计中原计划的施工方法，变更为更好的施工方法和制作方法，减少正在进行的作业步骤等，并对更好的方法进行研究。

上述这些工序计划（实施进度见第 3-1 节）和工序设计的巧妙程度，不仅受到该产品的 QCD 影响，还受到企业利润影响。因此，生产技术的负责人必须充分把握目标产品的特征，深入思考如何制造该产品才能达成更高效、更低成本的目标，继而决定最佳的加工方法和加工条件等，并在生产系统中获得应用。

另外，要求生产技术的负责人平时就要仔细调查类似产品的生产方法和改进之处，为下一步行动做好准备。其中，在进行新的工序计划和工序设计时，需要以日常准备为基础，制定出更好的工序计划和工序设计，提高产品竞争力。

▶▶ 具体体现在生产结果中

生产技术的负责人为了实现工序计划和工序设计，需要制定计划，包括必须设计出日程安排和生产所需的方法等，随后进行实际的准备。像这样为了在规定的日期开始生产而进行准备的计划，就被称为"生产准备计划"。

要想按照规定的日程顺利启动新产品和换代产品等的生产，重要的是考虑第 113 页图所示的各个项目，将其纳入生产准备计划，指定负责人，有条不紊地取得进步，使计划如期进行。

生产技术的负责人需要进行工程规划和工序设计，并将其转化为更高效和低成本的生产准备计划。

第 3 章　生产技术计划的推进方法

工序计划和进度计划的推进方法

工序计划

| 进度计划 | 日程计划 | 其他的与工程相关的计划 |

● 进度计划的推进方法

① 从设计部门领取图纸 → ② 把握构成部件并对其进行仔细检查 → ③ 确定内外部分类制造 → ④ 确定必要工序和工作 → ⑤ 决定工序顺序 → ⑥ 决定工作顺序 → ⑦ 探讨工作条件 → ⑧ 部署到相关部门

⑤ → 工序图
⑥⑦ → 作业表

生产准备计划中应该讨论的事项

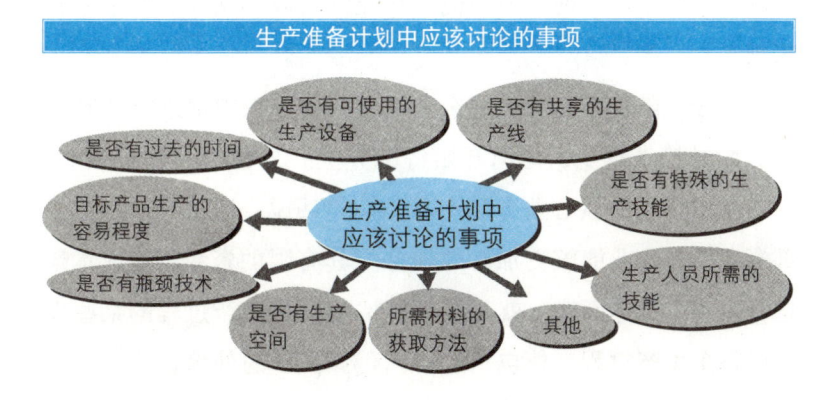

生产准备计划中应该讨论的事项：

- 是否有过去的时间
- 是否有可使用的生产设备
- 是否有共享的生产线
- 是否有特殊的生产技能
- 目标产品生产的容易程度
- 生产人员所需的技能
- 是否有瓶颈技术
- 是否有生产空间
- 所需材料的获取方法
- 其他

113

3-3
确定新产品的内外部分类制造

一个产品或部件要在企业内部，还是在企业外部进行制造？这一决定会对企业的利润产生重大影响。需要事先决定内部生产还是外部生产，才能做出正确的决定。

▶▶ 内外部分类制造

制造商在生产新产品和换代产品时，要想在企业内部生产全部产品是很困难的，因为他们在经营资源方面受到的限制越来越多。

如今，随着产品愈加复杂和精密，企业在内部进行所有加工的情况越来越少，他们开始将部分生产外包给外部的企业，并专注于自身的核心业务和产品。换句话说，通过有效利用外部资源，本企业能够更加有效地分配其有限的资源，低成本地进行生产。具体而言，就是在某些情况下将生产过程的某些部分或整个生产过程，外包[1]给具有优秀 QCD 的外部企业（见第1-4 节），或将企业专业领域以外的任务外包给具有专业技能的

---

[1] 外包：是指委托外部企业，按照自己企业设计的图纸或规格等，对零件进行加工或组装的方法。

外部企业。

这种选择在企业内生产某个部件，还是委托外部生产的分摊方法被称为"内外部分类制造"。

▶▶ 内外部分类制造的过程

①在收到通知，决定在生产线上部署新产品或换代产品后；②由生产技术部门为主导，召集采购部和其他相关部门，共同组成"内外部分类制造"审查小组；③审查小组根据"部件构成清单"①，参照内外部分类制造的判断标准，拟定初级方案；④在上述基础上，在企业内部和企业外部对每种产品进行询价，当获得所有部件的报价后，对预期成本进行整合，并与目标成本进行比较，以确定是否有必要进行重审。如果认为有必要进行重审，就设定目标，确定哪些部件需要降低成本，以及降低多少。接下来，审查内外部生产分类的相关条件，并再次重复从报价开始的步骤。

重复进行这个过程，确定大体令人满意的内外部分类制造，包括产品所需的 QCD 和使用外部经营资源等。这些内外部分类制造的具体情况，会对产品的 QCD 和企业利益造成很大影响，意义非凡。所以，每个制造商都必须预先确定在内部还是外部进行生产。

另外，外包的目的是：①在本企业内部生产更便宜的情况

---

① 部件构成清单：Bill of material。显示构成某一单元或产品的零件类型和数量的清单，也称为 BOM。

下，继续降低成本；②在自己企业的专业以外的工作中，充分利用外部专业技术；③订单量变动大的情况下，对自身生产进行补充和调整；④对本企业的自有资本进行补充，从而减少本企业的设备投资和运转资金；⑤对本企业难以实施和管理的特殊工作提供劳动力补充。采用外包时，必须在牢记上述目的的基础上，选择合适的供应商。

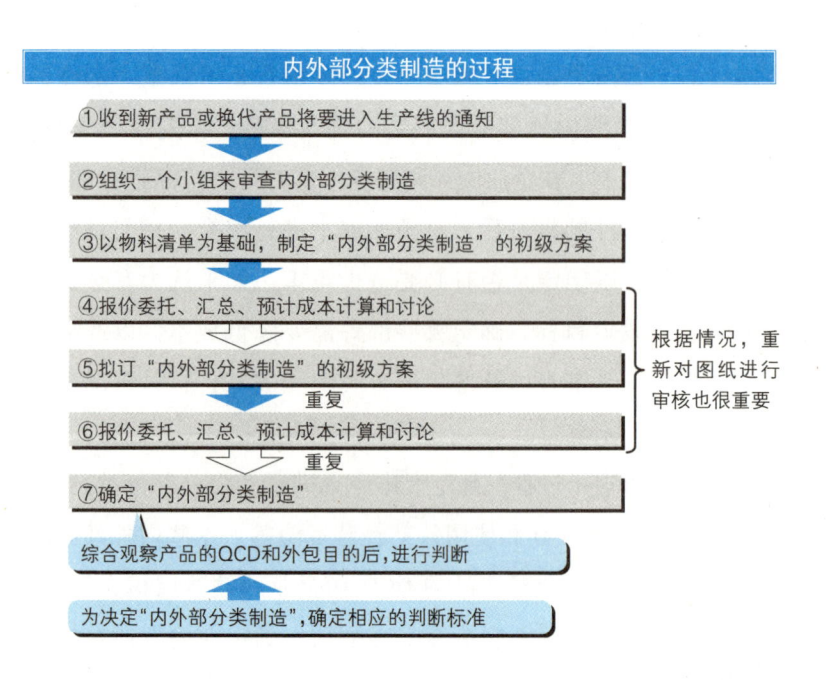

内外部分类制造的过程

① 收到新产品或换代产品将要进入生产线的通知

② 组织一个小组来审查内外部分类制造

③ 以物料清单为基础，制定"内外部分类制造"的初级方案

④ 报价委托、汇总、预计成本计算和讨论

⑤ 拟订"内外部分类制造"的初级方案
重复

⑥ 报价委托、汇总、预计成本计算和讨论
重复

根据情况，重新对图纸进行审核也很重要

⑦ 确定"内外部分类制造"

综合观察产品的QCD和外包目的后，进行判断

为决定"内外部分类制造"，确定相应的判断标准

3-4
在单件生产的基础上规划新生产线

单件生产是进行平稳、简单生产的方法之一。进行单件生产，可以尽量减少半成品的数量，缩短有关产品的生产周期等。

▶▶ 单件生产

为了提高重复性生产的效率并降低成本，原材料和零件必须在生产过程中顺利流动，不产生滞留①。单件生产就是其中最有效的方法之一。

这种单件生产的方法是指，非制造业的产品或组件按照工序流程的顺序被逐一加工或组装，然后再逐个或逐台进入下一道工序，重复地完成某一产品。

单件生产适合低成本、大规模地生产同质化的工业产品，即一个工序对工件或非组件进行加工，并将其传递给下一个工序，之后依次重复。

---

① 滞留：事物等不流动而停留在同一地点的状态。滞留与储存同属于要素工序（见第 2-14 节）。

▶▶ 单件生产的效果

为了能随时应对当前消费者快速变化的需求，或者说，为了提高生产的流动性，需要尽可能减少半成品精简生产，同时，通过大幅度减少设定时间，依次将生产按照以下方式进行转移，即：从大批量的生产转向小批量的生产，从小批量的生产转向逐一的生产。

例如，在批量生产中（见第 6-5 节），如第 119 页图所示，每次生产时都会出现待加工和待搬运的时间，这就导致有关产品的生产设定时间（见第 2-9 节）增加；而由于缺乏灵活性，生产不能立即对消费者的变化做出回应；次品的产生会使人数不足（见第 2-14 节）的补充生产中出现等待时间等，可能会被判断为该设备或生产线的能力不足。

因此，在新产品和换代产品等的生产启动之际，生产技术的负责人需要计划新的生产系统，不仅要减小批量，还要尽量避免批量生产，规划单件生产。

也就是说，生产技术的负责人通过采用单件生产的方式，能够缩短该产品的筹备期，更容易针对消费者的需求变化做出相应调整，消除各工序间的半成品，精简生产，显著提高企业效益。

第3章　生产技术计划的推进方法

生产的大趋势

大批量生产 → 小批量生产 → 单件生产

单件生产减少了待加工或待搬运的步骤，相当于消除了工序间的滞留，进而缩短了有关产品的筹备期，减少了半成品，节省了空间。

批量生产的实例（每批48件）

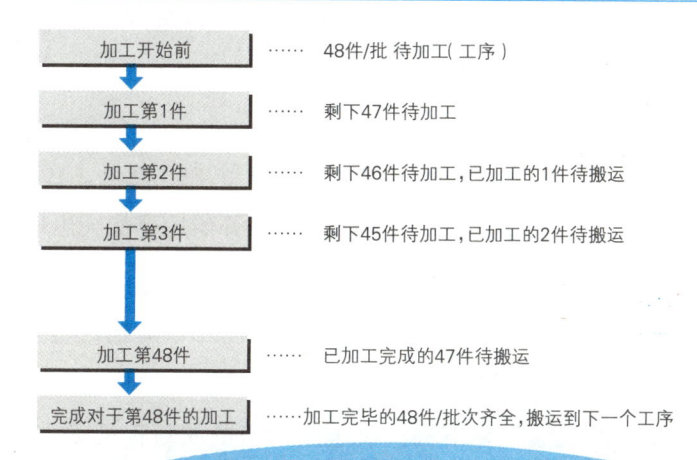

加工开始前	……	48件/批 待加工（工序）
加工第1件	……	剩下47件待加工
加工第2件	……	剩下46件待加工，已加工的1件待搬运
加工第3件	……	剩下45件待加工，已加工的2件待搬运
加工第48件	……	已加工完成的47件待搬运
完成对于第48件的加工	……	加工完毕的48件/批次齐全，搬运到下一个工序

通过将批量生产改为单件生产，可以防止出现产品待加工和待运输的情况。
即使不可避免，也要保持尽可能小的批量，或以最小的单位数将产品传递给后续工序。
生产批次 ≠ 运输批次

119

3-5
做好生产前的质量保证活动

在进入实际的生产准备活动和生产之前,重要的是要做好生产前质量保证活动,如工序 FMEA 和 QC 工序表等,防止可预见的问题,建立一个具有高质量和可靠性的生产体系。

▶▶ 生产前的质量保证活动

如果一个产品的设计图纸完成后立即推广到生产线(生产)上(见第 1-13 节),在准备阶段和实际生产开始后可能会出现意想不到的质量问题。结果不仅对企业产生影响,也会给客户造成大量不便和损失。生产前的质量保证活动可以防止这些问题发生,并确保生产准备和生产顺利进行。

为了使企业能够生存下去,改进生产前的质量保证活动,以确保有关产品的 QCD,特别是 Q(质量)得到良好的发展,正变得越来越重要。

▶▶ 工序 FMEA

生产前质量保证活动的典型实例是实施工序 FMEA 和编制 QC 工序表(见第 3-6 节)。

第3章 生产技术计划的推进方法

在这方面，工序 FMEA（是 Fault Mode and Effects Analysis 的简称，包括故障模式和影响分析）是指与对准作业和管理工序要素进行的工序相关 FMEA。

工序 FMEA 是在设计或改进时，确定生产工序中的故障原因或机制，防止失败的措施。具体来说，如第 122 页图所示，确定故障模式的频率和严重程度以及检测它们的困难程度，给每个故障模式划分等级，并计算出风险优先级的数量，以便采取对策来防止出现预判的问题。

生产技术的负责人在遇到问题之前，需要与相关部门合作，对其参与的生产系统实施工序 FMEA 和审查，并确保将质量管理项目纳入 QC 工序表并进行管理。需要从具有高风险优先级的项目开始依次采取措施，以避免问题发生。而对于已经发生的问题，可以有效地使用 PDPC[①] 方法。

---

① PDPC 法：Process Decision Program Chart（过程决策规划图），七个新的 QC 工具之一。界定导致问题预期结果的方法。在这个过程中，随着情况的发展，项目的执行会出现各种结果。

工序FMEA的单据实例

工序FMEA			制作时间：	年	月	日
			审批	调查		制作

目标线：

部件编号：

No.	工序名称	要求品质	故障现象	故障的影响	故障的原因	评价			危险优先数※	采取的措施及其处理详情
						频率	严重性	检测难易度		

※危险优先数=频率×严重性×检测难易度

● 发生频率评分(例)

等级	标准	评分
I	每天都发生	5
II	以每周一次左右的频率发生	4
III	以每月一次左右的频率发生	3
IV	每2-3个月一次左右的频率发生	2
V	以半年一次左右的频率发生	1

> 如果(某种情况)不经常发生,则应改变参考期

● 严重性的评分（例）

等级	标准	评分
I	致命故障	5
II	重大故障	4
III	中度小故障	3
IV	轻微故障	2
V	在功能上没有问题	1

● 检测难易度的评分（例）

等级	标准	评分
I	客户无法检测	5
II	客户可以检测	4
III	在企业内可以检测	3
IV	可以在下一个工序中检测	2
V	可以在本工序中检测	1

3-6
通过 QC 工序表等提供产品质量的鸟瞰图

为了保证产品的质量，每个独立的工序都必须满足质量要求。反映（生产）全貌的质量计划书兼执行书被称为"QC 工序表"或"管理工序图"。

▶▶ QC 工序表

为了让制造商保证产品的质量，每个单独的工序都必须满足其自身的质量要求。QC 工序表是一个简明的表格，它显示了每个工序的质量需求以及管理方法，使人们能够完整了解相关工序如何保证质量，便于对生产准备和生产车间进行管理。

该 QC 工序表是指：为了保证作为制造商输出的产品的质量，针对每个产品制作的质量计划书兼执行书。有些企业也用"QC 工序图""管理工序图""工序管理表""工序检查标准表"等来称呼它。

这些质量控制工序图，以列表的形式显示了每个工序中产品所需的质量特性，以及存在哪些管理项目，并用什么方法进行管理。查看 QC 工序表，可以清楚地了解到如何将该产品要求的质量落实到各工序中进行管理。因此，该表不仅应用于该生产线的生产准备活动，还应用于该生产线的日常管理，以及实施产品监察和工序监察等情况。

▶▶ QC 工序表与生产技术的关系

在许多制造商中，生产技术的负责人根据工序 FMEA（见第 3-5 节）的实施结果编制 QC 工序表，由检验和质量保证部门以及生产部门进行检查，生产部门确保其实施，以保证有关产品的质量。

生产技术负责人以这个 QC 工序表为基础，建立一个满足产品质量特性要求的生产系统。在生产启动时，生产部门进行主导，并联合检验和质量保证部门，对产品进行统筹，以确保有关产品的质量没有问题，即不生产不合格产品（见第 4-3 节），也不让该产品流入下一个环节中，并确保遵守（生产）标准，进而正式由生产部门开始生产。

生产启动后，生产技术的负责人是主要负责人，他（她）要与相关部门一起，检查运行状况，定期或根据需要进行复查，按照实际情况修改 QC 工序表。

第3章　生产技术计划的推进方法

QC工序表的实例

QC工序表	名称	法兰（接头）	编号部件	F 7929
工序编号	工序名称（工序图）	管理点		管理方法		
		管理项目	质量特性	标准类	检查方法	票据类
1	外径磨削	外径	○±0.1	检查标准01	游标卡尺	
2	法兰面磨削	厚度	○±0.1	检查标准01	游标卡尺	
		外观	竞速	限度样本*01	目视	
3	内径精加工	内径	○±0.05	检查标准02	微型计算机	X-R管理图*

重要的是，要避免不增加价值的过程外检查和返工。

※1. 本表中所列的管理项目必须进行定期检查。
2. 异常情况下的处理应符合《异常（情况）处理标准01》。

	年	月	日
	审批	调查	制作

| 变号 | 日期 | 变更记录 | 负责人 | 审批 | 图号：DF7929 |

QC工序表编制上的检查点：

→ 是否出现不合格产品　测量仪器、FP、限度样本的检查　等
→ 不合格产品是否会流到下一环节　采用在线测量、FP　等
→ 基本原则是，所有产品都以某种检查方式进行完全检查

* 限度样本：是表示产品上的伤痕和涂装不均等产品瑕疵程度界限的样品，多与供货方协商后决定。
* X-R管理图：是指将平均值管理图（即X管理图）和范围管理图（即R管理图）组合起来的管理图。

125

3-7
规划和建立合理的布局

为了确保货物、人员和信息的顺利流动,重要的是要有一个尽可能简化移动(通信)和运输路线的布局。

▶▶ 合理布局的必要性

生产线或工厂的不合格布局[①]会干扰工人行动,并阻碍运输、信息沟通以及生产设备的设定和维护,给生产带来负面影响。布局的设计会使生产的效率和工厂的效率存在巨大差异。因此,生产技术的负责人必须规划和建设合理的布局,尽可能简化运输工作,并确保货物、人员和信息的流动顺畅及空间(使用)效率。

▶▶ 引入 SLP 方法

SLP 方法是规划和构建能够高效、低成本地进行生产布局的方法之一。该 SLP 方法是系统布局规划(Systematic Layout Planning)的缩写,是用于规划和构建合理布局的方法,通常按

---

① 布局:这里指的是工厂中生产所需的各种物品的安排。整个工厂布局的图有时被称为工厂布局。

第3章 生产技术计划的推进方法

照第 128 页图所示的步骤实施。

生产技术的负责人需要在考虑各种布局①的基础上，通过使用 SLP 方法等构建合理的布局，或者改进现有的布局，取得第 128 页图所示的效果，提升企业利润。

工厂布局的实例

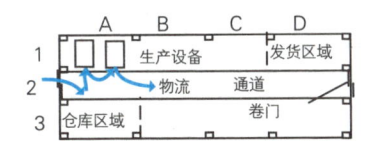

	A	B	C	D	
1			生产设备	发货区域	
2		物流	通道		
3	仓库区域			卷门	

以工厂内的柱子为基准，标注跨度号，以便能够对区域进行区分
(例)东西方向用A、B来表示，南北方向则用1、2来表示
比例尺多使用1/50或1/100

布局建设的概念和合理布局的实例

布局的概念＝事物、人和信息的顺利流动

◇货物的流动应该是单向的
◇货物流通或人员流动不受干扰
◇按照生产流程安排工序
◇为了方便在工序和生产线之间的运输而进行安排
◇缩短工序间和生产线间(参照第2-13节)的距离，以缩短搬运时间，同时不能在该区域放置机器装置等(商店的门面则正好相反)
◇缩小工人之间的距离，使他们更容易相互帮助

合理布局的实例

→端点连接线路运输
→线端运输
→将相关产品的生产线合并到一个地方
→尽可能合并流程而不拆分它们
→对齐入口和出口
→消除远置布局＊
→消除鸟笼布局＊
→减少零件架
→善于利用空间

---

① 各种布局：具体示例请参照本书第 3-1 节和第 6-4 节。

如何进行SLP方法

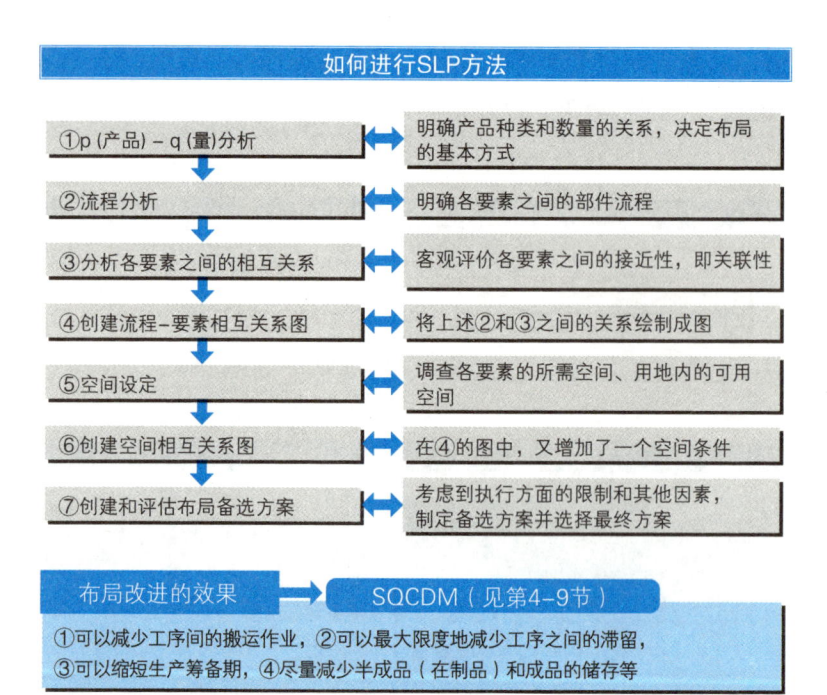

①p(产品)–q(量)分析	明确产品种类和数量的关系，决定布局的基本方式
②流程分析	明确各要素之间的部件流程
③分析各要素之间的相互关系	客观评价各要素之间的接近性，即关联性
④创建流程–要素相互关系图	将上述②和③之间的关系绘制成图
⑤空间设定	调查各要素的所需空间、用地内的可用空间
⑥创建空间相互关系图	在④的图中，又增加了一个空间条件
⑦创建和评估布局备选方案	考虑到执行方面的限制和其他因素，制定备选方案并选择最终方案

布局改进的效果 → SQCDM（见第4-9节）

①可以减少工序间的搬运作业，②可以最大限度地减少工序之间的滞留，③可以缩短生产筹备期，④尽量减少半成品（在制品）和成品的储存等

3-8
启动新产品等的生产

能够生产新产品或换代产品的活动被称为"生产启动"。仔细规划生产准备的方案,稳定而有序地执行是顺利实施的关键。

▶▶ 生产启动

无论一个新产品有多么创新,都必须有生产系统(包括分包商和其他供应商)来生产,否则就无法生产和销售。因此,制造商必须准备和提供生产有关产品所需的4M。

这样,当一个新产品或换代产品要在企业内部进行大规模生产时,生产有关产品必需的生产设备就会在指定地点进行准备和安装,并进行充分的试运行、运行调整和试加工(见第4-2节),以便能够生产有关的产品。

为了保证生产版本的顺利完成,生产技术的负责人必须对每道工序进行风险评估,制定周密的生产准备计划(见第3-2节),并稳定而有序地执行,避免在生产准备阶段出现遗漏或错误。

▶▶ 到生产启动前的操作流程

企业内部生产某种新产品,即所谓在内部生产制造时,直到开始生产为止的业务流程，如第 131 页图所示。

在①收到内部生产某种产品的要求后，需要仔细检查有关产品，②决定工作顺序、质量保证方法等，将其纳入 QC 工序表和管理工序图，并制定包括设备计划在内的工序计划书；③检查生产所需的生产设备的状况，以及④分配适合生产的现有设备和工具。如果企业没有合适的设备，我们将编制一份设备采购规范，然后⑤估算成本，选择最适合操作的生产设备，并下订单。⑥根据生产启动计划进行现场安装准备——将设备运来，安装在指定位置，然后进行试运行和运行调整。⑦并进行调整以满足有关产品的 QCD 要求。⑧经过反复试加工，确认可以稳定生产，⑨进行检验①。当检查结果可以接受时，该过程进入⑩批量生产，如果有必要，则进入初期流动管理（见第 3-19 节）。如果⑨检验结果不合格，则重复⑦运行调整、⑧试加工和⑨检验的过程，直到结果合格。

---

① 检验：将待检物品存放在检验部门执行检验。

第3章　生产技术计划的推进方法

到生产启动前的业务流程

① 对需要内部生产的产品进行严格审查 → ② 编制工序计划书（包括设备计划）→ ③ 对生产设备的条件进行审查 → ④ 我们将为客户提供一份设备和工具的清单。如果客户企业没有合适的设备，我们可以为其提供购买设备的说明 → ⑤ 获取报价，并下订单 → ⑥ 现场安装的准备工作和安装 → ⑦ 试运行和运行调整 → ⑧ 试加工 → ⑨ 检验 — Yes → ⑩ 大规模生产（如有必要，进行初期流动管理）

⑨ 检验 — No → 重复（返回⑦）

QCD的制作

- Q（品质）的建立：质量是建立在工序中的
- C（成本）的建立
  - （生产）启动前：限制较少，效果较好，所以要更谨慎地执行
  - （生产）启动后：需要兼顾周边零部件和顾客等，难以采取根本措施，治标不治本
- D（交付期限）的建立
  - 建立一个能够满足生产计划的生产系统，减少故障停机时间等

在生产准备过程中，越早消除各种缺陷，它们对后续工序的影响就越小，纠正的成本也越低。如果可能的话，要在计划和设计阶段消除它们。

131

3-9
在生产启动中使用来自样品验证时获得的技术诀窍

为了促进新产品、换代产品的生产启动及实际生产，必须将样品验证阶段获得的技术和诀窍应用于产品和生产系统中。

▶▶ **样品验证及其要点**

为了启动新开发设计的产品或换代产品的生产（见第 3-8 节），并确保之后的顺利生产，重要的是不要将产品一下子就部署到生产线上（见第 1-13 节），而是要进行验证，从各种角度评估其是否满足最初的目标，并在初期阶段敲定产品图纸。

"样品验证"是对新开发或新设计的新产品或换代产品进行尝试的过程。通过将结果反馈到产品图纸上，可以在初期阶段对产品进行改进。一个企业没有样品设计部门，并不意味着它不能制造样品，但在许多企业里，生产部门（如生产技术部门等）负责样品设计。

重要的是，不仅要评估和验证有关产品的功能和性能，还要评估和验证制造的难易程度，如加工和装配的难易程度。

生产技术负责人必须积极收集在样品验证阶段获得的经验、技术和诀窍等信息（见第 5-12 节），并在即将建立的生产系统中最大限度地、及时地利用这些信息。这将使第一批产品的生产能够顺利和快速启动,并尽早开始生产质量优良且高效的产品,稳定地供应给市场。

为了实现这些目标,重要的是在尽可能接近大规模生产的条件下制作样品,最好是使用相同的切割条件、夹具和工具。这使得问题更容易在生产前暴露,并在局面难以控制之前采取应对措施,例如改变图纸或生产方法等。

▶▶ 最大限度地减少样品验证的次数和(样品的)数量

即使样品验证可以使目标产品在初期得到完善,仍需要从经营角度有效地减少验证的次数和样品的数量,加快样品的发布时间,尽可能减少所谓的设计筹备期[1]和相关费用,并在发布当天收回。因此,生产技术部门必须从开发和设计的初期就参与进来(如设计 IP 的三角关系),并为开发和设计部门提供思路、技术经验和技术信息,使该产品更容易生产。这将有助于减少样品验证的次数和(样品的)数量,并在未来把该项技术移交给其他部门。

最近,通过使用 CAE 的模拟[2]功能(见第 7-14 节)和 3D 打印技术(见第 7-3 节),最大限度地减少样品验证的次数和(样品的)数量也变得非常重要。

---

[1] 设计筹备期:从收到订单到绘制产品图纸之间的总时间。
[2] 模拟:Simulation。将一组假设条件应用于模型,以模拟其可能发生的变化的行为。

样品验证的流程和作用

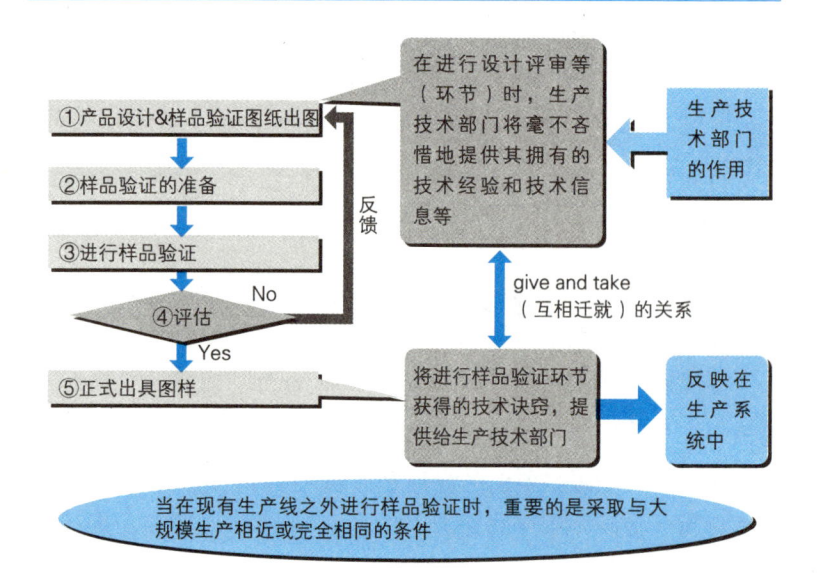

```
①产品设计&样品验证图纸出图
         ↓
②样品验证的准备        ← 反馈
         ↓
③进行样品验证
         ↓
④评估 → No → (反馈回上)
   ↓ Yes
⑤正式出具图样
```

在进行设计评审等（环节）时，生产技术部门将毫不吝惜地提供其拥有的技术经验和技术信息等

生产技术部门的作用

give and take（互相迁就）的关系

将进行样品验证环节获得的技术诀窍，提供给生产技术部门

反映在生产系统中

当在现有生产线之外进行样品验证时，重要的是采取与大规模生产相近或完全相同的条件

134

3-10
对于不稳定的技术要通过进行测试等提前做好准备

对于不稳定的技术，不要突然将其编入实际生产线，而是要事先采取样品试用等措施，消除其不稳定性，以便顺利进行生产等。这一点尤其重要。

▶▶ 不稳定的技术

生产一种新产品或换代产品时，制造商会建立一个新的生产系统，或对现有系统进行调整、改进。

在这种情况下，可能会出现既有的、已验证的技术无法处理生产系统中的所有工序的情况。有时，我们被迫使用新的技术、没有采用过的技术、产品的 QCD 技术中我们不能确定的部分技术，甚至是客户指定给我们但我们没有用过的技术进行生产。

这些是尚未在我们企业得到证实的技术，而且我们没有将其纳入实际的生产线，包括生产的启动。我们将其称为"不稳定的技术"。

▶▶ 通过测试等消除（技术中的）不稳定性

在生产某一产品时，如果不得不依赖不稳定的技术，那么作为生产技术的负责人，就不能将其突然投入到实际的生产线上。他（她）需要通过研究其他部门和企业的实例、咨询客户和其他相关方、进行试验①和采取措施等方式检查技术的有效性，并在消除（技术中的）不稳定性后，将其纳入生产线之中。

为了实现这一目标，需要确定不稳定的技术，在它们被纳入生产线之前，尽早地发现其存在的问题及潜在的问题，并进行整理。一旦发现问题，我们就可以利用我们的知识和经验提前实施对策，从而使生产线能够顺利启动。

这样，通过对不稳定的技术进行预先试用等，找到问题所在，并据此制定对策，生产技术的负责人就可以自信地向相关生产系统提供该技术。

衡量不稳定的技术是否已经解决的一个有用指标是调查工序能力（见第4-3节）。通过观察工序能力的数值，可以确定相关工序在生产所需质量方面的能力究竟如何。

生产技术的负责人通过测试来调查不稳定技术的工序能力。如果对结果不满意，就需要进一步采取替代方案或迂回技术，以实现稳定生产。这之后，生产技术的负责人将继续努力解决问题，确定解决方案并正式应用，从而提高自身所在企业的技术能力。

---

① 试验：Trial。试用，试试看。（样品）测试。

第 3 章　生产技术计划的推进方法

在此提到的"迂回技术"是指通过采取分流的方式避开有关不稳定的技术，可以安全生产的技术，以及即使价格稍高也能保证稳定生产的技术。在实践中，它经常被用作紧急避险的措施，如交付期限短于正常的产品或生产量较小的产品。

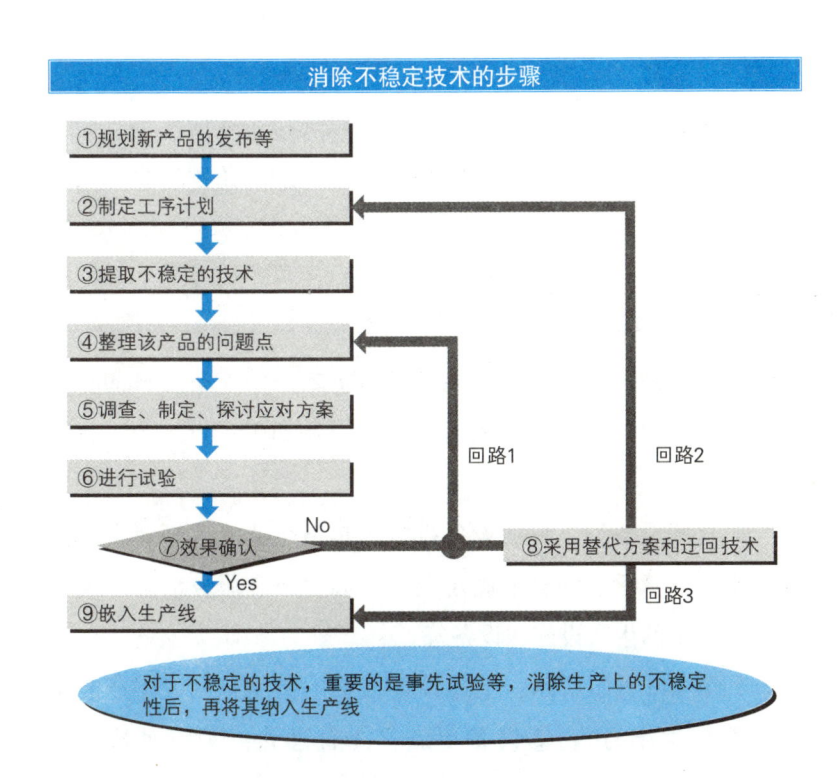

消除不稳定技术的步骤

① 规划新产品的发布等
↓
② 制定工序计划
↓
③ 提取不稳定的技术
↓
④ 整理该产品的问题点
↓
⑤ 调查、制定、探讨应对方案
↓
⑥ 进行试验
↓
⑦ 效果确认 — No → ⑧ 采用替代方案和迂回技术
↓ Yes
⑨ 嵌入生产线

回路1、回路2、回路3

对于不稳定的技术，重要的是事先试验等，消除生产上的不稳定性后，再将其纳入生产线

3-11
有效地实施设备投资

设备投资是指购置有形固定资产以支持企业的活动,如预测商业环境的变化等。重要的是要从中长期的角度出发,认真考虑和实施。

▶▶ **设备投资**

生产某种产品时,作为生产的 4M 之一的设备(Machine)是必不可少的。这个设备相当于生产设备和工厂设施等,在债务报表上一般被归类为有形固定资产①。

对这些设备类进行的设备投资,是指企业投入事业资金购置有助于经营活动的有形固定资产,如生产和服务活动所需的新的或新增的生产设施、设备等。

如第 140 页图所示,上述设备投资的类型包括:①产能扩张(增强生产力);②设备更新;③合理化;④应对技术革新等。

根据资本投资的目的,上述设备投资的类型也可分为:

---

① 有形固定资产:以有形物品形式存在的固定资产,包括建筑物、结构、机器设备、车辆、工具、家具和土地,以及在建工程等。

(1) 更新投资，如应对老化等；(2) 扩张投资，如应对增产或合理化等；(3) 产品群扩张投资（①产品改进投资，如产品质量和生产力；②新产品的增加投资，如应对新产品）；(4) 战略投资，如健康和安全或环保措施等。

为了使企业能够可持续发展，设备投资必须符合企业的未来计划。然而，设备投资也可能导致资金被占用而缺乏流动，所以必须从中长期角度仔细考虑和实施，并考虑到企业的业绩和其他因素。

▶▶ 设备投资实施的要点

设备投资需要大笔资金，而这种投资的结果会对企业的业绩产生巨大影响。在某些情况下，一个错误的设备投资决定不仅会使企业的业绩下滑，还会动摇企业的根本。

这就是为什么必须在认真分析的基础上，从中长期角度预测商业环境的变化，极其谨慎地做出设备投资的决定。

在判断是否可以进行设备投资时，必须对①利润、②折旧费、③资金计划的适应性、④偿还计划的妥当性等进行讨论后再进行判断。

用于确定此类资本投资赢利能力的方法包括：回收期间法、会计利润法（ROI法）、现在价值法（DCF法）等方法，因此与企业部门和财务部门的密切合作是必不可少的。

另外，在进行设备投资时，不仅要考虑初期费用（即初始成本），还要考虑生产设备的生命周期①的总成本，包括运行费用（即运行成本。见第6-1节）和废品成本。

设备投资的类型和确定赢利能力的方法

设备投资的类型：
- 产能扩张：旨在提高现有生产力的投资，如建立新的生产系统
- 设备更新：为将现有的生产设备等替换为新设备而进行的投资
- 合理化：为了将现有的生产设备等变为能够更合理地生产的设备而进行的投资
- 应对技术革新：采用新工法等，为应对新技术而进行的投资
- 其他：为推进安全卫生和环境对策等的投资

①回收期间法

$$回收期间（年数）= \frac{设备投资额}{预测现金流（年均）}$$

年间现金流（回收期间法）
= 税后利润 + 折旧费 − 外部分配(股息 + 高管红利)

②会计利润法（ROI法：Return on Investment，投资回报的略称）

$$投资资本利润率（ROI）= \frac{预期收入(年均)}{投资资本}$$

$$= \frac{预测的摊销利润(年均)}{设备资金 + 增加运营资本}$$

③现在价值法（DCF法：Discounted Cash Flow，折现现金流的略称）
- 净现值法（NPV法：Net Present Value，净现金价值的略称）
- 内部收益法（IRR法：Internal Rate of Return，内部收益的略称）

研究成本效益，预测销售额等，防止过度投资

---

① 生产设备的生命周期：与本书第1-15节中提到的"生产系统的生命周期"一样，有四个阶段：计划阶段、准备阶段、运行阶段和整理阶段。

3-12
预先决定规格说明书的项目和内容

为确保准确传达客户的需求，防止因规格上的疏漏或遗漏而产生问题，需要预先制定一套设备采购规格说明书。

▶▶ 规格说明书

在需要制作或采购新生产设备及产品时，如果不知道委托方需要什么样的东西，被委托方就无法采取行动。这就是为什么必须有一个规范，明确界定客户的需求，如生产设备或产品所需的性能规格[①]、结构或内容等。

当订单中出现特殊商品，如市场上没有的生产设备，就需要详细地说明。这些描述生产设备所需各种条件的文件被称为"设备规格说明书"。

生产人员在制定设备采购规格说明书时，要考虑到生产设备的4S（simple、small、slim、smooth，即简单化、小型化、精简化、流畅化的缩写，见第143页图）。

[①] 规格：对产品的性能和大小进行量化的说明书。

▶▶ 规格说明书与标准化之间的关系

　　在规格说明书中列出的所有项目中（参见第 143 页图），重要的是事先列出常见和常用的项目，即所谓的标准化（见第 5-14 节），使之可以重复使用。特别是，由于存在许多常见的项目、内容（如电源电压和频率），必须对设备采购的规格说明书进行格式化处理。

　　缩小能够有效、低成本地完成产品加工需求的设备条件范围，需要事先进行列表处理，这在重组和实际应用等情况下也是有效的。具体而言，就是设备的尺寸、最大输出和最大加工尺寸的体系化（见第 7-4 节）、加工精度和切削条件的范围。

　　通过事先确定这些事项，生产技术的负责人不仅能够准确把握自己和用户的需求，还能够将企业的需求传达出去，并在短时间内有效地制定出设备采购规格，防止因规格不准确或遗漏而产生的问题。

第3章 生产技术计划的推进方法

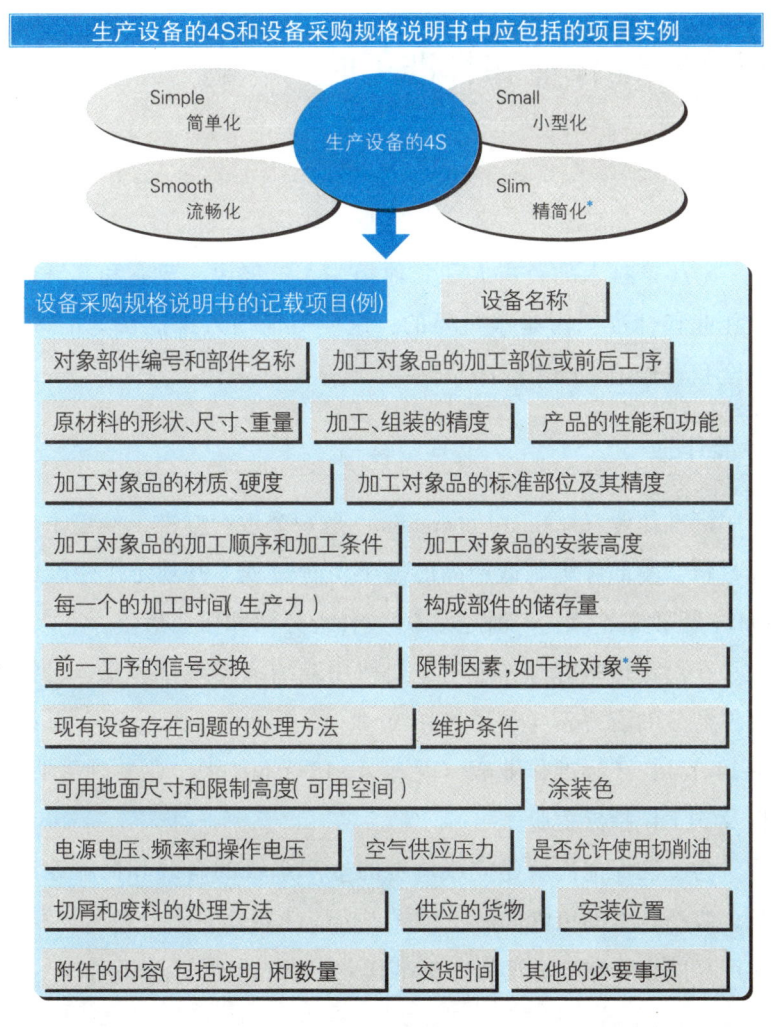

生产设备的4S和设备采购规格说明书中应包括的项目实例

- Simple 简单化
- Small 小型化
- Smooth 流畅化
- Slim 精简化*

生产设备的4S

设备采购规格说明书的记载项目(例)

设备名称	
对象部件编号和部件名称	加工对象品的加工部位或前后工序
原材料的形状、尺寸、重量	加工、组装的精度	产品的性能和功能
加工对象品的材质、硬度	加工对象品的标准部位及其精度
加工对象品的加工顺序和加工条件	加工对象品的安装高度
每一个的加工时间(生产力)	构成部件的储存量
前一工序的信号交换	限制因素,如干扰对象*等
现有设备存在问题的处理方法	维护条件
可用地面尺寸和限制高度(可用空间)	涂装色
电源电压、频率和操作电压	空气供应压力	是否允许使用切削油
切屑和废料的处理方法	供应的货物	安装位置
附件的内容(包括说明)和数量	交货时间	其他的必要事项

* 精简化：能让设备只拥有生产所需最小限度的功能。
* 干扰对象：见第6-13节。

143

3-13
设定标准作业和标准工时

对生产技术的负责人和其他相关人员来说,建立和部署标准作业和标准工时是很重要的,这使得任何人都能快速准确、安全和轻松地生产出好产品。

▶▶ **标准作业**

标准作业(standard operation)是一个生产标准,涵盖了从原材料、零部件等制造产品的整个生产过程,并规定了生产的4M(见第1-4节),如作业顺序、作业方法和作业指令。

在设定这些标准作业时,要使用或纳入的表格包括:①按部件划分的能力表(见第5-3节),②标准作业组合表(见第3-14节),③标准作业表(见第4-12节),④作业要领手册,以及⑤工作指导手册。

为了确保他们所建立或负责的生产系统的有效和低廉地运行,生产技术的负责人需要起草"按部件划分的能力表",并与生产车间合作建立和部署"标准作业组合表"及标准工时。

▶▶ **标准工时**

熟悉某项工作的工作人员,将顺利完成该标准作业所需的时间称为"标准工时（structure of standard time）"。

该标准工时包括以实际作业时间为主的主体作业时间和附带的准备设定作业时间。其中，主体作业时间是指每个周期发生的作业时间，由直接对生产做出贡献的主要作业时间和间接做出贡献的附带作业时间组成。另一方面，准备设定的作业时间由作业准备、善后处理、设定、搬运等所需的时间构成。

这些标准工时可以用第 146 页图所示的方法来设定，也可以通过工作研究来设定（见 3-14 节）。

生产技术的负责人要为标准任务分配合理的标准工时，并按照企业的标准工时设定方法部署到生产车间。

在实际运用时，要求与生产车间合作，共同对是否存在作业上的问题进行适当的重新评估，确保其达到有效的标准。

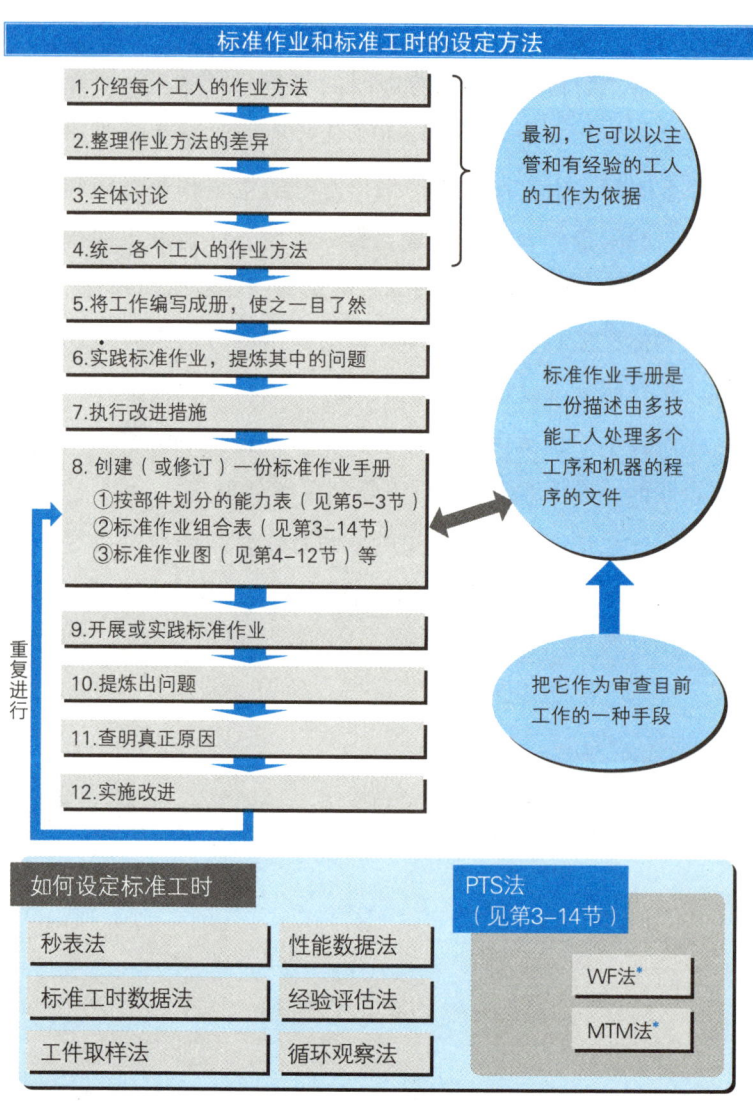

标准作业和标准工时的设定方法

1. 介绍每个工人的作业方法
2. 整理作业方法的差异
3. 全体讨论
4. 统一各个工人的作业方法

> 最初，它可以以主管和有经验的工人的工作为依据

5. 将工作编写成册，使之一目了然
6. 实践标准作业，提炼其中的问题
7. 执行改进措施
8. 创建（或修订）一份标准作业手册
   ① 按部件划分的能力表（见第5-3节）
   ② 标准作业组合表（见第3-14节）
   ③ 标准作业图（见第4-12节）等

> 标准作业手册是一份描述由多技能工人处理多个工序和机器的程序的文件

9. 开展或实践标准作业
10. 提炼出问题
11. 查明真正原因
12. 实施改进

重复进行

> 把它作为审查目前工作的一种手段

如何设定标准工时

秒表法	性能数据法
标准工时数据法	经验评估法
工件取样法	循环观察法

PTS法（见第3-14节）
- WF法*
- MTM法*

* WF法：work factor（工作因素）法。
* MTM法：methods time measurement（作业时间测量）法。

3-14
应用工作研究中获取的知识建立生产系统

为了建立一个高效、低成本的生产系统，必须利用工作研究的知识来消除隐藏在工作中的不节约、不均衡和不合理。

▶▶ 工作研究

当几个人从事同一项工作时，有些人迅速而准确地做好了工作，有些人则没有。那么这两者之间有什么区别呢？前者只是手脚比较快吗？答案当然是否定的。能够快速、准确地做好工作的人，往往对工作顺序和工作方法有更理性的态度，比如他们有比别人更好的工作方式，清楚如何更好地利用自己的身体，并如何更好地放置东西。

为了高效且低成本地进行生产，有必要建立一种任何人都能安全、轻松和迅速操作的方法。为了实现这一目标，需要利用能够快速、准确地完成一天工作的工人的工作方法，制定标准作业（见第 3-13 节）和标准工时（见第 3-13 节），并制定标准作业表（见第 4-12 节）和标准作业组合图，如第 149 页图所示。大家必须遵守其所制定的项目。为了制定这些标准，工作研究是一种必要的技术。

换句话说，工作研究的目的是最终消除不节约、不均衡和不合理①，并制定一个可以安全、轻松和快速完成的标准作业，以及标准工时，即完成该工作所需的时间。

▶▶ 工作研究的具体方法

工作研究的具体方法包括工序分析、时间研究、运动研究、PTS法②和运行分析。

这里，工序分析是指调查和分析生产某种产品所需的过程、工作内容、运输等的方法。同样，时间研究是指将工人所做的工作分解为基本任务，并测量完成每个基本任务所需的时间的方法；行动研究是指调查和分析工人的动作并重建最佳工作内容的方法；而PTS法是指将工人的动作分解为基本动作，并确定完成工作所需的数值的方法。另一方面，运行分析是指通过调查、分析工人和设备的运转率（见第2-5节）以及它们的运转内容来重建最佳工作方法的一种方法。

生产技术的负责人需要使用这些工作研究的方法，确保其建立或负责的生产系统是安全、轻松且易于上手的，并能快速和准确地生产出好产品。

---

① 不节约、不均衡和不合理：有时提取这三个词开头的文字表示"三不"，或者取第二个文字表示"混杂"。作业中出现浪费的具体实例见第6-12节。

② PTS法：predetermined time standard system 的简称。规定时间标准法。

第3章 生产技术计划的推进方法

标准作业组合表的实例

No.	工作内容	时间 手	时间 送	时间 步
1	去粗料	1		1
2	车削 L-0001	3	12	1
3	车削 L-0002	2	10	1
4	车削 L-0003	2	9	1
5	穿孔 B-0001	2	5	1
6	成品检查或装箱	1		2
	合计	11		7

对象生产车间 AS2
对象（生产）线 F1
部件编号 F7929
部件名称 法兰
要求节拍/周期时间 18//18
日期 年 月 日
审批 调查 制作

参考：———— 手工作业、―――― 自动进给、……… 步行

1/1

工作研究的方法

工作研究的方法	
工序分析	调查分析生产某产品所需的工序、作业内容、搬运等
时间研究	将工人进行的作业分解为要素作业，测量进行各个要素作业所需时间
运动研究	调查分析工人的动作，重构最佳工作内容 运用动作经济原则（见第6-2节）
PTS法	将工人的动作分解为基本动作，设定作业所需时间
运行分析	调查分析工人、设备的运转率和运转内容，重构最佳作业方法

149

3-15
采购并安装具有安全措施的设备

为了确保工人能够安心地专注于生产，生产技术的负责人必须采购和部署具有安全措施的设备以确保工人的安全。

▶▶ 安全设备的必要性

无数制造商的声誉建立在"安全第一"的原则之上。因为，人与生产设备不同，人体一旦受到伤害，就无法完全恢复到原来的状态，必须考虑到安全问题。

换句话说，无论生产设备有多精密，或者能力有多强，如果无法进行安全操作，就不能在生产制造中保证安全。这一点在大规模生产的工厂中尤其重要。在那里，生产设备并不总是由熟悉产品结构的工人操作。为此，生产技术部门必须采购和引进有安全措施的设备，对工人进行安全培训，消除危险因素，以确保工人的安全。

▶▶ 熟悉安全标准的顺序

为了采购安全设备，确保工人的安全，生产技术的负责人提出了以设备安全相关的 JIS 标准——JISB6014《机床安全通

第 3 章 生产技术计划的推进方法

则》，以及厚生劳动省主页等公开的关于机械的综合安全标准的方针——"本质的安全设计方法"等。此外，重要的是要考虑设备的启动方式、联锁电路[1]，如果是压力机，则要加入一个装置，当设备威胁到人体，即身体的某个部位可能卷入时迅速停止。

如果是使用重力的设备，如滑道，那么受设备和工件形状（见第 4-9 节）的影响，机器很容易被卡住。在这种情况下，就需要设计出一种利用机械动力将工件安全送入的方法。

考虑到这些因素，生产技术的负责人必须确保工人的安全，在他们建造或负责的生产系统中采用具有高安全标准的生产设备，并确保启动开关的位置远离危险源。通过上述这些措施，建立一个对人友好、安全的生产系统（见第 3-16 节），使工人能够安心工作。

---

[1] 联锁电路：利用各设备自身操作电路的触点，将相关设备的操作相互制约，以确保各场合安全可靠地运行且不发生故障的电路。

生产设备安全的主要JIS标准

JIS编号	规格名称
JISB6014：1980	机床安全通则
JISB8433：1993	工业操纵机器人 安全性
JISB9702：2000	机械类的安全性：风险评估原则
JISB9703：2000	机械类的安全性：紧急停止：设计原则
JISB9704—1：2000	机械类的安全性：电气检测保护设备——第1部分：一般要求事项及试验
JISB9704—2：2000	机械类的安全性：电气检测保护设备——第2部分：对使用有源光电保护装置的设备的要求事项
JISB9705—1：2000	机械类的安全性：控制系统安全相关部分——第1部分：设计一般原则
JISB9707：2002	机械类的安全性：防止上肢到达危险区域的安全距离
JISB9708：2002	机械类的安全性：防止下肢到达危险区域的安全距离
JISB9711：2002	机械类的安全性：用于避免人体部位被压溃的最小间隙
JISB9960—1：1999	机械类的安全性：机电装置——第1部分：一般要求事项
JISD6802：1997	无人搬运车系统：安全通则
TR　B0008：1999	机械类的安全性：基本概念、设计一般原则——第1部分：基本术语、方法论
TR　B0009：1999	机械类的安全性：基本概念、设计一般原则——第2部分：技术原则、规格

※TR：关于标准化的信息，如对快速技术革新领域的反应，以标准信息（通常称为技术报告）的形式在早期传播系统（标准信息系统）中发布

为了建立一个安全、放心的生产系统，必须用很多人的眼睛来检查和采取措施确保安全，例如，在生产系统设计阶段注意尽可能消除危险源，如"三步法"，在安装生产设备时注意安全，在运行后定期进行安全巡检

* 三步法：这是指机器安全的三个优先措施：第一步，通过设计（本质安全设计）减少风险；第二步，通过保障措施减少风险；第三步，通过使用信息减少风险。它在IOS12100-1中规定，是机器安全的国际标准。

3-16
创建一个对人和环境都友好的生产系统

随着环境问题（包括工作环境在内）的凸显，未来或现有的生产系统比以往更需要对人和环境友好。

▶▶ 对人友好的生产系统

对人友好的生产系统是指，当工人操作生产设备或在生产线上作业时，能够减少或消除他们的心理和身体负担的生产系统。具体而言，其主要分为两种：一种是安全和有保障的系统，另一种是考虑到工人健康的系统。

一个安全的生产系统是指没有工业事故的生产系统；精度稳定、不生产不合格产品的生产系统；防止工人出错的生产系统；没有短停机和故障的生产系统；不直接处理重物的生产系统。

另一方面，考虑到工人和其他人健康的生产系统，则是一个可以防止职业病的生产系统，也是一个防止疲劳的生产系统。

▶▶ 对环境友好的生产系统

环境友好型生产系统是指在建造、运行、再利用或在生产结束后处置相关生产设备或生产线时，对环境的负面影响最小的生产系统。具体来说，如第 155 页图所示，对环境影响小的生产系统包括不使用有害物质①的生产系统；运行成本低的生产系统；易于制造的生产系统和易于处置的生产系统。

随着全球变暖和其他问题的凸显，以及我们对环境认识的提高，越来越需要考虑人和环境的问题。这种观念不仅是对产品的要求，还是对产品的制造和处置过程的要求。

因此，生产技术的负责人，在建立和运行新的生产系统（见第 3-8 节）、安装新的生产设备、对设备进行改造和翻新（见第 3-18 节）时，就需要建立一个对人和环境都友好的生产系统。

---

① 有害物质：是指可能危害人的健康或危害生活环境的物质，《大气污染防治法》规定有镉及其化合物等 5 项，《水污染防治法》规定有氰化合物等 23 项。

第3章 生产技术计划的推进方法

一个对人和环境都友好的生产系统

对人友好的生产系统是指
- 一个允许人们安全和安心地进行生产工作的生产系统
  - 一个不会造成工业事故的安全生产系统
  - 一个具有稳定精度和无缺陷产品的生产系统
  - 一个能防止工人出错的生产系统
  - 一个没有停工和故障的生产系统
  - 不涉及直接处理重物的生产系统
  - 具有相同或类似操作方法的生产系统
  - 其他安全和有保障的生产系统 等
- 一个有健康意识的生产系统
  - 一个没有职业病的生产系统
  - 无疲劳生产系统
  - 其他注重健康的生产系统 等

为了建立一个对人和环境都友好的生产系统,组成该系统的生产设备本身必须对人和环境友好

对环境友好的生产系统是指
- 对环境负荷小的生产系统
  - 有不使用危险物质的生产系统
  - 一个运行成本低的生产系统
  - 易于制造的生产系统
  - 易于处置的生产系统
  - 其他对环境影响小的生产系统 等

具体实例
→安全、安心的生产系统
→一个可靠和灵活的生产系统(见第7-4节)
→结构紧凑的生产系统
→重型物品由机器运输
→完整的工件由检测装置(见第6-16节)或类似装置自动停止
→对齐工件安装高度
→确保有足够的照度*

*照度:描述照射在物体表面的光的亮度的物理量,在国际单位制中以勒克斯或流明/平方米表示。

155

3-17
尽可能压缩生产系统

压缩生产系统意味着减少运输，减少工人移动，减少作业面积，从而提高生产效率，降低生产成本。

▶▶ 压缩型生产系统的优势

为了尽量减少无附加价值[①]的搬运作业和滞留（参照第3-4节），实现高效率、低成本的生产，重要的是通过改进设备（参照第6-13节）并调整布局（参照第3-7节）等，将原有的生产系统进行压缩。

压缩后的生产系统有效地减少工人工作和移动步数，从而减缓工人疲劳，提升附加价值。此外还可以减少半成品的数量及相关产品所需的生产空间，并从中获益。同时，压缩后的生产系统在设备投资（见第3-11节）和环境效益（见第3-16节）方面具有优势，例如，可以用相对较小的投资推陈出新。为了获得上述好处，各企业都在积极努力压缩其生产系统。

---

① 附加价值：用加法计算的增加值可按以下公式计算：附加价值＝劳动成本＋税收和关税＋租金＋其他人的资本利息＋税后净利润。

如何压缩生产系统

压缩生产系统可以从改进现有的设备实现，例如减小宽度，或者缩小新安装设备的尺寸。

为了减小宽度，可以将水平突起物，如液压和气动执行器（见第 2-8 节）和侧面安装的控制装置移到生产设备的顶部、底部、前面和后面，或者在设备上简单地安装脚轮（见第 158 页图）。

在安装新设备时，重要的是利用有关设备的上下前后的空间，缩小宽度，减小体积。

因此，要求生产技术的负责人不仅要规划新的生产系统，还要推动自己负责的生产系统得以压缩。为了实现这一目标，需要以单件生产（参照第 3-4 节）为基础，采用单元生产（参照第 2-13 节）、同步生产（参照第 2-14 节）、混合生产（参照第 2-15 节）等生产方式来减小批次（见第 6-5 节），精简生产结构，尽量减少半成品（的数量）。

压缩的生产系统

压缩的生产系统
- 缩小设备的宽度
- 缩小设备的体积
- 缩短设备之间的距离 等

压缩生产系统的优点
- 缩短步行和搬运距离
- 提高生产效率
- 消除半成品
- 节省空间 等

> 压缩型生产系统，意味着设备投资成本降低，生产高效、低廉，经营资源能够高效使用

如何引入一个压缩型的生产系统

→ 采用单件生产等制造方法
→ 缩小生产设施的宽度
　　→消除了液压和气动执行器等的横向突出（现象）
　　→不要将控制装置安装在设备的一侧
　　→C形框架结构，没有柱子来干扰横向运动
　　→抽屉式或吊挂式*的控制面板
→ 使设备更小、更轻，令其能更快地对工序进行二次配置
　　→简单的设备应该是有脚轮的（维修时，可以将其拉出来）
→ 缩小工序和工人之间的间隔（见第2-13节）
→ 分离（如集中冷却剂）或取消（如干式加工）辅助设备
→ 采用全面的工作检测系统（见第6-16节），以减少过度生产
→ 不要制造"远置布局"或"鸟笼布局"（见第3-7节）
→ 对非大规模生产的产品，采用灵活的高复合加工机器（见第2-1节）等

＊吊挂式：一种安装方式，将生产设备的控制面板通过支架或类似装置悬挂在设备的顶部，以方便移动。

3-18
修复并有效利用陈旧老化的设备

通过大修、翻新或改造旧的生产设备，使有限的资源得到最佳利用，这一点非常重要。

▶▶ 什么是陈旧老化的设备

在历史悠久的工厂中，往往会出现这样的情况：既有新的、最先进的设备，也有已经使用多年的设备，即生产中的"老古董"。这包括已经使用了很长时间的设备：它们或者由于磨损，滑道和旋转轴已经变得不稳定，难以达到要求的精度；或者控制系统老旧，不能与其他设备联合使用。这些被统称为"陈旧老化的设备"。

从经营和环境的角度看，将陈旧老化的设备直接废弃处理并不是什么好办法。相反，通过适当地进行改造，则有可能恢复旧设备的准确性或为其增加新功能，使其能够再次利用。

▶▶ 使老旧设备能够再次利用的措施

使陈旧老化的设备能够二次利用的方法，包括大修、翻新或改造。

经过长期使用，生产设备的滑动部件[①]和旋转部件会出现磨损，产生异响。因此，生产设备的运行可能变得不稳定，其性能也可能出现恶化，这会导致其不一定能达到有关产品需要的精度。

大修（overhaul）是指对生产设备进行拆卸、修理和恢复的过程，目的是恢复其已经恶化的性能。

同样，在产品的生产过程中，工人可能会遇到有关生产设备（操作方面）的不便，也可能发现其功能或性能不足的问题。此外，经过长时间地使用，生产设备中相同或类似部件可能会损坏或失效。

像这样，掌握现有生产设备的功能和性能方面不足，了解工人对此感到的不便等，将其改造得更为顺手，这一方式称为"设备翻新"，或者简称为"翻新"。

另一方面，"改造"是对旧的生产设备进行大修的同时，增加新的功能，如 NC（数控）设备，以恢复设备的精度和功能，并使其具有新的用途。这与新设备相比有许多优势，包括较低的设备投资费用和较短的采购期。

作为生产技术的负责人，重要的是充分考虑设备与生产计划的关系，有序地进行生产设备的大修、翻新或改造等，有效利用现有的经营资源。

[①] 滑动部件：机床上引导机床直线运动的部件的总称，同时也是负载的部件。滑动面的形状和润滑是很重要的。

第3章 生产技术计划的推进方法

如何改造陈旧老化的设备

使陈旧老化的设备等可再利用的方案

- **大修** ⇔ 对生产设备进行拆卸、修理和恢复的过程，目的是恢复其恶化的性能
- **翻新** ⇔ 掌握现有生产设备的功能和性能方面不足，了解工人对此感到的不便等，将其改造得更为顺手
- **改造** ⇔ 对旧的生产设备进行大修的同时，增加新的功能，如NC（数控）设备，以恢复设备的精度和功能，并使其具有新的用途

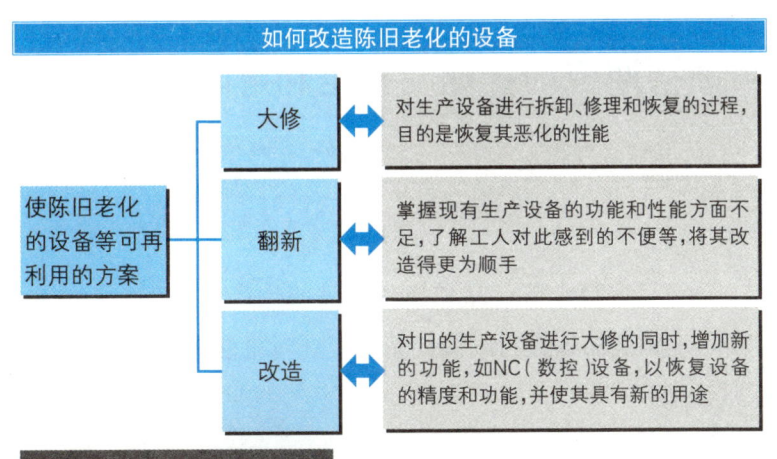

翻新的优势

- 能够在较短的时间内增加和接收最新的功能
- 设备投资费用低廉
- 不需要闲置现有设备，可以有效利用经营资源
- 内部生产允许在企业内部积累技术和知识（诀窍）等

重要的是，大修、翻新和改造要以有序的方式进行，事前要有充分的准备，以避免对生产造成干扰

161

3-19
明确初期流动管理的指定和解除条件

为了尽快稳定新产品和换代产品的生产,提升企业利润,必须在生产的初期进行细致的管理,并对可能出现的问题迅速采取措施。

▶▶ 什么是初期流动管理

例如,在新产品或换代产品的生产初期,即使项目活动和周期活动(见第7-1节)等生产前的活动由专门团队进行,生产车间也可能出现某些问题。

初期流动管理是迅速解决这些问题的手段,可以确保安全的QCD(见第1-4节)和迅速、顺利地开展生产。

这项活动在初期阶段实现产品所需QCD目标,即通过在生产启动的初期阶段实施比通常更详细的控制(见第3-8节),迅速采取措施改进发生的问题。

初期流动管理的长度代表了生产技术部门的工作成果。换句话说,QCD和其他已经在现有生产系统中实施的技术和管理被应用到有关的产品系统中,时间越短,技术水平就越高,企业的利润也越高。

▶▶ 促进和取消初期流动管理的关键点

初期流动管理为产品或生产系统规定了一套明确的 QCD 释放条件，如缺陷率、目标成本和小时产量。为了实现这些目标，需要各部门通力合作，计划和实施改进。

特别是在生产启动不久的生产车间中，由于工人不熟悉等原因，哪怕竭尽全力确保产量，实际上做的也是无用功。因此，生产技术部门的支持是必不可少的。这样，相关部门为实现目标而共同努力，这是确保初期流动管理成功的关键。

另外，对风险管理[①]来说，在初期流动管理期间生产的产品具备可追溯性也很重要，这样可以便于追踪。

当有关产品达到生产系统原定的 QCD 指标时，实施初期流动管理的主管部门负责人应立即确定取消初期流动管理，并进行广泛通知。

[①] 风险管理：Risk management。又称"危机管理"。风险管理是一种商业管理方法，旨在通过分析企业遇到的各种风险并采取对策，确保企业的生存和商业目标的实现。

初期流动管理

●初期流动管理的项目管理实力

- ·缺陷率
- ·加工能力
- ·生产力
- ·每小时产出
- ·目标成本
- ·设备总效率
- ·停工次数,设备故障次数
- ·设定时间 等

> 重要的是在初期流动管理的初期就完成有关产品质量的项目

> 首批产品管理* 或最初产品管理的实施很重要

●初期流动管理各阶段的实施时机

初期流动管理的指定	←	生产决定时,生产准备会议 等
初期流动管理的开始	←	批量生产开始时
生产和各种改进的实施		
初期流动管理的解除	←	达到QCD的管理目标时
正常日常管理的开始	←	在达到QCD的管理目标之后

初期流动管理实施的要点

→ 初期流动管理不仅仅在生产车间实施,重要的是生产技术部门、检查部门、维护部门等是否协同合作,协同进行实施
→ 要缩短初期流动管理时间,关键是相关部门要定期进行合作,并采取积极主动的方式完成各自的任务
→ 重要的是,要把初期流动管理中出现的问题和解决方案应用到下一个计划中
→ 在初期流动管理解除的时候,交付设备也是有效的

* 首批产品管理:首批产品的生产与大规模生产的产品有明显的区别,质量的控制主要是不生产或销售不在图纸上的产品的混合物。

3-20
生产的移交将有条不紊地进行

重要的是生产的移交,例如由于生产系统的重组,要进行详细和精确的规划,以便不影响现有产品的生产。

▶▶ 什么是生产移交

在策划和推广新产品(如新产品或换代产品),或在推广各种活动以实现更有效和更低成本的生产时,会有经营资源方面的限制,包括人员和空间。为了满足这些约束条件,可能需要重新更换生产目标,重组(见第 6-7 节和第 6-8 节)现有的生产系统(见第 1-8 节),或者在某些情况下,将现有的生产系统转移到另一个地方。

此时,将生产有关产品转移到其他工厂或合作企业,或者将有关产品的生产转移到其他生产系统,这就被称为"生产移交"。

近年来,伴随生产的全球化,生产不仅广泛地转移到国内各处,也广泛地转移到海外的生产车间。

▶▶ 生产移交时的注意事项

进行生产移交（包括技术转让①）时需要注意，不要给后续工序和顾客添麻烦。在许多情况下，生产转移是为了制造商的方便，后续工序和客户自然不应受到影响。

为了防止这些情况的发生，有必要在计划中留有一定的余地，例如在搁置②的情况下，要制定并实施详细而精确的计划，并按照计划行事。应该注意的是，根据产品供应商的不同，可能需要提交如第 167 页图所示的工序变更通知书（单）③，并获得事先批准。

如果在生产移交的同时，还要提高现有的 QCD 水平或增加生产力，就必须与有关方面合作制定更详细的计划并进行实施，以确保产品供应不受干扰。

另外，生产移交后，要事先确认移交前的 QCD 水平，或更高的 QCD 水平，然后再开始生产。

为了确保这些生产移交工作顺利进行，不发生任何意外，生产技术的负责人应编制生产转移所需内容的卡盘清单和进度计划，除了自我管理外，还要由相关人员和受让方定期检查并进行纠正。

---

① 技术转让：见第 6-8 节。
② 搁置：提前做好准备，以便在能力不足的情况时有所应对。
③ 工序变更通知书（单）：当生产地点、主要设备、夹具、模具、工程顺序等发生变化时，向订购方企业发出的通知书（单）。

第3章 生产技术计划的推进方法

生产移交和工序变更通知书（单）的实例

生产移交时的注意事项

→ 为了不妨碍生产和技术转让，事先制定详细的移交计划
→ 事先确认原材料和构成部件的获取途径
→ 在计划中多留一些余地
→ 预先整理现有生产系统的问题点，并制定解决的方案
→ 要事先整理好产品的QCD状况和工序能力（参照第4-3节）、各种手册类和单据类、数据等
→ 明确工人需要的能力，并将其展示给受让方
→ 提前开展针对工人的教育和培训，并在此期间派出辅导人员
→ 将移交时的设备分割部位控制在最小限度　等

> 重要的是，生产的转移（包括技术的转移）要有详细和精确的计划，有序地进行，不要拖延，以免干扰生产

○○工业股份有限企业（工业株式会社）
敬启

企业名称　　　年　月　日
质量保证负责人　　　　㊞

工序变更通知书（单）

对象部件编号		工序名称	
对象部件名称		产品分类	重要部件、一般部件
变更的内容			
变更的理由			
变更的日程			

> 在汽车产业等中，设定了需要进一步特别管理的重要安全部件

答复书

内部讨论的结果是，上述变更批准或不批准。

【理由】

【指示事项（说明）】

	年	月	日
	审批	调查	制作

167

专栏 经营环境和生产技术之间的关系

丰田汽车以卓越的生产技术称霸全球,其重要代表就是丰田生产系统。在据说是百年一遇的经济危机——雷曼冲击[①]中,该企业于 2008 年 11 月 6 日公布了 2008 年上半年的中期财务业绩,称"销售额同比减少 6.3% 至 120,000 亿日元,营业利润减少 54.2% 至 5800 亿日元"。随后,全球经济衰退导致新车销售持续低迷。该企业又宣布了截至 2009 年 3 月的综合业绩。其中,销售额为 205,295 亿日元,比前一年下降了 21.9%,营业损失为 4610 亿日元,净损失为 4369 亿日元(59 年来首次出现)。

即使是举世闻名的丰田汽车,前一年曾获得创纪录的 22,703 亿日元营业盈余,当时也由于迅速恶化的商业环境而大幅亏损。

在本专栏中,我们给出了一些值得注意的实例。但这些商业经营环境的迅速恶化并不限于汽车行业,其他行业也是如此。为了应对这种情况,包括中小型企业在内的制造商都采用了企

[①] 译者注:雷曼冲击由美国大型证券和投资银行雷曼兄弟企业倒闭(2008 年 9 月 15 日)引发的全球金融危机和全球经济衰退。这个词经常被用来指代雷曼兄弟的倒闭(the collapse of Lehman Brothers)或雷曼兄弟的破产(Bankruptcy of Lehman Brothers)。雷曼兄弟企业的倒闭导致世界上大多数国家的股票市场崩溃。在此之后,世界经济和外交的舞台从 8 国集团转向 20 国集团(包括中国、印度和其他新兴经济体在内)。

第3章 生产技术计划的推进方法

业自行奋斗的策略,集中精力建立低成本结构,提高管理能力,换句话说,就是巩固自己的立身之本。通过这种方式,企业将能够减少销售(额)下降或增长停滞(的问题)。这是因为在销售增长的情况下,它可以进一步增加企业利润。

为了建立一个低成本的结构,有必要分析每个产品目前的成本结构,并将旨在进一步降低成本的活动作为一项全企业的倡议来推动。特别是,为了促进产品设计和生产方法的变化,生产技术部门的作用将比以往任何时候更大。这对所有制造商的生产技术部门来说都是一个关键时刻。生产技术的负责人在开展工作时必须考虑到这一点。

此外,丰田汽车预计将连续两期亏损。其理由包括:在扩大路线中激增的设备投资带来的影响。

这些教训告诉我们,当生产技术部门制定生产技术计划,如设备投资计划时,密切关注商业经营环境的变化尤为重要,更不用说企业自身产品的发展趋势。在难以预测未来的今天,这一点尤其重要。

PS:丰田汽车企业截至2016年3月的财报显示,营业利润同比增长3.8%至28,539亿日元,净利润同比增长6.4%至23,126亿日元,连续三年达到历史新高。

第4章

推进生产技术控制的方法

　　新生产系统的快速启动和交付期限的缩短,以及现有生产系统高效、低廉和平稳地运行,不仅提高了企业产品的市场竞争力,而且保证了有限经营资源的有效利用,是企业利润的来源。

　　在本章中,我们将介绍为了实现垂直启动——使在生产启动期间也应提前准备和实施的内容,如:如何开展相关的工作,提高生产力和设备总效率,高效、低廉地运行生产系统(包括新建立的生产系统)。本章将涉及生产技术控制的整体,包括改进设定的方法,将技术经验反馈给生产设备以建立一个更健全的生产系统,以及管理电力设备。

4-1
实现垂直启动

开启新产品和换代产品的生产,从近期开始全面投入生产,垂直启动,以实现产品的 QCD 等初始目标。

▶▶ 什么是垂直启动

前面已经提到,生产启动(见第 3-8 节)是使产品为实际生产做好准备的过程,例如,为新产品的大规模生产或新模式的改变。在这些生产启动中,垂直启动是指按照有关产品的生产规范要求,在启动后能立即开始生产,并能在规定的时间内开始稳定、无故障地全面生产,从而实现产品 QCD 和保证公司利润的初步目标的一种生产启动状态。

到垂直启动所需的流程与第 3-8 节中到生产启动所需的流程相同。

▶▶ 如何实现垂直启动

在生产之初,缺乏技术和专业知识会导致一些问题,如难以加工、难以装配或者出现不合格产品等。

为了实现垂直启动,并确保产品的 QCD 和企业的利润,在

第4章 推进生产技术控制的方法

开发设计和生产准备阶段提前预测、识别和处理这些问题至关重要。

具体实例包括:提高样品验证的准确性(见第3-9节),解决与生产有关的问题(见第3-10节)和瓶颈技术(见第6-11节),以及对生产系统进行充分的工作研究和试加工(见第4-2节)。

当生产技术的负责人开始生产新产品或换代产品时,必须注意第174页图所示的几点,以便在生产之初就实现产品所需的最初目标,如 QCD 和保证企业利润。这些措施必须提前规划,精心准备,并在生产启动的最后期限前毫不拖延地实施,这样才能按计划顺利启动生产。

垂直启动的概述

阻碍垂直启动的具体现象
- 材料获取时机不稳定
- 无法达到要求的性能
- 不能确保工序能力
- 无法以目标工时进行生产
- 难以加工和组装
- 次品率高
- 停机次数多
- 其他

启动前要充分准备的内容
- 可靠材料(如,原材料*和构成部件等)的获取和定时交货体制的确立
- 夹具的准备・各种标准类的完善・针对工人进行的教育和培训
- 消除不稳定的技术等・确保备用的零部件　等

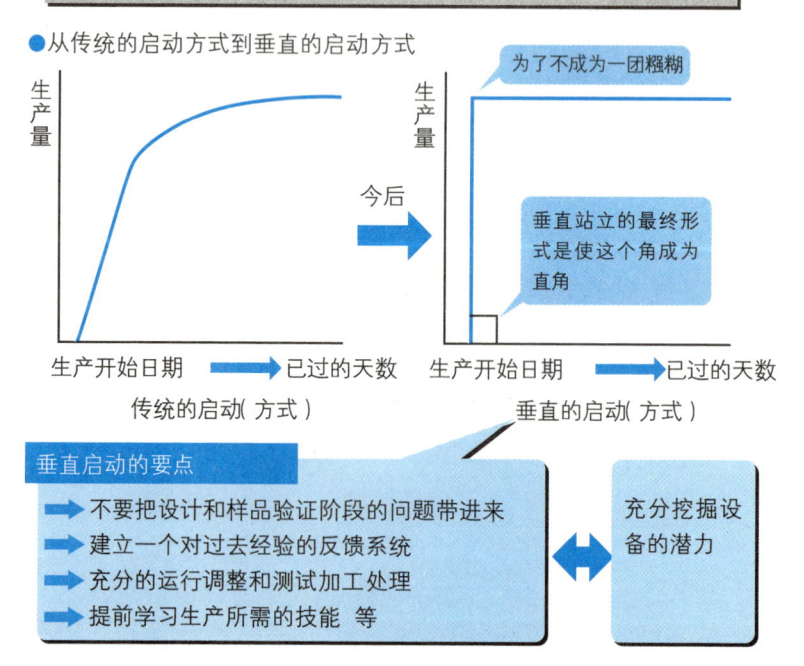

●从传统的启动方式到垂直的启动方式

传统的启动(方式)
纵轴：生产量　横轴：生产开始日期 → 已过的天数

今后 →

垂直的启动(方式)
纵轴：生产量　横轴：生产开始日期 → 已过的天数
- 为了不成为一团糨糊
- 垂直站立的最终形式是使这个角成为直角

垂直启动的要点
→ 不要把设计和样品验证阶段的问题带进来
→ 建立一个对过去经验的反馈系统
→ 充分的运行调整和测试加工处理
→ 提前学习生产所需的技能　等

⇔ 充分挖掘设备的潜力

＊原材料：通过对材料进行加热或施力而获得所需形状的零件和部件,如锻件和铸件。

4-2
充分进行试运行、运行调整和试加工

为了事先检查新制造设备的功能、性能是否符合要求,并确保顺利过渡到全面生产,必须进行充分的试运行、运行调整和试加工。

▶▶ 试运行和运行调整、试加工及其目的

新建或翻新生产设备(后),要进行运行、测试,这被称为"试运行",确认其动作和速度并进行调整称为"运行调整"。之后,试着进行加工被称为"试加工"。

在将该设备投入生产线等之前,通过充分实施试运行、运行调整、试加工,在正规生产前预先确认满足该设备要求的功能和性能以及生产有关产品的QCD等要求规格,这样才能顺利过渡到生产上。

也就是说,通过试运行、运行调整、试加工,可以实际确认该生产设备所需的功能和性能等设备规格,以及是否满足生产有关产品要求的QCD。如果发现不满意的部分,就必须与相关人员协商,在正规生产前预先采取措施,降低生产开始后可能出现的故障。为此,需要全体企业成员团结一致,推进实时

沟通（simultaneous）活动（见第 7-1 节），并实施该设备的设计评审（参照第 7-2 节）等，尽早导入生产设备，确保试运行、运行调整、试加工的时间。

确认这样导入的生产设备满足要求，或让生产部门尽早掌握该产品的运行方法等，使其顺利过渡到正规生产，这就是试运行、运行调整、试加工的目的。

在某些情况下，在进入正常生产之前，在与加工和装配相同的条件下进行生产，目的是尽早发现生产问题，并对不符合要求的地方进行改进。这样的生产，有时也称为"访问生产"或"生产尝试"。

▶▶ 试运行、运行调整、试加工实施时的注意事项

为了确保这些试运行、运行调整和试加工的稳步运行，提高该设备的完成度，生产技术的负责人必须提前制定计划，留出一定的余地，以便有足够的时间能够按照计划顺利进行生产，并加以管理和控制。此外，必须提前安排足够数量的试验样品（见第 2-7 节）供试加工使用。

另外，在试运行和运行调整时，不仅要确认正规的动作，还必须与设备制造商等联合进行恶意测试[①]等，提前解决问题，确保工人能够安心地专注生产，不发生误操作等。

---

① 恶意测试：确保有关生产设备在正常运行中不发生故障的测试，例如，在未设想的动作部位等尝试操作与该动作没有直接关系的其他按钮开关等，以确认该生产设备不会出现失误动作。

第4章 推进生产技术控制的方法

试运行、运行调整、试加工的作用和注意事项

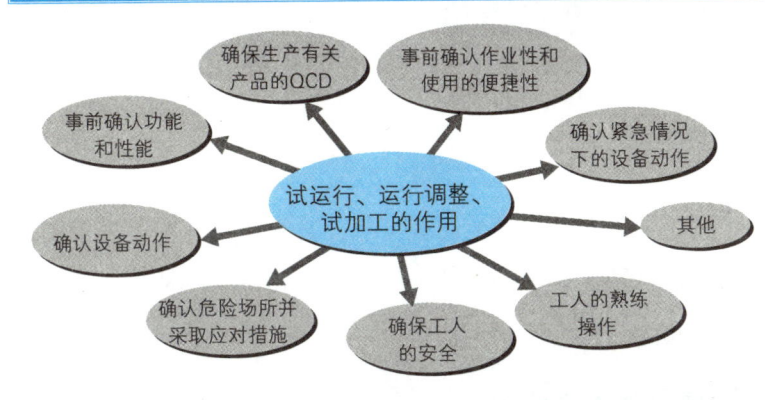

- 确保生产有关产品的QCD
- 事前确认作业性和使用的便捷性
- 事前确认功能和性能
- 确认紧急情况下的设备动作
- 确认设备动作
- 其他
- 确认危险场所并采取应对措施
- 确保工人的安全
- 工人的熟练操作

中心：试运行、运行调整、试加工的作用

试运行、运行调整、试加工的注意事项
→ 确保试运行、运行调整、试加工所需的时间
→ 预先准备足量的试验样品
→ 确认按时间图进行安全动作
→ 确认可以确保生产有关产品所需的QCD
→ 进行恶意测试,确保工人的安全　等

177

4-3
在工序中建立质量

为了使工序在质量上高度可靠，必须提高有关工序的工序能力，建立防止不合格产品生产和流出的系统，从而在工序中建立质量。

▶▶ 质量建设与工序能力

"在工序中建立质量"是指在产品的生产阶段不产生不合格产品[①]。为了达到这个目的，不仅要采用质量实绩优良的方法，而且要把过去的经验纳入 QC 工序表（见第 3-6 节）等标准，让工人照着去做，提高相关工序的工序能力，当在后续工序中发现的不合格产品信息及时反馈，并采取应对措施。重要的是通过建立一个系统来防止生产、分配或接收不合格产品，如 FP，从而提高质量可靠性。

工序能力（process capatability）是在稳定的状态下，通过统计和定量的方式，来衡量生产工程所生产高质量产品的能力。工序能力的指数被称为工序能力指数或 C_p 值，可通过第 180 页

[①] 不合格产品：不符合该产品质量要求的产品，其中有四种类型：特别采用的产品、返工的产品、重新分级的产品和有缺陷的产品（见第 4-11 节）。

图所示的公式进行计算。在实践中，这个指数被用来判断一个工序的能力或确定检查的频率。

⏩ 用 FP 来减少不合格的产品

为了生产出好的产品，重要的是不接收前一工序中的不合格产品，不在当前工序中生产不合格产品，不将不合格产品分配到后续工序中。采用了上述工序的装置，就被称为 FP[①]。

这个 FP 是 Fool Proof 的缩写，根据生产车间的不同，被称为防错、防傻等，是一种防止因粗心大意而造成错误的物理装置。

这些 FP 可以分为三类：不传递不合格产品的 FP、不生产不合格产品的 FP 和不接收不合格产品的 FP。它们被广泛用于检查所有产品。

生产技术的负责人必须积极安装这些 FP，并与生产部门一起制定和跟进，编制 FP 功能的检查要领书，展开定期检查，并对检查结果进行记录，以确保安装的 FP 功能正常和良好。

---

① FP：最近，从废除歧视用语的观点来看，有时也被称为防范错误。译者注："防范错误（error proof）"是指事先设计一个系统，使其不会发生故障或失灵，或者即使发生故障，也能保持其正常功能和安全的概念。其中，"error"一词意味着"错误"、"失败"或"过失"。"proof"则代表"防止"或"避免"。

在工序中建立质量的代表实例

在工序中建立质量的代表实例
- 采用质量实绩优良的方法
- 提高工序能力
- 构建反馈质量不合格信息的机制
- 建立防止生产FP和其他不合格产品的制度 等

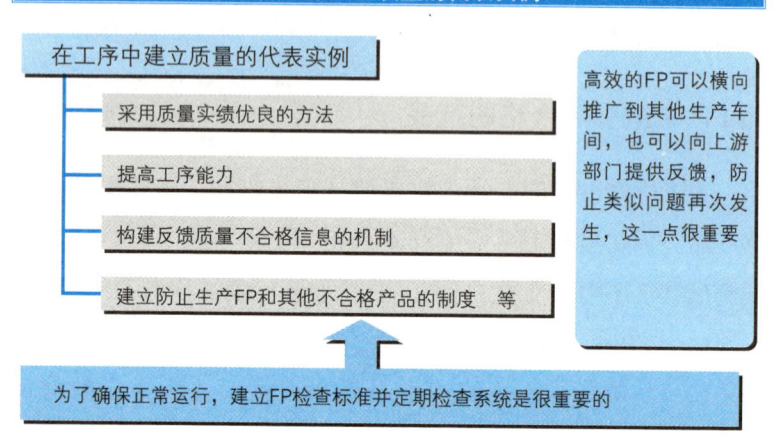

高效的FP可以横向推广到其他生产车间，也可以向上游部门提供反馈，防止类似问题再次发生，这一点很重要

为了确保正常运行，建立FP检查标准并定期检查系统是很重要的

工序能力指数的求导方法和使用方法

工序能力指数（process capatability index：用 Cp 来表示）

$$C_p = \frac{T}{6\sigma}$$

$$C_{pk} = (1-K) C_p$$

$$K = \frac{|M-x|}{(T/2)}$$

T：标准公差范围
σ：标准偏差*
C_{pk}：（有偏）过程能力指数
K：偏度系数
M：规格的中心
x：平均值

工序能力指数	工序能力的判定	检验方法
Cp ≥ 1.67	绰绰有余	没有检查
1.67 > Cp ≥ 1.33	足够的	校检
1.33 > Cp ≥ 1.00	略有不足	抽样检查
1.00 > Cp ≥ 0.67	不够	全面检查
0.67 > Cp	极不充分	全面检查

*标准偏差：表示偏差程度的值。可以说该值越小，偏差越少。

4-4
通过运行状况的可视化实现顺利的生产

要想以最少的人数开展高效、低廉的生产，需要推进设备等运行状况的可视化，在减少损失的同时，依次应对不合格现象。

▶▶ 运行状况的可视化

在当今竞争日益激烈的环境中，为了减员生产，通常的做法是由一个工人操作若干机器，完成若干工序，即所谓的"多机器"（见第1-7节）或"多工序"（见第1-7节）。

使用这些生产方式的生产线，可能会出现设备因某种原因停止，而有关工人无法立即发现并处理的情况。例如，发生故障的部位被设备遮挡，工作人员无法看到。在这种情况下，需要立即通知工人，告诉他（或她）设备已经停止。工人也必须了解到当前生产的进程。

为了迅速发现这些情况并尽快恢复到原有状态，采取应对措施，将运行状态可视化非常重要。就是说，要通过这种方式，使得运行状态可以被可视化，从而使工人和其他相关人员能够了解故障的位置和性质。从这一点来说，推进"视觉管理"是

181

很重要的（见第4-13节）。

▶▶ 运行状况可视化的具体实例

生产设备运行状态可视化的具体实例包括：呼叫指示灯、异常指示灯、进度指示灯、运行指示灯[①]等，以及电子告示牌。

呼叫指示灯是在零件即将用完时亮起的指示灯等。异常指示灯是提醒工人异常情况的指示灯，如设备故障等。进度指示灯是在周期时间被分成相等的部分（通常是10个相等的部分）时依次亮起的指示灯，工人可以监测长周期时间生产线上的工作进展。运行指示灯是显示生产设备的运行状态和停工原因的指示灯。近年来，第183页图所示的组合指示灯已变得越来越普及。

在建立生产系统时，生产技术的负责人必须事先安装好这些设备，并能够直观地看到设备的运行状态，以便发现问题，并利用工具（调整），确保生产能够顺利进行。

[①] 指示灯：来源于没有电的时代的照明器具"行灯"，是异常显示盘的一种。

第4章　推进生产技术控制的方法

运行状况的可视化实例

①异常呼叫指示灯（图中显示的是悬挂式）

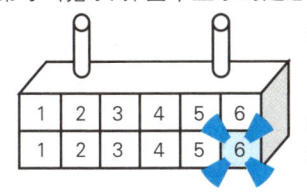

| 1 | 2 | 3 | 4 | 5 | 6 |
| 1 | 2 | 3 | 4 | 5 | 6 |

使用实例
　上段:因质量故障等点亮
　下段:表示发生了设备、治具的故障
※图中所示的是第6工程的设备和治具发生异常的情况

②运行灯（图中显示的是支架式）

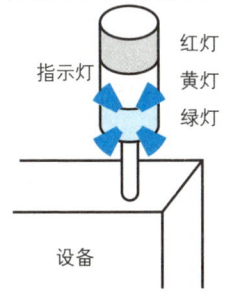

指示灯　红灯
　　　　黄灯
　　　　绿灯

设备

使用实例
　红灯：因出现故障等原因而停机
　黄色：因不工作等原因而停机
　绿灯：运行中（正常）
※图中所示的是当前设备正常工作的情况

③生产差异显示灯（图中显示的是悬挂式的）
　（通过电子告示牌进行实时音量控制）

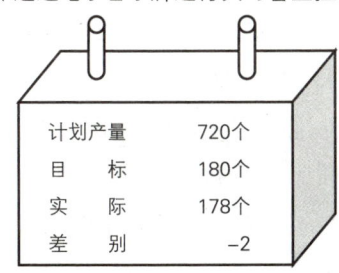

计划产量	720个
目　　标	180个
实　　际	178个
差　　别	−2

※图中显示,实际产量为178个,而当前的生产目标为180个,损失了2个（整个班次的计划产量为720个）

当异常情况发生时,重要的是采取根本性的措施,防止此类情况再次发生

183

4-5
了解并提高生产力

促进提高生产力的活动，必须确保投资于生产的经营资源得到有效利用，以实现稳定、顺利的生产和成本降低。

▶▶ 如何提高生产力

要反复提高生产车间的竞争力，必须促进生产力（见第2-4节）的提高，实现安全顺利的生产。

具体来说，就是管理每天的生产力，稳定地提高其数值。为此，需要制作第186页所示的生产力推移图表和生产力推移表等，进而掌握管理日常的生产力。例如，如果每天的生产力快要达到目标，就应尽早采取补救措施，如果还没有达到目标，就将妨碍实现生产力目标的因素，即所谓的生产力提高阻碍因素记入表格中。这样，了解和分析阻碍生产力提高的主要原因，就可以将应对策略按优先级的顺序进行排序，依次进行解决。然后，逐渐排除阻碍生产力提高的因素，使每天的生产力稳定在高水平上。

其次，通过实施各种改进活动（见第6-10节），将工时减

第4章 推进生产技术控制的方法

少（见第6-3节）与生产力提高率①的活动联系起来。也就是说，推进提高生产力的活动将直接关系到该产品的制造成本能否降低。

▶▶ 提高生产力的注意事项

从用于确定生产力的方法可以看出（见第2-4节），生产中进行的大部分工作都会对生产力的数值产生影响。

为了提高生产力，有效的做法是彻底消除业务（见第2-12节）中包含的七种浪费（见第3-13节）。这些浪费在每个部门的工作中占很大比例，并参与到缩短设定时间等的活动（见第2-10节）中。

然而，在追求高生产力的过程中，我们必须严格避免陷入生产过剩（见第2-12节）的状态（实例见第2-4节）。

此外，还有各种抑制生产力提高的因素，如生产的4M（见第1-4节）。其中许多因素，如分包件交付的延迟，仅靠生产车间的努力无法解决。

生产技术的负责人为了实现高效、低成本的生产，需要与生产车间进行合作，对包括上述生产在内的各类生产进行改进。

---

① 生产力提高率：表示相对于前期，包括工时减少在内的生产力提高了多少的比率。

生产力管理和提高生产力活动的开展方法

● 生产力推移图实例

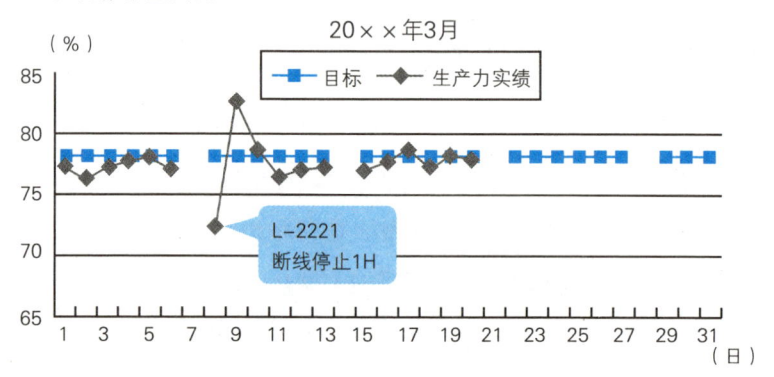

20××年3月

（%）

图例：目标 / 生产力实绩

L-2221
断线停止1H

（日）

● 提高生产力活动的开展方法

①掌握日常的生产力(掌握现状)
↓
②把握/分析阻碍生产力提高的因素
↓
③确定优先级
↓
④解决方案的制定/研究
↓
⑤解决方案的实施
↓
⑥效果确认 —No→ 重复进行
↓Yes
⑦降低工时,水平(横向)扩展

重 点
- → 增加开工和结束的直接时间
- → 抑制各时间段的偏差,稳定产量
- → 当天能采用的解决方案就在当天内采用
- → 详细记录降低生产效率的主要原因
- → 平时就开始多使用多技能的工人 等

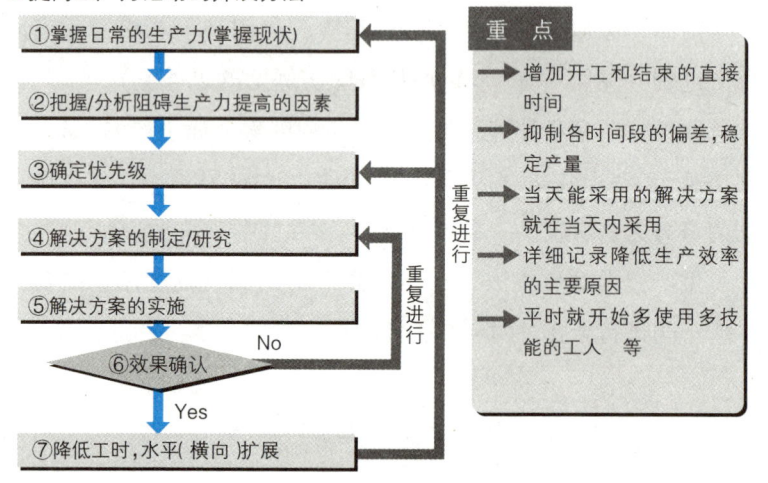

4-6
提高设备的总效率

设备总效率是衡量高效使用生产设备的指标。提高该数值必须降低停止损耗、性能损耗、不合格损耗。

▶▶ **设备总效率**

表示高效使用生产系统中生产设备的指标，称为"设备总效率"。该设备总效率由时间运转率、性能运转率以及合格品率构成，并通过将每个数值相乘计算。

换句话说，设备的整体效率越高，设备的使用效率就越高，这对生产来说是一个很好的指标。

在这里，时间运转率表示因设备停工损失而减少的负荷时间的百分比，因此需要开展活动以减少负荷时间的停机时间。

性能运转率显示了作业时间内，生产的数量中因性能损耗而减少的百分比，因此需要开展活动来增加作业时间内的生产（数）量。

另一方面，产品合格率表示因不合格损耗减少的加工量百分比，因此需要减少不合格产品的加工数量。

生产技术中应该包括的内容

很多制造商有序地推进 TPM[①] 活动，追求提高设备总效率和生产系统的效率。

如果企业没有引入 TPM 活动，生产技术的负责人，为了提高自己引进的生产设备和负责的生产设备的设备总效率，需要推行以下活动。

具体而言，就是稳扎稳打、切实地推进减少损失的活动，提高时间运转率、性能运转率、产品合格率。为了实现这一重要目标，需要进行以下活动：减少因停机造成的损耗，即故障损耗、准备/调整损耗、刀具损耗、启动损耗；减少因性能问题而造成的损耗，即停机/空转损耗、速度降低损耗；减少因缺陷而造成的损耗，即不合格/修复损耗。

也就是说，通过排除阻碍设备总效率提高的损耗、各种改进活动等，可以提高加工有关产品的质量和生产力，因此生产技术的负责人也需要积极参与其中。

[①] TPM：Total Productive Maintenance 的缩写。以打造追求生产系统效率极限的企业体质为目标的活动，全体员工参与的生产保全。致力于消除阻碍设备效率化、人力效率化、原单位效率化的损失。

第4章 推进生产技术控制的方法

设备总效率的求导方法

设备总效率（overall equipment efficiency）
　设备总效率 = 时间运转率 × 性能运转率 × 合格品率
　　（用阻碍设备效率化的停止损耗的大小、性能损耗的大小、不合格损耗的大小来表示）

$$\text{时间运转率} = \frac{\text{负荷时间} - \text{停机时间}}{\text{负荷时间}} \times 100\%$$

$$\text{性能运转率} = \frac{\text{标准周期时间} \times \text{加工数量}}{\text{运行时间}} \times 100\%$$

$$\text{合格品率} = \frac{\text{加工数量} - \text{不合格数量}}{\text{加工数量}} \times 100\%$$

相对于作业时间的损耗结构

作业时间结构	阻碍设备效率化的七大损耗
操作时间	
负荷时间*	
运行时间 / 因停机造成的损耗	因停机造成的损耗 ①故障损耗 ②准备/调整损耗 ③刀具损耗 ④启动损耗
净作业时间 / 因性能问题而造成的损耗	因性能问题而造成的损耗 ⑤停机/空转损耗 ⑥速度降低损耗
有价值的运行时间 / 因缺陷而造成的损耗	因缺陷而造成的损耗 ⑦不合格/修复损耗

* 负荷时间：这是从操作时间中减去计划生产的停工时间、维修的停工时间、晨会和其他停工时间的时间。

4-7
减少故障停机时间

为了最好地利用现有的生产设备，必须进行预防性维护，以减少故障和停工次数，使设备保持良好的工作状态，并提高时间运转率，增加可用时间。

▶▶ 什么是故障停机时间

在 TPM（见第 4-6 节）活动中，由于故障和其他停工造成的时间损失被称为"停机损耗"。第 4-6 节中显示的四种损耗（包括故障损耗），被定位为阻碍设施总效率提高的因素（见第 4-6 节），需要努力降低。

例如，当生产设备正在运行或即将运行时，它可能会陷入一种干扰正常、良好运行的状态。如果这种情况发生在生产车间，就不能按照生产计划进行生产，出现交货延迟的情况。这可能导致一些问题，包括造成后续工序和客户的不便，让他们失去信任。此外，由于加班和假日工作而增加生产成本，也需要被计算在内。

这种情况下，设备不能正常运行，导致生产被迫中断，这通常称为"故障"。设备因故障而无法正常运行的时间就被称为

第 4 章　推进生产技术控制的方法

"故障停机时间"。

如果一个企业有大量的故障停机时间，就无法有效地使用其宝贵的经营资源。为了最大限度地减少这些情况带来的影响，有必要迅速查明故障的真正原因，采取应对措施，防止故障再次发生，并将设备恢复到正常、良好的状态。但是，维修工作本身并不是主要的工作（见第 3-13 节），所以必须对维护和维修人员实施职能教育和培训，以减少维修时间，防止设备故障发生，减少工作量。

▶▶ 生产技术的分组

为了使现有的生产设备充分发挥其潜力（见第 5-3 节），生产技术部门必须建立一个内部维修系统，进行预防性维护（见第 5-3 节），并定期进行教育和培训，在发生设备故障时，能够迅速自我修复，减少故障停机时间。

为了减少停机时间，生产技术的负责人还必须改进设备本身的薄弱环节，引进不太可能发生故障的设备。为了实现这一目标，必须实施一些措施，如在设备引进阶段使用结构简单的设备，整理过去发生过的类似设备的故障履历（见第 5-5 节），并在新引进的设备中反映出来，将改进意见反馈给新引进的设备，并引进具有良好可维护性[1]的设备。

---

[1] 可维护性：维护的方便程度（见第 6-14 节）和其他保护措施。

如何减少故障停机时间

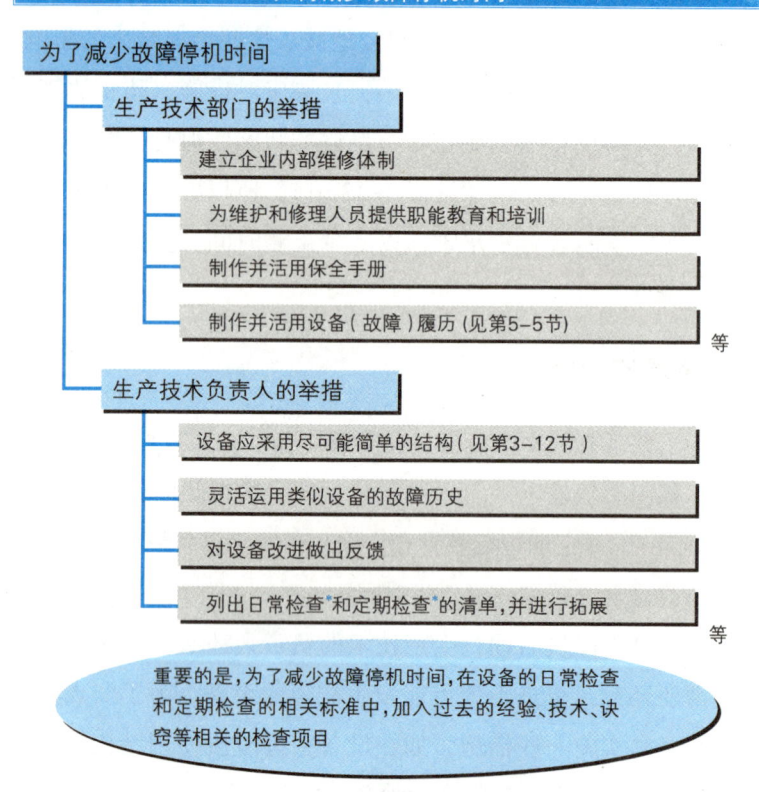

- 为了减少故障停机时间
  - 生产技术部门的举措
    - 建立企业内部维修体制
    - 为维护和修理人员提供职能教育和培训
    - 制作并活用保全手册
    - 制作并活用设备（故障）履历（见第5-5节）
    - 等
  - 生产技术负责人的举措
    - 设备应采用尽可能简单的结构（见第3-12节）
    - 灵活运用类似设备的故障历史
    - 对设备改进做出反馈
    - 列出日常检查*和定期检查*的清单，并进行拓展
    - 等

> 重要的是，为减少故障停机时间，在设备的日常检查和定期检查的相关标准中，加入过去的经验、技术、诀窍等相关的检查项目

*日常检查：指日常进行的检查工作。同时进行清扫、加油。
*定期检查：对于日常检查中无法完成的检查项目，应在每周或每月等规定的时期进行检查。

4-8
促进设定的改进

设定的改进是实现小批量生产和短交货期生产的关键。通过快速切换生产项目，以及尽量减少生产设备的停机时间来缩短生产准备时间是非常重要的。

▶▶ 设定的改进及其必要性

为了迅速应对消费者需求的变化，人们比以往任何时候都更需要减少生产筹备时间（见第 2-9 节）、缩小批量，进行小批量的生产（见第 6-5 节），以及短交货期的生产[①]。然而，为了利用同一条生产线生产多种产品，设定（见第 2-10 节）是必要的，因此设定时间的长短，对实现这些较少的批量和较短的生产筹备时间起着重要作用。减少设定所需时间，就是减少"设定时间"。而这种改进方法就被称为"设定的改进"。

由于这些设定工作本身并不是工厂（企业）的主要任务，花在这些操作上的时间会降低生产车间的生产力。因此，为了尽可能减少生产设备的停工时间，必须安全、方便、有效地进行设定工作，减少批量，缩短生产筹备时间。这就是需要进行

---

① 短交货期的生产：应在比一般交货期短的交货期生产。

设定改进的地方。

▶▶ 如何进行设定的改进

一些企业在设定上花费了很长的时间。其共同点是，安装的设备适应当前情况，并没有察觉到减少设定时间的紧迫性。为了尽量减少设定带来的（时间）损失，这些企业倾向于增加批量，导致过度生产和浪费。

为了改进这种情况，有必要对（工人）进行教育，使他们了解到缩短设定时间的必要性，进一步改进设定，并减少占地面积（见第6-5节）。

为了改进设定时间，我们将推广7个缩短设定时间的技巧（见第2-10节），如将内部设定[①]转换为外部设定[②]，追求可重复性。同时，我们还将关注准备和扫尾工作，如第195页图所示。第一步是在10分钟内实现简单的设定，下一阶段是一键式设定，即在一次操作中更换转换部件，下一阶段是无设定或自动设定（见第7-8节）。

[①] 内部设定：是指必须停止机器才能进行的计划工作。
[②] 外部设定：指不停止机器也能完成的计划工作。

第4章 推进生产技术控制的方法

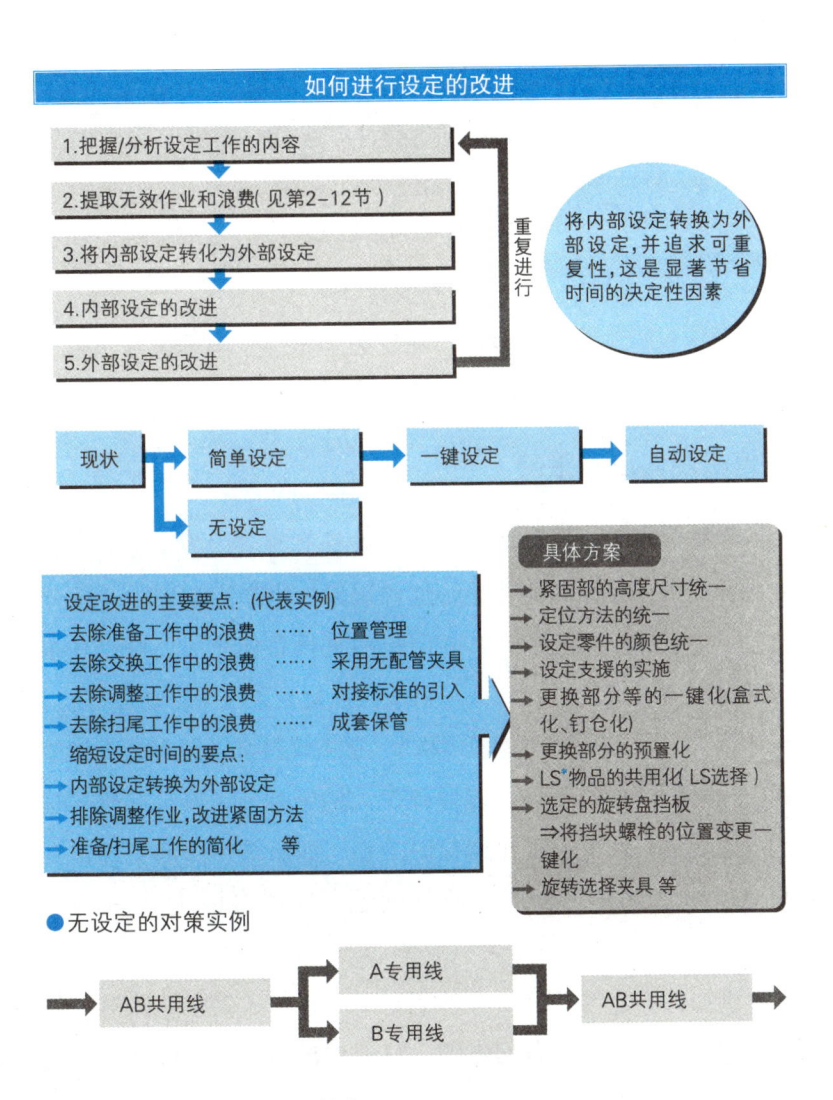

如何进行设定的改进

1. 把握/分析设定工作的内容
2. 提取无效作业和浪费（见第2-12节）
3. 将内部设定转化为外部设定
4. 内部设定的改进
5. 外部设定的改进

重复进行

将内部设定转换为外部设定，并追求可重复性，这是显著节省时间的决定性因素

现状 → 简单设定 → 一键设定 → 自动设定
　　　　无设定

设定改进的主要要点：（代表实例）
→ 去除准备工作中的浪费 …… 位置管理
→ 去除交换工作中的浪费 …… 采用无配管夹具
→ 去除调整工作中的浪费 …… 对接标准的引入
→ 去除扫尾工作中的浪费 …… 成套保管
缩短设定时间的要点：
→ 内部设定转换为外部设定
→ 排除调整作业，改进紧固方法
→ 准备/扫尾工作的简化　　等

具体方案
→ 紧固部的高度尺寸统一
→ 定位方法的统一
→ 设定零件的颜色统一
→ 设定支援的实施
→ 更换部分等的一键化（盒式化、钉仓化）
→ 更换部分的预置化
→ LS*物品的共用化（LS选择）
→ 选定的旋转盘挡板
　⇒将挡块螺栓的位置变更一键化
→ 旋转选择夹具 等

● 无设定的对策实例

→ AB共用线 → ┬ A专用线 ┬ → AB共用线 →
　　　　　　 └ B专用线 ┘

＊LS：限位开关；limit switch的简称。

195

4-9
减少短停机，提高 SQCDM[①]

在精心防范和消除每一次短停机的同时，引进不发生短停机、不易发生短停机的设备，对提高 SQCDM 至关重要。

▶▶ **短停机及其应对策略**

在生产车间，自动运行的生产设备有时会因为工件或零件被夹住或卡住等原因而停止，这种现象在生产中被称为"短停机"。换句话说，"短停机"一词指的是设备停止后，可以在很短的时间内（通常是 5 分钟）被工人恢复到正常的自动运行。

工人必须逐一处理"短停机"，这不仅打乱了原有的工作节奏，还降低了产量，并可能导致工人的干劲儿下降。此外，这还可能导致工人重返工作岗位时受伤。如果被拆除的工件留在原地，可能会进一步造成质量问题。这些多因生产 SQCDM 产生。

例如，一个生产设备由于堵塞而停止，如供应部件被卡住等，即使关闭了该设备的电源，只要取出被卡住的部件，气动

---

① SQCDM：Safety、Quality、Cost、Delivery、Morale 的简称。安全、质量、成本、交货期、士气的总称。

第 4 章　推进生产技术控制的方法

执行器（见第 2-8 节）也有可能在残存压力下继续运行，这时进行处理非常危险。主管人员必须确保工人在采取行动之前通过残存压力[①]释放阀来释放管道中的压力。

这些"短停机"因生产设备的磨损、部件的变化、安装时的生产不足或所谓的生产技术造成。尤其是运动复杂的设备，如自动装配机，短停机的频率很高。因此有必要采取系统的、有计划的措施进行应对。

这就是为什么生产技术的负责人和主管人员必须与生产车间进行合作，遵循第 198 页图所示的步骤，消除危险源，同时提高产品的 QCD。

▶▶ 如何规避"短停机"

生产技术负责人必须通过与生产车间的主管人员和工人的通力合作与协调，推进最佳的措施，以防止新引进的设备出现短停机，或消除现有设备的短停机，从而建立一个更好的生产环境。

具体来说，在设备计划阶段，对过去类似设备采取的应对策略进行反馈和横向发展，消除不稳定的结构等；在设备运行阶段，通过对有关设备的观察和录像进行分析，和对工件的细微变化进行分析等，进一步查明其产生的原因，并采取对策，使其水平（横向）发展。

---

① 残存压力：是指气压回路出现时，即使切断压力源，管道内仍残留的空气压力。

生产技术负责人需要认真、稳定地逐一实施这些措施，通过使设备充分展示其原有的能力，如连续自动运行（见第6-16节），提高生产车间的SQCD。

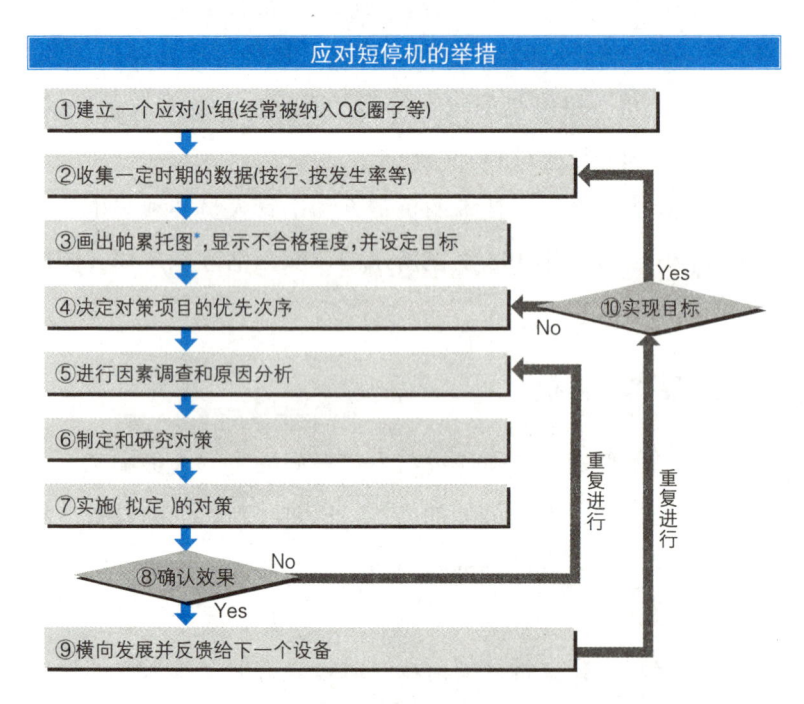

应对短停机的举措

① 建立一个应对小组(经常被纳入QC圈子等)
② 收集一定时期的数据(按行、按发生率等)
③ 画出帕累托图*，显示不合格程度，并设定目标
④ 决定对策项目的优先次序
⑤ 进行因素调查和原因分析
⑥ 制定和研究对策
⑦ 实施(拟定)的对策
⑧ 确认效果 → No / Yes
⑨ 横向发展并反馈给下一个设备
⑩ 实现目标 → Yes / No

重复进行

* 帕累托图：例如，将横轴上的条形图和纵轴上的折线图结合在一起制成的图表，前者按价值或数量从左到右排列，后者显示构成比例的累积总和等，用于ABC分析（见第6-7节）。

译者注：（Pareto chart）数据的柱状图，按项目降序排列。它是由经济学家帕累托发明的，在质量控制领域被广泛使用。它的优点是根据发生缺陷的项目及其累积比例，了解哪些项目对质量改进有效。

4–10
缩短瓶颈工序的周期时间

为了促进高效、低成本的生产，必须提高生产线的组织效率，例如减少瓶颈工序的周期时间，用更少的人和更少的工序进行生产。

▶▶ **循环时间和节拍时间**

循环时间（cycle time：C/T）是指从一个工序或生产线生产产品的时间间隔和执行一系列操作或任务所需的时间，有时也被称为间距时间或循环时间。

与周期时间相似的是节拍时间（tact time）。这是产品在一定时间内必需的生产时间，一般由后续工序或客户决定。

周期时间需要短于节拍时间，这样才能根据客户的需求完成生产。如果周期时间长于节拍时间，就有必要通过各种改进、设备投资（见第 3–11 节）或外包等方式提前补充或提高生产力。

▶▶ **尽可能地平均每个工序的 C/T，减少工序数量**

受到工序周期时间的影响，工件在生产线上的流动可以是平稳的,也可以是停滞的。在这些生产线中,周期时间最长的工序,即所谓的瓶颈工序,决定了生产线的生产力。此外,它们还降低了生产线的组织效率(见下文),并成为半成品的温床。

因此,有必要缩短每道工序,特别是瓶颈工序的周期时间,并将最短的工序时间设定周期时间的平均值,确保工件在生产线上顺利、有效流动。

所以,生产技术的负责人需要通过工作研究、同步加工[①]、工序消除(见第6-7节)等手段来减少瓶颈工序的周期时间,或者尽可能地平均每个工序的周期时间,提高组织效率,尽可能地减少生产中的人员和工序。

组织效率是用来衡量每个过程的周期时间或作业时间的变化程度的标准,可以通过以下公式计算。从公式中可以看出,该值越接近于1,组织的效率就越高。用1减去组织效率得到的数值称为平衡损失,它越接近0,损失就越小。

[①] 同步加工:使用组合式钻头和多轴头,允许同时进行多种操作。

第 4 章 推进生产技术控制的方法

周期时间和瓶颈工序的关系图

作业时间 / 周期时间

瓶颈工序 → 缩减周期时间或作业时间

偏差

工序 A B C D E F

为了优化生产线的组织,必须减少网状工序本身的作业时间,并尽可能平等和紧密地将工作分配给每个工序,以便用尽可能少的人员和工序进行生产

组织效率和如何寻找到平衡损失

$$组织效率 = \frac{每个工序的工作(作业)时间的总和}{工序的数量 \times 瓶颈工序的工作(作业)时间}$$

平衡损失 = 1 - 组织效率

循环时间偏差吸收策略实例
各工序的循环周期不同时,通过使用多工序可以降低时间差,且可以提高效率(具体实例见第6-11节)

201

4-11
促进不合格产品的减少和质量的改进

制造商要想在市场上立足,就必须减少不合格产品的数量,并改进质量,从而提高自身产品的质量可靠性。这些活动也立即推动了成本的降低。

▶▶ 不合格产品减少和质量改进的目的

在生产车间中,生产因为各种因素可能出现不合格产品。这些不合格产品可以归类为特殊采用品①、返工品、重新分级品或不合格(产)品。

不合格产品带来 4 种类型的浪费:①加工本身的浪费;②暂时保管不合格产品的浪费;③调查并解决不合格产品带来的浪费;④处理加工不合格产品的浪费。

许多企业正在采取措施减少不合格产品的数量、质量改进②,以便通过消除浪费提高生产力,创造一个集中生产的安全环境,提高产品的质量可靠性并降低成本。

---

① 特殊采用品:这些产品是在考虑到质量条件的情况下,由后续工序或客户有条件地从不合规格的产品中获取的。

② 质量改进:为进一步提高产品满足所需质量特性的能力而开展的改进活动,其目的是要达到比现状更高的程度。

第 4 章　推进生产技术控制的方法

▶▶ 生产技术部门也积极参与

　　在生产车间出现的不合格产品，可以大致分为两种：一种是突发性出现的；另一种是随着时间推移出现的。为了减少不合格产品，针对这些不合格产品的应对策略是必不可少的。但是，生产部门忙于日常的生产和突发不合格的应对等，很难推行永久性的对策，导致慢性不合格的情况大量出现。因此，不仅是生产部门需要参与减少不合格产品和提高质量的活动，还需要生产技术部门积极发挥作用，与其他生产部门一起减少不合格产品的数量，提高其质量。

　　具体来说，生产技术部门要对生产部门难以自行处理的项目采取措施，如针对长期存在不合格产品的个别措施和提高工序能力的措施（见第 4-3 节）。此外，生产技术部门需要主动促进技术调整，以提高产品质量，并建立一个系统来防止不合格产品的生产（见第 4-3 节）。

　　因此，生产技术部门不仅要建立一个满足相关产品所需的 QCD 生产系统，还必须促进生产系统的 QCD 改进活动。特别是要与质量保证部门和其他相关部门合作，减少因不合格产品造成的损耗（见第 4-6 节），以提高质量可靠性——这是提高产品竞争力的核心。

加工不合格带来的四个浪费

加工不合格带来的四个浪费
- ①加工本身的浪费
- ②暂时保管不合格产品的浪费
- ③调查并解决不合格产品带来的浪费
- ④处理加工不合格产品的浪费

如何提高质量

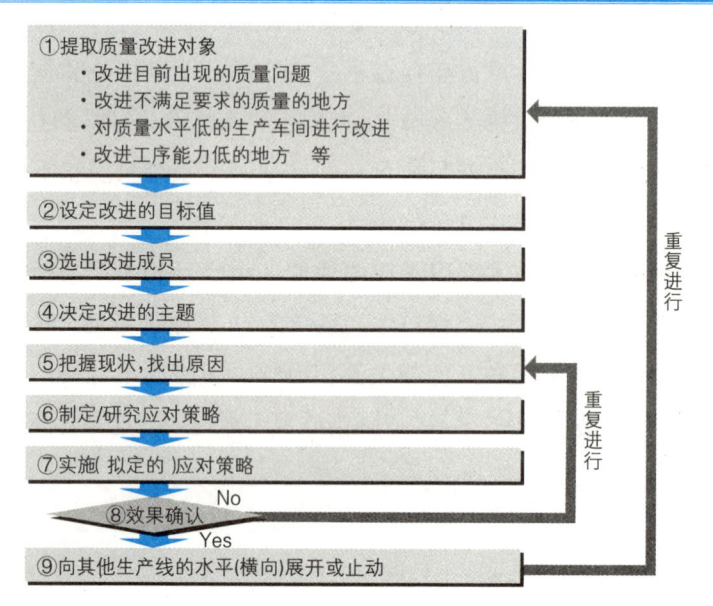

① 提取质量改进对象
 ・改进目前出现的质量问题
 ・改进不满足要求的质量的地方
 ・对质量水平低的生产车间进行改进
 ・改进工序能力低的地方　等

② 设定改进的目标值

③ 选出改进成员

④ 决定改进的主题

⑤ 把握现状,找出原因

⑥ 制定/研究应对策略

⑦ 实施(拟定)应对策略

⑧ 效果确认　No / Yes

⑨ 向其他生产线的水平(横向)展开或止动

重复进行

4-12
将设备改进（方案）等向相关部门反馈

重要的是，要将针对各种问题而实施的设备改进措施，反馈给原发部门和相关部门，防止问题二次出现，提高企业的技术能力。

▶▶ 反馈的必要性

许多企业采取行动处理安全问题、质量问题、设备故障以及产品生产过程中出现的其他问题，以保持和提高生产的稳定性、连续性。

就这些改进而言，应按照工作改进、工作方法改进和设备改进（见第6-13节）的顺序研究改进的方法（见第6-10节）。实施改进后，必须修订标准作业表①和其他相关表格。特别是在实施设备改进时，必须修订设计图纸（见第5-8节），否则，可能会导致同样的问题重复出现。

为了防止这些问题的再次发生，有必要切实保证将对设备的任何改进反馈给相关部门。

---

① 标准作业表：是指填写了工作顺序、标准手持（见第5-13节）、周期时间等与安全、质量检查相关内容的单据。

这样，相关部门，如负责生产设备设计的部门和制定生产设备采购规范的部门，就能确保改进措施在下一个计划的生产设备中得到应用，从而防止上述问题再次发生，并能将宝贵的技术经验纳入标准化（见第 5-14 节）和技术标准（见第 5-15 节）的流程中，从而提高企业的技术能力。

▶▶ 生产技术负责人的作用

生产技术负责人必须与生产部门一起推动各种改进活动，处理生产车间发生的与生产系统有关的各种问题。此外，生产技术的负责人负责以技术联系单兼图纸变更委托书等形式向原发部门（见第 6-20 节）提供反馈，以便其采取下一步措施，防止类似问题再次出现。

通过发布技术联系单和图纸变更委托书，生产技术的负责人能够直观地了解技术经验，促进工作有序进行。已发布的技术联系单和图纸变更委托书会以管理编号的形式列出，以便随时跟踪其进展情况。这样一来，接收部门可以审查自己的工作成果，而生产技术的负责人作为发行人，也可以知道自己的建议是被接受还是被拒绝，然后在技术积累中发挥作用。

第4章 推进生产技术控制的方法

各种改进反馈的流程

现有的工序和生产线
安全问题、质量问题、设备故障等问题的发生

↓

实施改进并检查其有效性

↓

反馈给相关部门

↓

单据、图纸和技术标准的修订

↓

防止（问题）复发

↓

使用更方便的生产设备

> 重要的是，要阻止已经改进的问题（复发）和（出现）浪费，使这些问题不再重复发生

技术联系单（兼图纸变更委托书）的实例

收件人			管理编号		
				年 月 日
技术联系单（兼图纸变更委托书）			审批	调查	制作
对象部件编号		工序名称			
对象部件名称		产品分类	重要部件、一般部件		
委托研究的内容					
委托研究的理由		附加资料（有： 、无）			
答复书					
我们对研究的结果做出如下回应					
【研究结果】				年 月 日
			审批	调查	制作
【理由】					

207

4-13
让生产线一目了然

重要的是,通过将生产进行可视化处理,使生产线上的主要问题得以彰显和共享,并将许多人的智慧汇集起来,对此进行改进,从而建立一个高效、低成本的生产系统。

▶▶ 什么是生产的可视化处理

生产技术的负责人要建立一个新的生产系统时,必须从一开始就让每个人都了解生产线。例如,将不合格产品的生产、生产的缓慢进行、设备的运行状态等进行可视化(见第4-4节)处理,创造一个任何人都能立刻理解的生产线。

生产的可视化处理使每个人都能看到生产是否在畅通无阻地进行。这样,生产系统中的问题就可以被暴露出来。

这种生产(包括现有生产线)的可视化,使人们更容易一目了然地发现和分享生产线上的问题,并把参与处理这些问题的许多人的智慧集中起来,制定和实施更好的改进策略。

第4章 推进生产技术控制的方法

▶▶ 生产可视化如何带来改进的实例

第 210 页图显示了一个企业采用位置管理①的方法对生产线进行改进，使生产线上的半成品具有可视性。这个实例说明，生产的可视化处理不仅有助于改进生产本身，也有助于改进财务业绩。

还有一个实例是，生产技术的负责人要建立一个新的生产系统时，布局从一开始就应该是确保工件的流动是单向的、直线的（见第 3-7 节）。这使我们有可能从过道上看到工人的动作，更容易发现工人在工作时出现的不必要动作，加以改进。

此外，当工人进行了待进行（6-11）的动作时，应要求工人表达他（或她）有等待的意图，这将使我们发现和改进等待造成的浪费，并将触发高生产力生产线的建立。为了达到这个目的，必须向工人解释，待加工不是主管造成的，获得工人的理解和合作。

可视化的生产线会使这些问题更加明显，也更容易令相关人员之间进行共享（问题和经验），从而推动生产系统更好地发展。

生产技术的负责人需要建立一条生产线，在那里可以一目了然地发现问题，并可以持续改进，从而使生产系统更加完善。

---

① 位置管理：确保每个人都知道他们生产所需的东西存放在哪里，具体有多少，并且在需要时可以快速、安全地检索和使用。

"生产可视化"的实例

"生产可视化"项目的实例

质量	不合格（产品）发生的状况、控制板等引起的不合格的应对状态 等
成本	生产力、设备运行状况、半成品的产生状况 等
交付期限	生产延迟情况、发货情况、各种指示灯的采用 等

通过可见管理（具体实例见第4-4节），实施与地点有关的活动和5S（第2-12节）活动，如生产进度不时变化，生产的4M（见第1-4节）发生变化时的4M变化，以及产品的QCD变化等，将生产进行"可见管理"是很重要的

* 可见管理：指参与生产的人员看一眼当时的生产情况，能够立即判断有无异常，采取对策，使生产能够经常保持正常状态的管理方法。

一目了然的生产线的成果实例

通过"生产的可视化"处理，简化生产体制的实例
➡A企业通过采用位置管理，将半成品和多余的库存以标准手持(见第5-13节)和范围外产品等形式进行可视化处理，并针对其原因采取措施，进行改进，从而削减了库存量

- 减少库存的保管空间
- 减少运转资金
- 实现生产和财务方面的精简

此外,使用隔板、托盘、箱子、袋子等,防止零碎产品的混合,达到可视化

4-14
动力设备的正确管理和无故障运行

动力设备的故障，不仅会影响该工厂的生产，还会对整个企业活动产生影响，因此需要认真管理，防止故障发生。

▶▶ **动力设备和动力管理**

动力设备是指，产生使工厂、办公室、商业设施等运转所需的能源，或者进行转换供给等设备整体的总称。

为了让制造商经营工厂或其他设施，需要将稳定的电力、燃料（如重油）、空气、水等，提供给直接促进生产的生产设备以及企业活动所需的公用设施（见第2-11节）等。

为了像这样有效地运行生产设备，除了需要电力、工厂空气（压缩空气）、蒸汽（蒸气压）、供水等相关的设备及其管理，还需要管理用于有效处理生产排出物，如废水、热量、气体等的装置，以及使前者能够获得有效利用的装置等。如果这些动力设备不能充分发挥作用，不仅是生产，整个企业活动都会停滞不前，甚至停止。为了预防这些事故的发生，必须实施动力管理，这涉及电力管理的方方面面。

换句话说，由于动力设备对有关工厂的生产以及整个企业的活动都有影响，因此需要提高可靠性和经济效益等要求，如第 213 页图所示，所以必须做好管理和无故障运行。

▶▶ 动力管理和生产技术管理

  一般来说，动力设备的维护和管理由专门的生产技术相关部门进行，在大企业称为工务部或工务组（见第 1-16 节），在中、高企业中则由处理生产技术的部门负责，是其设备管理业务的一部分。

  因此，生产技术部门负责在工厂规划和建设时对动力设备进行规划和安装，以及在日常活动中对动力设备进行维护、管理和更新。在许多情况下，他们负责企业活动的基础部分。

  在建设新工厂时，有效的做法是规划工厂布局（见第 2-11 节），包括规划工厂的未来，使空气压缩机和蒸汽锅炉等动力设备位于工厂的中心附近。这将缩短空气和蒸汽管道之间的距离，最大限度地减少能量损失。

  此外，生产技术部门必须在降低能源成本方面发挥积极作用，参与节能活动，如引进节能设备和尽可能保持供应压力。相关内容请参考本书第 7-15 节，进一步了解在促进能源效率和节约活动（如引进节能设备）时，需要注意的六个要点和对应的实例。

  这样一来，就要求生产技术部门妥善管理动力设备，建立管理制度，确保整个企业活动，如工厂的生产能够顺利进行。为此，考虑到动力设备的影响，制定一份详细的检查表是很重

第4章 推进生产技术控制的方法

要的，还需要建立和发展一个系统，指导和管理专业维护人员①进行日常检查和定期检查。

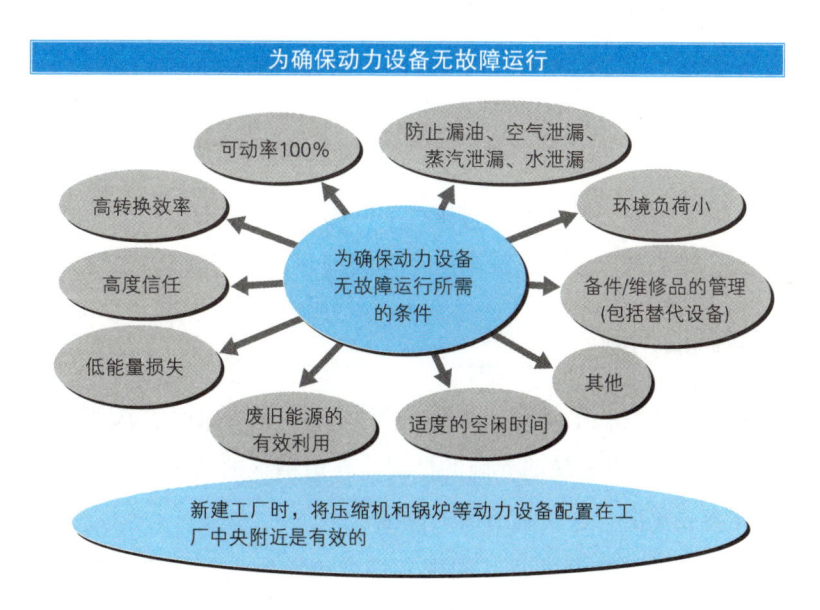

为确保动力设备无故障运行

- 可动率100%
- 防止漏油、空气泄漏、蒸汽泄漏、水泄漏
- 高转换效率
- 环境负荷小
- 高度信任
- 备件/维修品的管理（包括替代设备）
- 低能量损失
- 其他
- 废旧能源的有效利用
- 适度的空闲时间

中心：为确保动力设备无故障运行所需的条件

新建工厂时，将压缩机和锅炉等动力设备配置在工厂中央附近是有效的

---

① 专业维护人员：指属于维护部门等组织的、专业进行设备维护的负责人。

213

4-15
消除设备中的漏油和漏气问题

设备漏油、漏气等会对生产车间的所有 SQCDM 产生不合格影响。尽快采取对策，提高生产车间的 SQCDM 是很重要的。

▶▶ **应对漏油问题**

在巡视生产车间时，可能会看到过道的地面或干式加工设备[①]的床面上出现被油弄湿的情况。在最糟糕的情况下，油可能会外渗或流出。这就是所谓的漏油。

漏油不仅使设备及其周围环境变得肮脏、不美观，给内部和外部的相关人士留下不好的印象，而且还可能造成（地面）黏滑等问题，引发其他涉及安全、人员干劲儿和生产力方面的问题，以及在材料和能源方面的昂贵损失。因此，当发现漏油时，必须立即采取行动。

这些漏油的现象可能是由于：切削油或清洗液撞到工件或旋转部件（如卡盘）上被吹走而造成的；也可能是因为液压油、润滑剂、切削液、清洗液等通过管道的接头处泄漏出来的；还

---

① 干式加工设备：指在金属等切削加工设备中，不使用切削油进行机械加工的设备。

可能是由于润滑剂从滑块中漏出的量超过了要求而造成的。

因此,为了处理这些漏油现象,生产技术的负责人必须与生产车间的主管合作,安装盖子,在盖子的连接处涂上油灰(腻子/泥子),拧紧管道,更换垫片(填充物)、密封件和管道,改变管道路线,减少润滑油的供应量,安装收油器(油盘)以收集泄漏的油,然后清除泄漏的油。之后,必须实施源头控制措施,拆除油盘,以遏制漏油,改进生产场所的 SQCDM(见第 4-9 节)。

应对空气泄漏(漏气)和蒸汽泄漏(漏蒸)

在正常生产中,工厂漏气的声音被设备的噪声淹没,所以人耳能听到的只是吹气[①]的声音或消声器的排气声。然而,如果有人下班后趁着所有设备都没有关闭时在工厂里走动,就可以听到各处的"咝咝"声,很容易辨别漏气的发生和它们发生的位置。蒸汽泄漏的情况也是如此。

这些空气泄漏和蒸汽泄漏的情况基本上和漏油一样严重,所以要求生产技术的负责人与生产车间的主管人员通力协作、配合,尽快实施应对措施。

作为空气和蒸汽泄漏的具体对策,在工厂安静时,如果在巡视时依次拧紧高噪声部位后,噪声仍未停止,就必须实施更换密封圈、更换管道、改变管道路线等措施,遏制空气和蒸汽泄漏,改进生产车间的 SQCDM。这是很重要的。由于管道和其他部件是热的,蒸汽泄漏时要采取措施,防止烫伤。

---

① 吹气:Air blow。为了排除切屑等,应喷吹压缩空气。

如何防止漏油

为了防止漏油
- 装上盖子
- 在盖子的接缝处涂抹油灰
- 拧紧管道
- 更换填料、密封件和管道
- 改变管道路线
- 减少润滑剂的供应量
- 安装一个收油器(油盘)来收集泄漏的油 等

> 重要的是,使用同样的方法,防止在设备和水管中出现水渗漏

> 安装收油器是一项临时措施,之后将采取永久性措施

如何防止空气泄漏和蒸汽泄漏

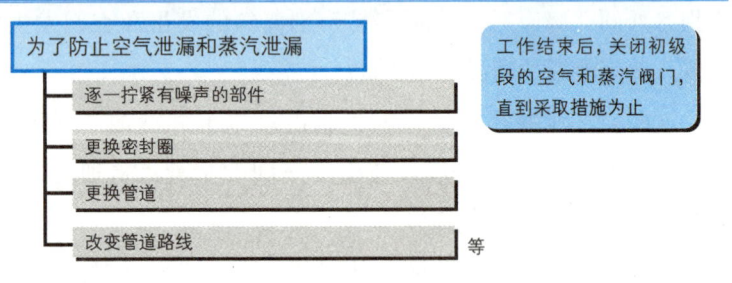

为了防止空气泄漏和蒸汽泄漏
- 逐一拧紧有噪声的部件
- 更换密封圈
- 更换管道
- 改变管道路线 等

> 工作结束后,关闭初级段的空气和蒸汽阀门,直到采取措施为止

4-16
将 ISO 方法应用到生产技术业务中去

如今，必须了解 ISO 的要求（可称为全球标准）和自己企业的标准，获得认证并用于生产更好的产品。

▶▶ ISO 及其优势

随着企业活动的全球化，各个商业场景对引进和实施 ISO 等国际管理体系的需求越来越大。

上述所提到的 ISO 是 "International Organization for Standardization" 的缩写，是指"国际标准化组织"。ISO 有一系列的质量管理体系（ISO9001）和环境管理体系（ISO14001），如第 219 页图所示。

通过获得 ISO 认证，企业可以：①提高企业形象；②在与客户签订合同时获得优势；③明确责任和权力；④促进企业内部的标准化；⑤加强企业的内部结构；⑥有助于使本企业区别于同行业的其他企业；以及⑦减少客户的审核。

▶▶ ISO9001 与生产技术

ISO9001 也被称为质量管理体系，是一项关于质量管理和保证的国际标准，于 1987 年开始生效。继 1994 年、2000 年修订之后，为了明确要求事项的意图，并提高与 ISO14001 中出现的的符号具有一致性，2008 年进行了再次修订。2015 年，它被进一步修订，提供了一个共同的章节结构，从而更容易与其他 ISO 标准整合。这同样适用于 ISO14001：2015，它具有相同的章节结构，尽管措辞略有不同。值得注意的是，已经获得批准的企业将在 2018 年 8 月之前完成向新标准的过渡。

该 ISO9001 规定了以客户为导向的管理质量活动和持续改进等，包括正确把握客户质量需求，满足并超过客户要求等。它与修订版的要求事项"8 运用"等生产技术有很深的关系。

生产技术的负责人必须了解这些 ISO 要求及其概念，并将其应用于自己的工作，以生产出更好的产品，或者提高自身标准。通过这个过程，有可能进一步提高企业自身的技术标准的完成度（见第 5-15 节）。

第4章　推进生产技术控制的方法

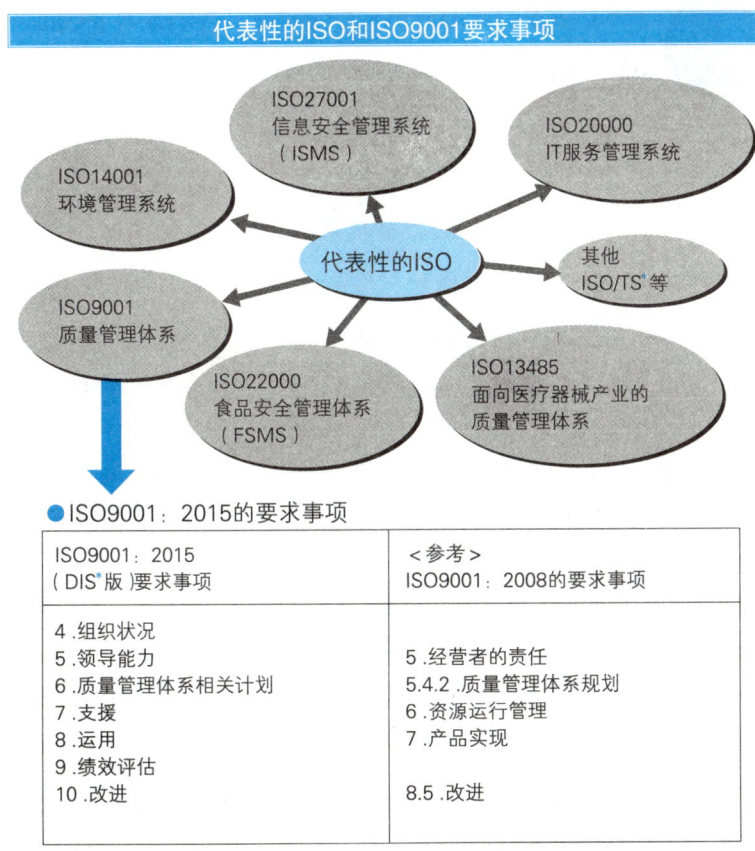

代表性的ISO和ISO9001要求事项

- ISO14001 环境管理系统
- ISO27001 信息安全管理系统（ISMS）
- ISO20000 IT服务管理系统
- 代表性的ISO
- 其他 ISO/TS* 等
- ISO9001 质量管理体系
- ISO22000 食品安全管理体系（FSMS）
- ISO13485 面向医疗器械产业的质量管理体系

● ISO9001：2015的要求事项

ISO9001：2015 （DIS*版）要求事项	<参考> ISO9001：2008的要求事项
4. 组织状况 5. 领导能力 6. 质量管理体系相关计划 7. 支援 8. 运用 9. 绩效评估 10. 改进	5. 经营者的责任 5.4.2. 质量管理体系规划 6. 资源运行管理 7. 产品实现 8.5. 改进

※与ISO9001类似的标准是GMP*标准

* ISO/TS：TS代表技术规范（technical specification），是在成为ISO官方标准之前暂时同意的技术规范。汽车行业的ISO/TS16949是众所周知的。该ISO/TS16949必须在2018年9月14日前转换为IATF 16949：2016。
* DIS：是国际标准草案的简称。Draft International Standard。
* GMP：是一套关于医药产品生产和质量控制的标准，由国际组织（如世界卫生组织）和国家监管部门制定。是Good manufacturing practice的简称。

219

专栏 一个完成度低的生产系统，让每个人都感到烦恼

环顾工厂内部，有时在几个生产系统中夹杂着不太完善的生产系统。这些不完善的生产系统是指，相关人员为了确保该产品所需的QCD，苦心孤诣在生产车间等场所营造的生产系统。例如，某一生产系统的工序能力（见第4-3节）较低，难以对其采取措施，或者构成某一生产系统的生产设备床身的刚性较低，费尽心思调整的加工尺寸在短时间内发生变化，无法保证规定的质量。除了质量，还有安全、成本、交付期限和员工干劲儿受到不利影响的情况出现。

一旦这些完成度低的生产系统投入生产，生产车间的人固然要付出辛苦，生产技术的负责人也必须参与扫尾工作，直到问题得到解决。结果，它们不能融入到新的业务中，即使融入进去，也必然会减少分配到那里的工时，有可能再次引起类似的问题。换句话说，引入一个难以移交的生产系统，等于是为自己的工作制造一个障碍，并增加了接下来的扫尾工作的数量，陷入恶性循环。

生产技术的相关人士必须意识到，出现这些难以移交的系统，不仅是生产系统的负责人缺乏能力，还是在生产准备阶段缺乏研究。

为了防止这种无法移交的生产系统出现，需要在生产技术

第4章 推进生产技术控制的方法

部门建立一个类似于产品设计部门或设备设计部门进行的设计评审（design review：见第7-2节）的系统，或通过有序地梳理过去的经验、编制检查表，确保主管人员、操作能手和相关人员进行检查，以此来防止类似问题的发生。

同时，要通过培训和轮换生产技术的负责人来提高技术能力，通过积极推动标准化（见第5-14节）和技术标准（见第5-15节）的建立和可靠应用，有序地提高技术标准。

第 5 章

生产技术管理的推进方法

如果一个公司的生产系统的概念和建设方法根据任何特定时间的情况而变化，这可能会导致生产、安全和士气方面的问题，一个具有优秀 QCD 的产品，也会使公司错过技术进步的浪潮。

在制造技术方面表现出色的企业能够将其过去的技术经验和积累的技术和知识整理成各种标准、规范和技术标准，并有序地加以使用。

在本章中，我们将介绍生产设备、图纸和技术单据的各种管理方法，这些都是建立、维护和改进高效、低成本的生产系统所必需的，以及如何促进整体技术管理，如规范积累的技术和知识，编制和系统地利用公司自己的技术标准等。

5-1
把握、可视化并活用本企业的生产技术现状

为了改进企业的生产技术，重要的是要了解当前的情况，并将其进行可视化处理，系统和有效地进行使用。例如，在各种形式和技术地图上总结自动化的程度。

▶▶ 生产技术的现状

要有效地提高本企业的生产技术水平，首先要把握本企业的生产技术现状。为此，需要按照生产的 4M（见第 1-4 节），即人、物（材料）、设备、方法等，和产品的 QCD（见第 1-4 节）等有效整理现状，并将其进行可视化处理。

首先，关于人，必须了解生产技术的负责人拥有的生产技术能力，和生产所需技能[1]之间的关系。

关于材料，重要的是了解目标产品中使用的材质和（未加工的）原材料（见第 4-1 节）的使用情况、成品率、加工费等。

在设备方面，重要的是要了解在设备引进阶段是使用通用设备还是专用设备（见第 2-6 节），是否达到自动化程度（见第

---

[1] 技能：Skill。指技艺或技术。

第 5 章　生产技术管理的推进方法

6-9 节），以及设备改进的实际状况。

此外，重要的是要知道为该方法设定了什么样的工序，以及它是如何制造的，包括加工条件。

另一方面，在质量方面，重要的是了解所需质量的满足程度、工序能力、不合格率、交付时不合格产品的数量等。

在成本方面，重要的是要知道目标成本需要达到多少，生产线的效率，工时的减少，不合格金额等。

在交付方面，了解你在满足客户交付日期方面的情况是很重要的，包括设备能力、生产准备时间和交付延迟的数量。

▶▶ **可视化和计划性改进**

由于生产技术部门种类繁多，有些部分难以理解，但通过各种对比表和技术地图①的形式，将迄今为止掌握的企业生产技术现状可视化，就有可能迈出改进生产技术的第一步。

通过这种做法，可以弄清生产线制造方式的差异，获得技术改进的线索（见第 6-12 节），包括生产技术的改进，可以有序地、有效地利用这些技术，使企业的生产技术螺旋式上升（见第 1-17 节）。

---

① 技术地图：将生产所需的技术和现在拥有的技术等，制成图表进行可视化处理。

225

```
┌─────────────────────────────────────┐
│        把握本企业生产技术的现状          │
└─────────────────────────────────────┘
           │
┌─────────────────────────────────────┐
│  按要素对本企业生产技术现状进行分类后的项目  │
└─────────────────────────────────────┘
```

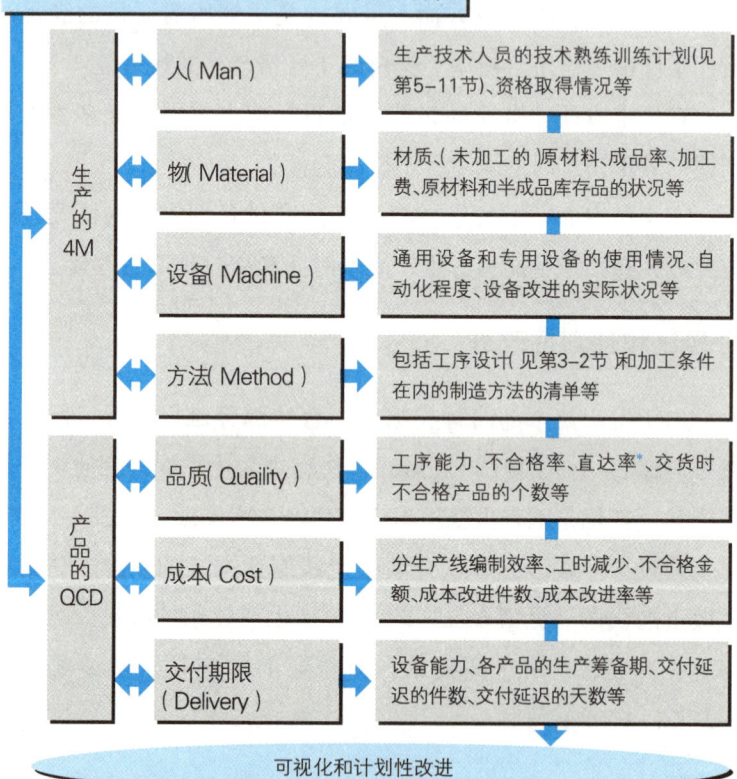

生产的4M

- 人(Man) ⟷ 生产技术人员的技术熟练训练计划(见第5–11节)、资格取得情况等
- 物(Material) ⟷ 材质、(未加工的)原材料、成品率、加工费、原材料和半成品库存品的状况等
- 设备(Machine) ⟷ 通用设备和专用设备的使用情况、自动化程度、设备改进的实际状况等
- 方法(Method) ⟷ 包括工序设计(见第3–2节)和加工条件在内的制造方法的清单等

产品的QCD

- 品质(Quaility) ⟷ 工序能力、不合格率、直达率*、交货时不合格产品的个数等
- 成本(Cost) ⟷ 分生产线编制效率、工时减少、不合格金额、成本改进件数、成本改进率等
- 交付期限(Delivery) ⟷ 设备能力、各产品的生产筹备期、交付延迟的件数、交付延迟的天数等

可视化和计划性改进

* 直达率：主要用于组装车间。在加工车间等地方，也称为合格品率，通过下面的公式求出。

直达率(合格品率)＝良品数量÷投入数量×100%
＝(加工数量−不合格数量−返工数量)÷加工数量×100%

5-2
通过拆解等方式调查并活用其他企业的产品

分解竞争对手的产品，对其进行彻底的调查和分析，将其他企业的优点运用到自己企业的产品开发设计和制造中，这种方法被称为"拆解"。

▶▶ 什么是拆解

在获取竞争对手的产品后，将其拆分，并对其进行彻底研究，这样不仅可以有效地分析其功能和性能，而且可以分析出它的技术和成本，如其制造方法等，并能够将这些信息应用于本企业的产品开发、设计和制造中。这种方法被称为"拆解（tear down）"。有时也被称为逆向工序（reverse engineering），或简称为 RE。

这些拆解使我们能够客观地评估自身产品在市场上的竞争力以及自身技术与竞争对手相比，居于何种地位。

换句话说，"拆解"是指通过对竞争对手的产品功能、性能、结构、零件数量、制造方法等进行深入调查和分析，并将其优点应用到我们自己的产品开发、设计和制造中，从而在较短的时间内开发、设计的商业化手法。运用这种手法，可以使本企业制造出功能、性能和 QCD（见第 1-4 节）上相对优于竞争对手的产品。

这种拆解主要应用在汽车和电机等竞争激烈的行业中，如今也在向其他行业蔓延。

▶▶ 如何进行并充分利用拆解

拆解一般按第 229 页图所示的步骤进行，让零部件和其他产品的供应商参与进来非常重要，企业不仅要了解竞争对手的技术水平，还要了解他们的专利[①]和其他工业产权（见第 1-9 节），并且要非常小心不要与他们发生冲突。了解竞争对手的技术水平也很重要。

此外，生产技术的负责人还要将拆解获得的其他企业的产品信息与自身产品进行直观对比。将其他企业产品的优势应用在自己的产品设计和制造中，并将这些信息作为有价值的产品信息进行集体管理。此外，还可以用来了解竞争对手的技术水平、发展趋势和技术动向。

---

① 专利：具有高度技术独创性的发明，通过法律程序而被授予专属权。

第 5 章　生产技术管理的推进方法

拆解的项目和应用的实例

● 主要的拆解研究和比较项目

- 产品的功能和性能
- 结构、部件的数量、制作方法
- 在要素技术基础上的优劣

→ 我们将"拆解"的手法应用在自己企业的开发、设计和制造中

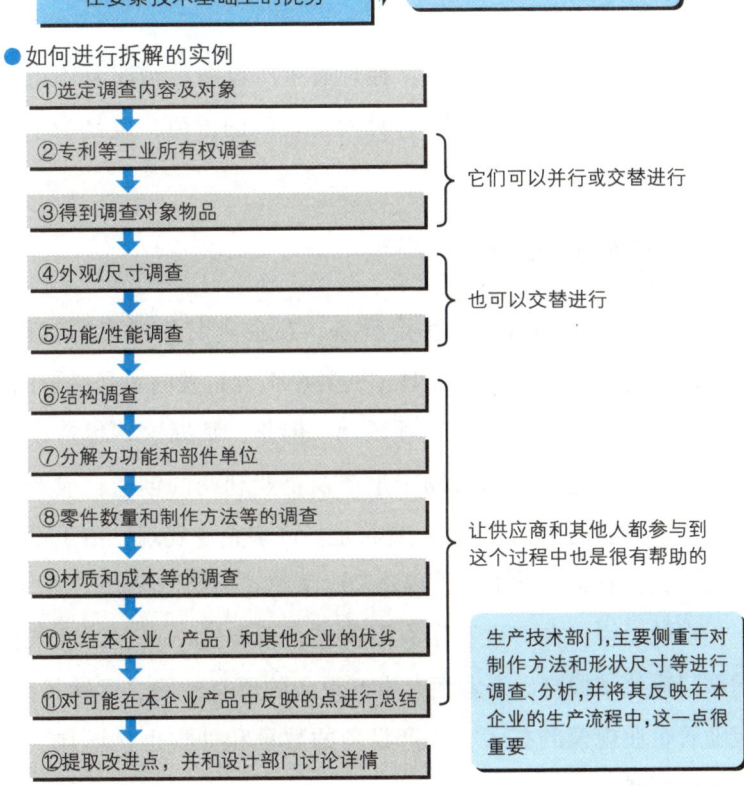

● 如何进行拆解的实例

① 选定调查内容及对象

② 专利等工业所有权调查

③ 得到调查对象物品

　　　　　　　　　它们可以并行或交替进行

④ 外观/尺寸调查

⑤ 功能/性能调查

　　　　　　　　　也可以交替进行

⑥ 结构调查

⑦ 分解为功能和部件单位

⑧ 零件数量和制作方法等的调查

⑨ 材质和成本等的调查

　　　　　　　　　让供应商和其他人都参与到这个过程中也是很有帮助的

⑩ 总结本企业（产品）和其他企业的优劣

⑪ 对可能在本企业产品中反映的点进行总结

　　　　　　　　　生产技术部门，主要侧重于对制作方法和形状尺寸等进行调查、分析，并将其反映在本企业的生产流程中，这一点很重要

⑫ 提取改进点，并和设计部门讨论详情

229

5-3
了解并活用企业现有的生产设备

对生产技术部门来说，掌握现有生产设备的情况是不可或缺且重要的，这不仅是为了计算固定资产的价值，也是为了有效地利用它们。

▶▶ 了解生产设备的现状

掌握本企业拥有多少生产设备，在企业财务报表的制作，即计算固定资产额所需的折旧（见第 6-1 节）费时也是必要的。因此，制造商一定要实施这项活动。但是，掌握这些生产设备所具有的能力是否真的有助于生产及企业利润的创造，或者说如何了解设备的最大产能①？现状是：许多企业发现，由于设施数量庞大，日常活动繁忙，很难及时了解它们的情况。

也就是说，在有效利用有限的经营资源这一点上，生产技术部门应该掌握自己企业拥有生产设备的所有性能、运转状况，但随着企业规模的扩大，生产设备的数量和种类也在增加，很难把握现状。

---

① 设备的最大产能：生产车间在不正常情况下可以生产的最大数量。例如，作为紧急措施，以牺牲利润为代价，增加人员和作业时间。

第 5 章　生产技术管理的推进方法

▶▶ 有效利用现有的生产设备

有效利用现有的生产设备，正在成为生产技术负责人的重要业务之一。为此，需要利用现有生产设备的使用状况和按部件划分的能力表（参照第 232 页图）等，掌握和整理每个产品项目的设备能力等。在此基础上，制定有效利用闲置设备类（见第 5-6 节）和运转率（见第 2-5 节）降低的生产设备的方案，并将其付诸实践。

这样，为了有效利用现有的生产设备，必须实施设备管理，最大限度发挥各设备具有的能力。

此处提到的设备管理（equipment management），是指将从采购生产设备类的计划到设定、运用，再到废弃、再利用的前一阶段作为管理对象，可以有效地进行设备的引进和运行等。实施的总体情况，如下图所示。

为了有效地对这些设备进行管理，必须以生产技术部门为主体，给有关产品进行管理编号（见第 5-4 节），从而进行个别管理。

按部件划分的能力表实例

按部件划分的能力表	部件编号				年	月	日
	部件名称				审批	调查	制作
	对象生产车间						
	对象（生产）线						

工序	工程名称	机器编号	机器编号			更换刀具		每件加工时间	设备能力
			手工作业时间	自动进给时间	完成时间	加工个数	交换时间	每件更换时间	
≋	≋	≋	≋	≋	≋	≋	≋	≋	≋
合计					每日总运行时间			/	

制造业的概念

设备管理
- 机械管理
- 工具管理
- 夹具/模具管理
- 测量仪器管理
- 备件管理
- 设备诊断
- 设备更新
- 设备改造
- TPM活动
- 预防性维护*
- 日常检查
- 定期检查
- 设备维护
- 其他管理

*预防性维护：Preventive maintenance。指在使用中的生产设备发生故障前有计划进行的维护活动。

5-4
给生产设备标上固定资产编号进行管理/活用

为了有效地利用固定资产，如生产设备、夹具、模具和测量工具，必须对它们进行单独管理，用固定资产编号来清楚地识别每个项目。

▶▶ 什么是固定资产编号

环顾工厂，你会发现各种形状和尺寸的生产设备、夹具、模具和测量仪器挤得满满当当。这些被称为"固定资产"，在财务报表①中与有型固定资产（见第 3-11 节）相区别。

生产技术的负责人，有必要了解这些固定资产的使用方式和所在地点，并加以利用，避免重复购置。例如，在启动一个新产品的生产时（见第 3-8 节），为了有效和低廉地生产该产品，必须从可以分配的固定资产中选择最适合生产该产品的固定资产并进行分配。可以说，有效利用现有的固定资产是很重要的。

---

① 财务报表：以数字形式客观地表达企业的管理状况，并将其传达给有关方面的一种手段。典型的实例是资产负债表、损益表和制造成本报告书（见第 6-1 节）。

为了满足这些需求，每项固定资产都应该被分配一个单独的资产编号，并被明确识别和单独管理。这些单独的资产编号被称为固定资产编号、机器编号或工具编号。

▶▶ 如何分配一个固定资产的编号

那么，你如何分配固定资产编号？

一般来说，最常见的方式是使用生产设备上的文件或产品特定的识别号来分配固定资产编号。具体而言，对于目标产品发生变化仍可使用的生产设备，可广泛采用根据生产设备的种类标注简化符号（参照第235页图所示），然后连号进行管理。

另一方面，有关产品发生变化时，针对经常无法使用的夹具类和模具类，一般采用利用产品原有的编号和工序编号等，标注固定资产编号进行管理。

这些固定资产编号单独管理，按照全企业统一的标准，在引进设备时等进行管理编号，并分别制作账簿等。这样，相关人员就能了解该固定资产在当地的使用状况和历史等，有助于减少重复使用的概率。

另外，对于不属于固定资产的工具等，也要根据不同种类分别编号，明确识别和管理其他种类，这也是生产技术部门的重要业务。

第5章 生产技术管理的推进方法

生产设备的分类符号的实例

生产设备的种类		分类符号实例
车床	普通车床	LF
	转塔车床	LT
铣床	卧式铣床	MH
	立式铣床	MV
插槽机		SH
插床		SL
钻床	台式钻床	DB
	直立式钻床	DS
	径向钻床	DR
	多轴钻床	DM
磨床	内径磨床	GN
	外径磨床	GP
	双面磨床	GS
	无心磨床	GC
齿轮机床	滚齿机	TH
	齿轮剃刀	TS
	锥齿轮铣齿机	TB
	齿轮倒棱机	TC
装配机		AM
测量机、试验机		TM

也有企业将车床统称为L，将铣床统称为F

如何对固定资产进行编号
  LF-021…… 表示这是在普通车床系列中获得的第21台车床
  ○○○○○-AA1J…… 对象制品○○○○○的装备(assembly)，表示这是第一工程(A)的第一个夹具(JIG)

建立符合本企业实际情况的编号体系，编入标准化(见第5-14节)和技术标准(见第5-15节)中，进行有组织的运用是很重要的

5-5
创建和使用设备故障履历

为了提高制造商的生产技术能力，重要的是减少设备故障造成的停机时间，有效利用生产设备，同时将其技术经验保留在记录中，以便反馈给下一代的生产设备，也就是充分利用设备故障履历。

▶▶ **什么是设备故障履历（记录）**

生产设备不能正常运行，造成生产中断的情况（见第4-7节），称为设备故障，简称为故障。

当这些故障发生时，生产就会出现延迟，该工序无法完成其应该承担的生产计划，给后续工序和客户带来问题，并失去多年来建立的信任。此外，为了弥补生产延误，不得不加班或在节假日工作，这增加了生产成本。

为了防止这些设备故障的发生，确保按照计划顺利生产，在生产车间要进行设备维护（见第5-11节），包括日常检查（见第4-7节）和定期检查（见第4-7节）。

除了这些活动，生产技术部门还必须对每台设备的故障细节、采取的措施和停工时间进行记录。这些记录按时间顺序记录，被称为"设备故障履历"，而记录设备历史和设备故障履历的单据被称为设备履历簿或设备（故障）图表。

▶▶ 设备故障履历的活用策略

为了有效利用生产设备这一宝贵的管理资源，生产技术的负责人需要准确地指导生产部门的检查要点、决策标准和更换周期，从而使日常检查（如开业、休业检查）、定期检查和关键部件的定期更换等活动能够顺利有效地进行。

此外，生产技术的负责人可以利用设备的故障履历，来了解每件设备的平均故障间隔时间[①]（MTBF：mean time between failures）和平均维修时间[②]（MTTR：mean time to repair），使其与预防性维护（见第5-3节）等活动联系起来；也可以找出有关设备的薄弱环节，并将其与改进措施联系起来（见第6-17节）；还可以保持技术经验的记录和加快下一个生产设备的进程。对生产技术的负责人来说，重要的是要促进上述的活动，从而建立起更好的生产体系。

[①] 平均故障间隔时间：指从某设备修理完成到下一次故障发生的时间的平均值。
[②] 平均维修时间：指修理故障设备所需时间的平均值。

设备履历簿

设备履历簿					
设备管理编号		设备名称	扣除部门	对象部件名称	取得时间
生产线名称		对象工序	每日作业时间	制造商	获取金额
设备故障履历					
发生日期	故障内容	修理内容 || 停止时间	填写	确认	备注
		应急措施	长期方案				

※1. 确认人员应在对修理后的质量或设备性能进行确认后签名
2. 修理费用明确时，填写备注栏

MTBF和MTTR的关系

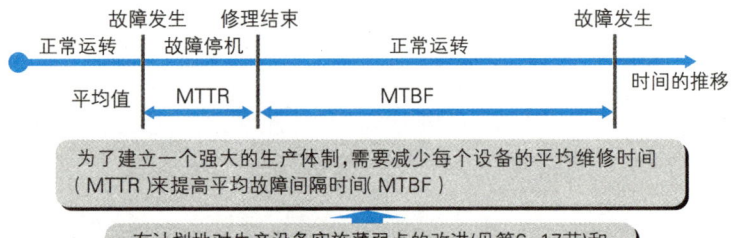

故障发生　修理结束　　　　　　　　　　故障发生
正常运转　故障停机　　　正常运转　　　　　　　时间的推移
平均值　　 MTTR　　　　 MTBF

为了建立一个强大的生产体制，需要减少每个设备的平均维修时间（MTTR）来提高平均故障间隔时间（MTBF）

有计划地对生产设备实施薄弱点的改进（见第6-17节）和设备改进（见第6-13节）

5-6
减少闲置设备的产生,并进行管理和活用

为了尽可能减少设备的闲置,并对其进行最有效的利用,生产技术部门必须对设备规格和系列生产进行标准化管理,提升设备灵活性,使其能够轻易地转换用途。另外,对闲置设备的管理也很重要。

▶▶ 什么是闲置设备

在企业内部拥有的生产设备中,随着换代等的设计变更和因调整/废弃产品而导致的生产停止等,出现了一直使用的生产设备无法继续使用,或无法应对(生产需求)的情况。像这样,不能用于生产的生产设备称为"闲置设备"。

这些设备的闲置往往发生在企业活动频繁的时候,如工厂重组或生产转移的时候(见第3-20节),或者是频繁推出新产品以及换代产品的时候;也可能发生在企业不景气的时候,如企业裁员或退出生产的时候。

另外,保管闲置设备等的仓库被称为"闲置仓库"。

▶▶ 减少闲置设备的发生和有效利用的举措

闲置的生产设备不仅不会产生利润,还需要花费保管费和

管理工时等，给企业的经营带来负担。因此，要竭力避免闲置设备的出现。面对已经闲置的设备，除了维持其原有的功能，还要尽早消除它的闲置状态，如在本部门灵活使用、转用、出售、废弃。

为此，生产技术部门应推动设备规格的标准化（见第5-14节）和体系化（见第7-4节），并使设备具有灵活性，以便于转移到其他产品和生产线上。还需要编制一份本部门不使用的闲置设备的详细清单，并提供给相关部门，以便他们能够有效利用。生产技术部门应负责确保除工具类和测量设备类之外的所有闲置设备得到处理，以防止生锈和"坏秃鹰[①]"破坏其功能。

另一方面，工具类和测量仪器类由于其尺寸等原因，一时闲置的设备可能在本部门获得二次利用，或者它们可以单独用于其他产品。因此，有必要将它们与真正闲置的设备分开管理，便于使用。为此，需要对工具和测量仪器以及生产设备进行标准化处理。

对生产技术部门来说，精简管理也很重要，将预计未来不太可能使用的闲置设备卖给外部企业，而不是长期存放；将可用于本企业内部作为备件或维修的部件拆除；其余的则进行报

[①] 坏秃鹰：未经授权拆除闲置设备的某些部件。这使设备处于无人管理的状态，无法运作。译者注：这是一个具有讽刺意味的俚语，原本用来描述一种旨在通过在企业股票或债券便宜的时候收购其投资获得高额回报的基金，然后通过深度参与企业的管理来增加企业的价值后出售股票或债券。该术语源于自然界中的这样一个事实，即秃鹰在猎物虚弱时将其作为目标，这样它们就能更容易地抓住对方。此处应为作者进行了词义转化，指代那些不声不响拿走闲置设备零件的人及其行为。

第5章 生产技术管理的推进方法

废处理。这也是我们工作的一个重要部分。当然，将执行这些任务的方式进行标准化处理也很重要。

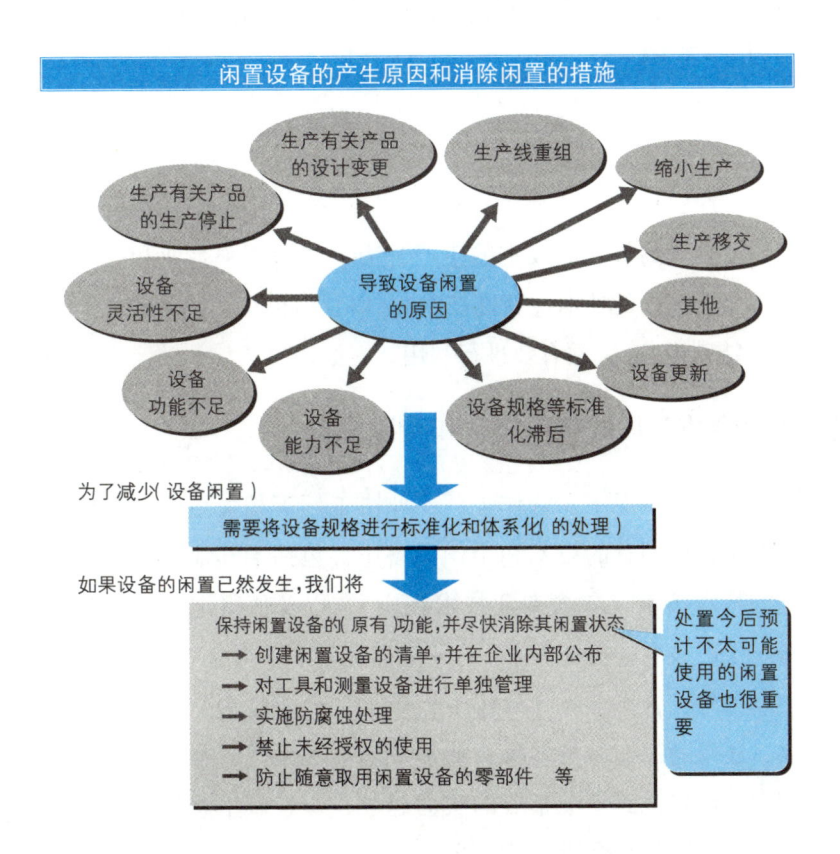

闲置设备的产生原因和消除闲置的措施

导致设备闲置的原因：
- 生产有关产品的设计变更
- 生产线重组
- 缩小生产
- 生产移交
- 其他
- 设备更新
- 设备规格等标准化滞后
- 设备能力不足
- 设备功能不足
- 设备灵活性不足
- 生产有关产品的生产停止

为了减少（设备闲置），需要将设备规格进行标准化和体系化（的处理）

如果设备的闲置已然发生，我们将保持闲置设备的（原有）功能，并尽快消除其闲置状态
→ 创建闲置设备的清单，并在企业内部公布
→ 对工具和测量设备进行单独管理
→ 实施防腐蚀处理
→ 禁止未经授权的使用
→ 防止随意取用闲置设备的零部件 等

处置今后预计不太可能使用的闲置设备也很重要

5-7
掌握、活用外部擅长的技术和值得记录的生产设备

要促进高效、低成本的生产，需要掌握相关企业和客户等外部企业擅长的技术（特殊技术），以及值得特别记录的生产设备（特殊设备），并有效进行利用。

▶▶ **了解合作工厂的特殊技术和特殊设备**

在某些情况下，合作工厂、外协工厂等相关企业、客户等外部企业所拥有的技术和生产设备中，包括了其他企业难以实施的特殊技术（包含专业技术在内），以及值得记录的生产设备。生产技术的负责人需要在平时就调查和掌握这些信息。

另外，合作工厂和外协工厂等相关企业是否是本企业的专属，还是通过交易与多家企业形成商业关系等，也需要一并掌握。一般来说，一个企业的实力越强，与它做生意的企业就越多，而要找到一个能接受需求的企业并不容易。在这种情况下，生产技术部门必须采取主动，让生产管理和采购部门参与进来，从平时开始加强业务关系。为此，生产技术的负责人必须能够作为技术专家确定适当的技术和生产设备，并向其上级和相关部门传达这一信息。

第5章 生产技术管理的推进方法

如上所述,生产技术的负责人掌握合作工厂、外协工厂等相关企业和客户所拥有的特殊技术和特殊的生产设备,这是推出新产品和换代产品等时不可缺少的信息。这就更容易决定哪些供应商能更高效、低成本地进行产品加工,明确工厂现有的生产系统是否能应付生产。这些信息可以用来决定是在企业内加工还是委派给外部企业加工(见第3-3节)。

▶▶ 利用合作伙伴工厂的特殊技术和特殊设备

接下来,我们来研究一下合作工厂和外协工厂等相关企业和客户等外部企业使用的特殊技术,以及值得一提的生产设备。

第一,在新产品启动(见第3-16节)时,从缩短经营资源[①]的双重投资和技术开发所需的时间的观点来看,生产技术的负责人等一般不重新开发新技术或类似技术,而是多采用他们已经拥有的特殊技术。

第二,在出现生产需求量少,所需要使用的设备不仅特殊且使用频率低的情况时,即使该设备是生产所必需的,也不能轻易购买。即使外部企业拥有的设备稍微贵了一些,也要委托对方生产出所需的数量,这种策略目前应用广泛。

换句话说,为了实现高效、低成本的生产,并确保产品的QCD,必须对外部企业的特殊技术和特殊设备有很好的了解,并能在自身的运营中有效利用他们的经营资源。

---

① 经营资源:进行经营所需的人、物、钱、信息这四个(要素的)总称。

外部经营资源的有效利用方法

平时就调查合作工厂、外协工厂等相关企业和客户（供货商）等外部企业拥有哪些擅长的技术和值得记录的生产设备，并记录下来，这是很重要的

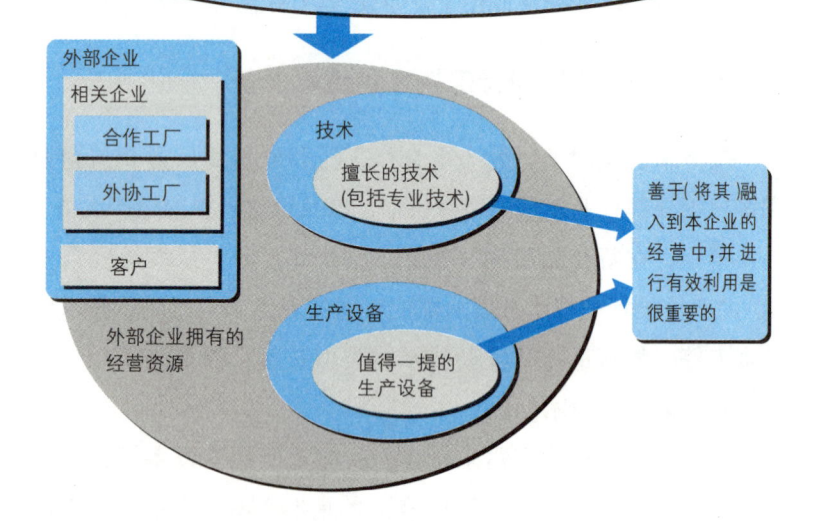

外部企业
- 相关企业
  - 合作工厂
  - 外协工厂
- 客户

外部企业拥有的经营资源

技术
- 擅长的技术（包括专业技术）

生产设备
- 值得一提的生产设备

善于（将其）融入到本企业的经营中，并进行有效利用是很重要的

5-8
按变更编号对各种图纸、其他文件进行管理和利用（图纸管理）

重要的是始终使用最新版本的图纸，包括产品图纸和夹具和工具图纸，以避免过去的缺陷和其他问题再次发生。为此，必须实施（图纸）变更管理。

▶▶ **（图纸）变更管理的必要性**

在这种情况下，如果继续使用变更前的图纸（称为旧图纸）而不进行变更，可能会导致以下问题：例如，如果一个零件磨损或损坏了，需要重新制造，或者需要重新加工，或者可能导致修改前的故障再次发生，或者可能导致恢复到改进前的情况，这时候旧的图纸可能无法使用。因此，必须确保产品图纸和其他类型的图纸得到修订，并像技术信息一样，在生产和使用前始终对最新版本进行适当管理（图纸管理①）。

所以，当图纸发生变化时（见第5-9节），必须根据有关图纸的变更编号（许多企业简称为"新号"）进行更换。这种使

---

① 图纸管理：通过登记图纸、电子化处理和储存图纸（如丢弃）来管理图纸，以便在需要时可以使用（服务）。包括注册、处理、存储和服务这四个功能。

图纸的最新版本总是根据图纸的变更编号或变更条款来使用的管理，称为（图纸）变更管理或最新版本管理。

▶▶ 生产技术部门的图纸管理

夹具和工具（的使用）取决于要加工的产品或零件的形状，在直接处理图纸的工厂或业务部门管理图纸可以大大减少图纸申请、图纸审查和图纸应对（活动）以及在出现问题时修改图纸所需的时间，从而使工作更加可靠，加快进程。

为此，许多企业在全企业范围内对分配给各种类型的图纸（如产品图纸和夹具等的图纸）的编号系统和分类代码进行统一（而不是由负责人负责），并建立了图纸分类簿，以便以分散的方式管理这些图纸，享用上述好处。

许多企业已经在全企业范围内将图纸编号经验标准化，由此，生产技术部门可以对与产品密切相关的夹具和工具等进行图纸管理，其管理编号很容易与产品图纸编号相匹配。

生产技术的负责人以系统方式，而不是手工管理图纸。这样，他们不仅可以确保与自己工作有关的图纸，还可以确保工厂及其所有部分所需的图纸都能得到妥善管理。通过顺利、大量地接受和发出图纸等，来提高业务速度。

第5章　生产技术管理的推进方法

各图纸的联系

产品图纸 → 工序计划 → 夹具图纸、模具图纸 设备图纸（包括控制图纸） 布局图纸等

各种图纸都是从产品图纸开始的

重要的是不要让生产技术的负责人单独保管并负责

● 工具的分类代码（例）

分类代码	工具名称	用途	具体实例
D	模具	用于冲压、铸造、锻造等	冲压模、铸造模、压铸模、锻造等
G	磨削工具	用于磨削	各种砥石、研磨布纸等
H	工作工具	用于手工操作	扳手、钳子、螺丝刀、锉刀等
J	保管工具	保管切削工具等	卡盘、支架等
	夹具和固定装置	可以用来安装工件	打孔夹具、装配夹具和铆钉夹具、压入夹具等
M	测量工具	用于工具的检查和检测	游标卡尺、千分尺、各种量规类等
T	切削（切割）工具	用于切削、剪切	钻头、铰刀、立铣刀、丝锥、车刀、刀具、滚刀、小齿轮刀具等

根据本企业的实际情况设定分类代码，用于各标准和图纸编号等

5-9
管理和应用各种单据及技术资料

重要的是能在需要时立即取出与生产技术相关的各种票据、文件、技术资料等进行使用，以增加业务速度并提高技术能力。

▶▶ 各种票据的管理

生产技术中处理的单据类，除了在本部门制作的工序计划书、QC 工序表（见第 3-6 节）、按部件划分的能力表（见第 5-3 节）之外，还包括技术联系单、产品图纸、设备图纸等图纸变更委托书（见第 4-12 节）、MP 信息（见第 6-19 节）等作用于其他部门的单据。

尽可能地将这些不同表格的格式进行标准化（见第 5-14 节），以便于更清晰地进行管理；或将其制成文件，同时制定修改的规则，将其通知给所有相关人员；还需要防止伴随图纸变更可能产生的错误。为此，需要为每一个不同的表格分配一个固定的管理编号，并以与设备管理和图纸管理（见第 5-8 节）相同的方式进行适当管理。

此外，当有必要更换图纸、标准和规范时，必须通过实施一些控制措施来确保数据的准确性。如：由分发部门收集和处

第5章 生产技术管理的推进方法

理旧物品；防止因使用旧版本造成的错误；明确变更时间等。

▶▶ 共享技术和其他材料（的使用权）

生产技术有关的资料，包括本部门编制的各种表格和图纸、设备采购规格和操作手册、各种组件①目录、各种会议记录和改进报告，以及许多其他文件和技术数据。

在准备这些不同的单据、文件和各种资料时，生产技术的负责人必须附上分类代码（工具类的具体实例请见第5-8节）或将其电子化，以便其他生产技术的负责人也可以利用。此外，为了有序地利用它们，必须让生产技术部门看到这些技术文件、技术经验、技术诀窍，并使它们成为共同财产。例如，将它们归档或储存在服务器上，而不是将它们作为个人财产进行保管。这使生产技术的负责人能够在必要时立即检索和利用这些信息，从而提高工作效率，提高本部门的生产技术能力。

---

① 组件：Component。指像机器的可选零件那样，可以进行组合使用的零件等。

技术资料等种类及其管理

```
         产品图纸      设备图纸      夹具和工具图
    技术标准                                  设备采购规
                                              格说明书
  各种变更委托书      有关生产技术
                    的制作文件和          使用手册
    标准准备          资料的文件
     时间
                                           (商品)目录
   改进报告和其他    各种会议的
     技术文件        会议记录    技术书籍    其他
```

资料管理的关键点

→ 做好纸质和电子信息的管理是很重要的
　根据全企业的资料管理规则，推动管理
→ 尽可能对技术资料进行格式化，以缩短编写技术资料所需的时间，并减少描述
　内容因编写者的技术水平而产生的差异
→ 在管理编号中嵌入分类卡，以方便团队中的其他成员使用，使其能够快速检索
　和利用等

各种委托变更的单据的实例

→ 技术联系单(见第4-12节)
　(连接上游和下游生产技术的工具)
→ 图纸变更委托书(见第4-12节)
→ MP信息(见第6-19节) 等

重要的是要有序地实施，例如制定变革的规则，并让所有相关人员知道

在更换图纸、标准和规范时，必须通过收集和处理旧版本确保数据的准确性

5-10
了解本企业产品的 SCM，并进行管理和应用

SCM 是一种管理技术，旨在提高从供应商到最终用户的一系列业务流程的运作效率，并优化整个环节。重要的是通过了解和简化企业相关的 SCM，进行管理和利用。

▶▶ 什么是 SCM

SCM（supply chain management 的缩写，即供应链管理）是一种旨在提高从供应商到最终用户的一系列商业流程的运作效率，并优化整个流程的管理技术。

在 SCM 中，供应链是将产品（货物）交付给最终用户的一系列供应链，如供应商、制造商、成品供应商、批发商和零售商。供应商包括部件制造商以及原材料制造商和材料供应商。

这些供应链涉及商品、资金和信息的流动。商品的流动是一种推动型的，可以说是从供应商到最终用户的上游和下游的流动。相反，资金和信息的流动是一种从终端用户到供应商的拉动式流动，即从下游到上游。

传统的生产和销售类型是以制造商为主导，以推动为导向，但在今天的商品密集型世界中，需要转变为以终端用户为主导，

以拉动为导向的类型。换句话说，就是项目产出到市场投入的转变。这使得制造商必须建立一个高效的供应链，能够迅速生产出可以销售的产品。这是迫切需要解决的问题。

▶▶ 了解、管理和利用 SCM 的必要性

生产技术以及管理外部产品订购的采购部门具有一个重要作用，即了解在哪里制造什么，哪怕其取决于企业的组织。特别是对于关键部件，必须事先考虑并在企业内部分享目前使用的替代材料、替代生产方法和替代生产地点，以应对意外情况。此外，定期管理和利用企业产品的供应链也很重要，例如，简化供应链。

通过这种方式了解、管理和利用其产品的供应链管理，就有可能在发生灾难或事故时迅速恢复并将损失降到最低。换句话说，了解、管理和利用产品的生产内容、地点与 BCP[①] 有关，正如我们从过去的自然灾害中了解到的那样，所以（该方案）主要由大企业实施。

[①] BCP：业务连续性计划（Business continuity plan）的缩略语。它指的是企业在发生自然灾害或事故等不可预见的事件之前采取一系列措施，以确保其业务的持续进行。

第5章 生产技术管理的推进方法

SCM（供应链管理）

```
            SCM
    ┌─────────────────┐
    │ 原材料和坯材供应商 │
    │        ↓        │
    │      供应商      │
    │        ↓        │
    │  本企业(制造商)  │
    │        ↓        │
    │ 交货产品(成品制造商) │
    │        ↓        │
    │     终端用户     │
    └─────────────────┘
```

商品的流动（PUSH型）

资金和信息的流动（PULL型）

IT现在可以跨企业优化整个供应链，从而大大提高了处理速度

从终端用户到制造商的信息流被称为需求链(demand chaim)

※展示本企业向成品制造商供货情况的实例

本企业的SCM实例

成品制造商	本企业	零件制造商	坯材制造商
制品A	单元产品Aa	组成部分Aaa1	坯材Aaaa1
		组成部分Aaa2	坯材Aaaa2
制品B	单元产品Ba	组成部分Baa1	坯材Baaa1
		组成部分Baa2	坯材Baaa2

终端用户

※展示本企业向成品制造商供货情况的实例

253

5-11

对生产技术负责人的技能可视化处理，并进行培养和应用

重要的是使每个生产技术负责人拥有的技能客观可见，并以有序的方式培养和利用技术能力，包括有计划地获得未学过的技能和有效利用已获得的技能。

▶▶ 生产技术负责人所需的技能

生产技术的负责人要想切实推进新计划并启动生产系统、维持现状、改进生产顺利进行等业务，就需要各种各样的技能（见第5-1节）。

典型的实例包括：与有关产品的QCD有关的技术，与加工和装配有关的技术，与工序规划和工序设计有关的技术（见第3-2节），生产设备和夹具及工具的知识，控制生产设备所需的技术，以及与设备维护①有关的技术。

▶▶ 可视化、有序地发展、利用技能

为了使生产技术部门的技术人员能够有效地工作，必须分

---

① 设备维护：为确保生产设备和其他设施的性能始终得到维护，并保持在正常和良好的状态而开展的一般活动。

第5章 生产技术管理的推进方法

配工作，以便能够客观地确定相关人员所需的各种技能及其掌握状况。这需要将每个人拥有的技能可视化，并推动所谓的可视化管理（见第4-13节）。

技能可视化的典型实例包括技能（技术）熟练度培训规划表和生产技术人员地图。其中，技能（技术）熟练度培训规划表是一个矩阵，如第256页图所示。纵轴表示生产技术人员的姓名和工作年限等，横轴则表示相关生产技术部门所需的技术类型。这种方法在一般情况下被广泛使用。具体而言，是将每个生产技术负责人的技术获取状况的评价结果输入矩阵的交叉单元格中，以便直观地了解有关生产技术负责人的技术水平，并为进一步提升以前获得的技术和获取未学的技术等提供计划。它的运作方式是增加积极性（motivation：干劲儿）。

此外，重要的是，生产技术部门的管理者要有效利用（该部门中）每个负责人拥有的技能，每个人都要有对未来的憧憬，并接受系统的培训，以获得未学到的技能，从而实现这一愿景。

生产技术的负责人所需的技术

- 与装配相关的技术
- 与工序计划和工序设计相关的技术
- 与设备相关的知识和可设计的技术
- 与加工相关的技术
- 与夹具相关的知识和可设计的技术
- 与产品QCD相关的技术
- 其他
- 与布局构建相关的技术
- 与经营整体相关的一般知识
- 与设备维护相关的技术
- 与液压等设备控制相关的技术
- 与电气控制相关的技术

技能（技术）熟练度培训规划表的实例

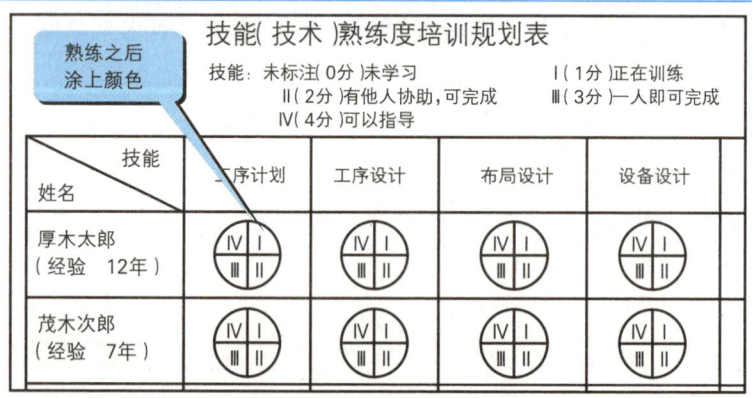

技能（技术）熟练度培训规划表

技能： 未标注(0分)未学习　　　　　　　Ⅰ(1分)正在训练
　　　 Ⅱ(2分)有他人协助，可完成　　　Ⅲ(3分)一人即可完成
　　　 Ⅳ(4分)可以指导

熟练之后涂上颜色

姓名＼技能	工序计划	工序设计	布局设计	设备设计
厚木太郎 （经验 12年）	Ⅳ Ⅰ Ⅲ Ⅱ	Ⅳ Ⅰ Ⅲ Ⅱ	Ⅳ Ⅰ Ⅲ Ⅱ	Ⅳ Ⅰ Ⅲ Ⅱ
茂木次郎 （经验 7年）	Ⅳ Ⅰ Ⅲ Ⅱ	Ⅳ Ⅰ Ⅲ Ⅱ	Ⅳ Ⅰ Ⅲ Ⅱ	Ⅳ Ⅰ Ⅲ Ⅱ

※如果根据有关生产车间的实际情况对所需技能进行细分，则更便于使用
　如果培训正在进行，那么包括获取(技能)的目标日期也是有用的

5-12
有效应用积累的活动内容和诀窍

生产技术部门和负责人拥有的技术诀窍，可以对该企业的制造生产和企业利润产生巨大影响，因此必须对此进行系统性的积累和发展，并有效利用。

▶▶ 什么是技术和诀窍

技术和诀窍是指有价值的技术经验、知识和信息，如在推动生产等活动中的独创性/改进、直觉/诀窍、失败、避免和处理问题的方法，以及对上述内容的积累。

想要提高自己企业的技术能力，需要企业本身和所有部门的相关人员做出努力，他们所接触和获得的技术、诀窍不是作为个人的技术和知识存在，而是必须作为（整体）组织的技术和诀窍进一步发展。

大企业和其他具有优秀组织实力的企业不仅明确记录了他们自身的技术和诀窍，还记录了其他各种类型的诀窍，将其作为组织资产进行共享和发展，并利用其提高商业活动的效率和活力，可以增强企业实力。这样一来，所有相关人员的技术、诀窍都可以得到巩固，同时，更容易挖掘和补充相关的技术/诀窍，进一步提高企业实力。

▶▶ 生产技术的技术和诀窍

生产技术的负责人需要保证技术的可靠性和速度，以缩短从决定新产品、换代产品等的生产线（生产）部署（见第 1-13 节），到向最终用户实际供应相关产品的时间。为此，有必要将过去经验中比最初预期效果好的技术和与预期相反的失败技术整理出来，建立一个数据库，积累和利用这些技术。这将使相同或类似的生产技术能够传达给工程师和其他相关人员，并通过水平（横向）开展成功的技术诀窍（见第 6-10 节）和防止失败的技术和诀窍再次发生，提高管理效率。

稳定地重复这些步骤，可能提高新推出的生产系统等采用的技术的可靠性和速度，以及实现更有效和更低成本的生产，如垂直启动（见第 4-1 节），将自身生产技术与竞争对手相区分。

这些生产技术的负责人拥有的技术和诀窍对企业的生产和利润有重大影响，因此，必须有序地积累这些技术和诀窍，将其制成手册（见第 5-13 节），以便所有人都能开发和利用。

第5章 生产技术管理的推进方法

生产技术负责人在开发技术/诀窍数据库中的作用

生产技术的负责人的作用

→ 技术、诀窍的可视化和技术化(功能等包含在诀窍中)
→ 将技术、诀窍的隐形知识进行显性化(见第5-13节),使其成为可视技术
　　→将显性化的技术、诀窍与机械化、自动化相联系
　　→将技术、诀窍进行标准化(处理),(使其与)企业内部技术标准相联系等

应用熟练工人的技术诀窍的实例

将工作中的隐性知识转化为显性知识(见第5-13节)

提取熟练工人的直觉和诀窍工作* → 数字化 → 自动化
隐性知识　　　　　　　　　　　　显性知识　　→ 机器人化

* 直觉和诀窍工作：主要是指熟练工人通过多年的工作经验,掌握的技术、诀窍或其他必要的工作,如一换工人产品的QCD就会发生变化的工作。

技术/诀窍的发展过程

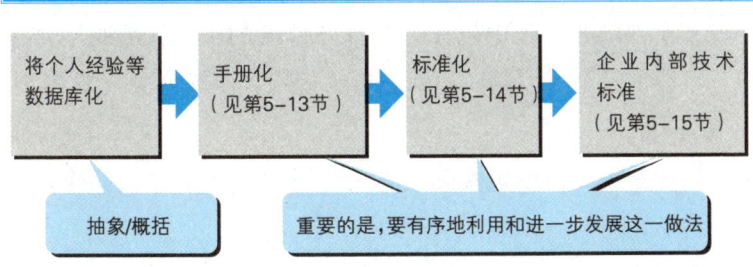

将个人经验等数据库化 → 手册化(见第5-13节) → 标准化(见第5-14节) → 企业内部技术标准(见第5-15节)

抽象/概括

重要的是,要有序地利用和进一步发展这一做法

5-13
将业务顺序等编成手册并加以使用

重要的是，将业务顺序编成手册，使以前获得的技能更加正规，在此基础上施行审查和改进，使手册更具完整性，以便系统地、充分地使用。

▶▶ 将业务顺序编成手册

业务顺序是指顺利、高效地完成某项业务所需的工作方法及其顺序。

将业务顺序可视化并进一步发展的典型实例是生产中执行的标准作业（见第3-13节）。

为了提高自身生产相关技术的生产力，生产技术部门也需要采用这一标准作业的概念，进一步提高业务的正确性和效率。也就是说，标准作业一般应用于进行重复生产的生产车间，而生产技术部门的工作中包含大量重复性低的工作，因此不要照搬，重要的是把可以共同利用的想法运用到要素业务（见第5-14节）中。

具体来说，要设定实际工作的标准方法和顺序，如作业周期时间、业务顺序和标准手持物[①]中的业务顺序，我们称之为"标准作业三要素"，利用这一方法防止工作执行中的任何失误或遗漏，并为每项工作设定类似于作业周期时间的标准工时，然后将其制作成业务流程手册。通过这种方式，业务顺序和经验被编入手册。

必须按照业务顺序手册执行相关任务，并在发现更好的方法时进行修订，依次提高手册的完成度。换句话说，手册、合规和修订工作的重复导致了生产技术部门工作的标准化（见第5-14节）和技术能力的提高。

▶▶ 使用手册的方法

创建各种手册，说明事情是如何做的，规范是什么，整理组织以前获得的技能，并将隐性知识转化为显性知识。通过确保组织中的每个人都遵守这些手册，可以实现流畅和高效地工作，而且还可以用于教育和培训新加入者。

为此，除了将自己部门的工作经验制作成手册，还要求生产技术人员尽可能将属于"隐性知识"的技术和诀窍，如生产车间的直觉和技巧工作（见第5-12节）等难以用语言、文字或图表解释或表达的东西，如长期积累的经验、诀窍和图像，转化为"显性知识"，然后用机器代替（人工）。

重要的是，以这种方式编写的手册被分发到相关部门，并

[①] 标准手持物：在标准工作允许的情况下，执行特定任务所需的最低数量的半成品（半成品）。它也被表述为包括正在加工的货物。

获得系统性和充分使用。随后，可以在操作过程中发现其不便之处或找到更好的应对方法时，对其进行修订。重要的是，定期审查并在业务中更新这些手册，防止其内容过时，并提升手册的完整性。

隐性知识的显性化和生产系统

隐性知识	→ 定量化 →	显性知识
难以用文字、字母或图表解释或表达的知识，如长期的经验、诀窍或图像		可以用文字、字母或图表解释和表达的知识，如多年的经验、诀窍或图像

↓ 制成手册

机械化
用机器作业代替手工作业的数字化

← 数字化 / NC化

自动化（见第6-9节）

编写业务顺序手册的注意事项

编写业务顺序手册的注意事项
- → 简洁、易懂
- → 编制的手册类将在相关部门推广使用
- → 运用中发现问题和更好的方法等时随时修订
- → 为了防止内容陈旧，要定期重新评估　等

5-14
推动和利用标准化

如果放任自流,"物"和"事"往往会变得杂乱无章。通过标准化,可以完成规则和条例的建立和运作,并保持最佳的要求。因此,重要的是要有序地实施和利用"标准"。

▶▶ **标准化**

为达到可以持续经营(going-concern),企业必须以系统和合理的方式组织其生产和服务提供活动。

然而,在生产技术薄弱的企业中,在生产系统的建设中存在思维不一致和浪费的情况。例如,建立生产系统的方式,如工序和夹固①方法的选择,即使是类似的产品也会有所不同。换句话说,不存在"标准化"。

标准化是制定和管理标准的过程,能提高工作执行的准确性、一致性和速度;通过对企业各种业务和产品的质量、形状、生产方式等进行标准化(standardization)和分级,维持一定的秩序,可以防止因不规范而造成的混乱。

---

① 夹固:将工件固定在生产设备的工作台等上面,或者是为此而使用的紧固件。

有序地实施和利用各种操作的标准化是很重要的，因为后来建立的生产系统很容易利用现有生产系统提供的技术和诀窍，从而获取更强大的制造能力。

标准化也有一个 PDCA（见第 1-17 节），也就是所谓的管理循环，应该重复进行螺旋式上升（见第 1-17 节），进一步提高标准化的完善程度。

▶▶ 生产技术部门的标准化

即使在重复业务少、非常规性的生产技术部门，只要通过对工作进行更详细的观察，就有可能识别出各种工作之间具有某种相似性或共同性的业务（称为"要素业务"）。

对于生产技术部门来说，重要的是关注这些相似性和共同性，并将已经知道的好东西按顺序（进行）标准化（处理），类似于将其制成手册，以提高工作执行的准确性和一致性，加快进程。换句话说，通过在生产技术部门推动和利用标准化，可以在生产车间创造统一性和准确性，使工作更容易，并使企业能够巩固其技术。这将提升企业的技术标准（见第 5-15 节），在全企业范围内操作，成为建立技术优势的捷径。

第5章 生产技术管理的推进方法

标准化的目的及其好处

标准化的目的：与"事"和"物"有关的事项，如果任其自由发展，就容易变得杂乱无章。需要根据一定的条款，将其共用化处理，并分阶段进行，以提高工作执行的准确性、统一性和速度，同时保持一定的秩序。

标准化的目的及其好处：
- 提高业务准确性
- 加快业务速度
- 确保兼容性
- 品种削减
- 防止无序化
- 教育资料
- 技术诀窍的整理
- 其他
- 保持安全和健康
- 新技术开发的基础
- 保护环境
- 确保终端用户的利益

标准化的PDCA（螺旋式上升，重复）：
- P：各种标准审议和发行
- D：实际运用
- C：找出需要改进的地方，并进行拟定方案的修订
- A：为提高完整性而进行修订

注意事项：重要的是，不要过于依赖各种标准，而失去自己的思考。

5-15
制定并活用本企业独特的技术标准

（企业内部）的技术标准是，为了合理利用多年来积累的技术、诀窍等，进一步推进技术标准化，并自行总结。

▶▶ 技术标准

技术标准[①]是由制造商和其他人制定的技术标准，例如在设计自己的产品或建立生产系统时，有效地纳入多年来积累的技术和诀窍，并进一步推动标准的制定，以便合理地利用前人的技术和诀窍。

通过建立和利用这些技术标准，可以消除浪费，确保质量、生产效率和安全性都得到满足，即使是新人负责有关工作，也可以提高企业的产品可靠性和竞争力。然而，大多数企业将这些技术标准视为内部机密，极少对外界曝光，因此很难窥见全貌。

▶▶ 生产技术相关技术的标准

生产技术的负责人，通过多年的技术经验积累了很多技术、

---

① 技术标准：也被称为内部标准，许多企业在企业内部对其强制执行。

第5章　生产技术管理的推进方法

诀窍等，它们是更高效、更低成本地生产本企业产品所必需的。例如，产品的制作方法、生产系统的构建方法、合理布局的构建方法和维护方法、各种业务的推进方法等。

从有效利用经营资源的角度来看，重要的是以有序的方式利用这些技术和诀窍，而不是让它们被生产技术的负责人独享。为此，必须清点每个生产技术负责人拥有的技术和诀窍，按照共同和重复使用的顺序将技术和诀窍进行标准化处理，然后将其编入技术标准。在这样的过程中，哪怕只是一次性的编纂也是有效的。但这会导致其在主要工作日程和所需工时方面存在困难（见第1-11节）。因此，就需要空出一定时间，从中长期的角度不断进行修正。

在制定技术标准时，必须按照标准化的方式成立秘书处，提前做好表格，根据ISO、JIS等国际标准和行业标准制定（本企业的）标准，通过吸收其他生产技术人员的意见，确保技术标准之间的一致性，在操作时不要随意增加次品，并根据技术环境的进步进行必要的修订。

技术标准实例

技术标准实例(外部制定)

技术标准实例(在生产技术部门以外制定)

技术标准实例(生产技术部门制定)
- 工序设定基准
- QC工序表(管理工序图)编制标准
- 工序图/工作表编制标准
- 标准工时设定标准
- 批次控制标准
- 设备引进标准
- 布局创建标准
- 标准零件的指定标准(设备制作时、备件等)
- 安全标准
- 设备类设计标准
- 夹具设计规范
- 刀具设计标准
- 设备类废弃标准
- 准备标准
- 其他各种标准

> 重要的是通过客户等妥善管理本企业宝贵的技术财产,以免泄露给竞争对手

> 事先决定格式,则容易制作(标准化的情况下,也是如此)

技术标准制定的注意事项

技术标准制定的注意事项
→ 在时间表中留出一定的回旋余地,并继续纳入中期和长期的观点
→ 在国际标准的基础上进行标准化,如ISO、JIS和行业标准
→ 确保技术标准之间的一致性
→ 根据技术环境的进步,进行必要的修订

第 5 章 生产技术管理的推进方法

> **专栏** 图纸管理的重要性

各种类型的图纸代表了一个制造企业所拥有的技术。这些图纸包括产品图纸、夹具和工具图纸、生产设备和图纸管理、各种布局图纸和许多其他类型的图纸，其中充满了各种技术和诀窍。

现在，为了便于管理，几乎所有企业都是用一品一页的方式进行标注，给每一页都增加图纸编号或变更编号（见第 5-8 节），以了解其来历。其中，对于表现该企业技术能力的产品图纸，我们要严格管理，以免被竞争对手看到。例如，即使由于生产的关系，必须向外部提供图纸，也要注意只提供必要的部分，不要让对方了解整体情况。

尽管产品图纸受到严格管控，但在 2007 年（平成十九年）仍有令人难以置信的情况出现。

具体而言，一名技术人员（当时 41 岁）被指控在丰田汽车（总部位于爱知县刈谷市）下属的主要零部件制造商——电装下载了大量燃油喷射泵、工业机器人（见第 6-15 节）和其他汽车相关产品的图纸，并将其带出企业。3 月 16 日，他因涉嫌挪用公款被捕。据调查，有高达 1700 个产品和 13 万个产品数据被他带出企业，但他于同年 4 月 6 日被释放，处罚尚未执行。

这名技术人员在该企业的功能部件技术部负责设计与发动

机有关的部件，并能进入该企业的数据库，因此爱知县警方拒绝认定其违反《反不正当竞争法》的规定（侵犯商业秘密）。

这个实例中被泄露的图纸是员工通过电脑获取的，但由于现代图纸是电子数据，数据可以很容易被下载并传输到外部存储器中。

对组织来说，以最谨慎和彻底的方式管理图纸已变得越来越重要，这样，包含企业多年积累的宝贵技术和诀窍的图纸和数据就不会以这种方式被带出企业，从而对企业造成损害。

本专栏举了一个图纸管理的实例，但其同样适用于其他保密事项的管理。

第 6 章

提高 QCD 的生产技术

为了在艰难的企业竞争中生存，必须生产出比竞争对手更好的产品，安全而顺利地将它们供应给后续工序和客户。这将使他们能够满足客户需求，增加他们对企业的信任。

为此，生产技术部门必须建立符合时代需要的生产系统，并改进现有的生产系统，使其更加高效和低成本。

因此，本章将介绍生产技术负责人在推进工作中的具体实践细节，如为进一步提高产品的 QCD 和生产技术能力，有效利用有限的经营资源，推动企业业绩的提高，控制闲置设备产生的方法，以及技术信息的反馈等所需的各种改进和调整方法。

6-1
利用生产技术来降低制造成本

要提高本企业产品的市场竞争力，确保质量自不必说，降低该产品的制造成本（材料费、劳务费、经费等），提高价格竞争力也很重要。

▶▶ **制造成本**

生产技术部门一般被定位为负责成本的部门，生产技术部门的工作成果直接影响企业的业绩。因此，生产技术部门的活动中有很大一部分是关于保证产品质量和降低制造成本。这是因为质量和"制造成本"在很大程度上取决于产品设计和产品制造方式的优劣。

这里的制造成本是指生产产品所消耗的财物、工具及其他的货币价值。为了确保企业利润，在提高销售额的同时，降低制造成本必不可少。各企业都在积极推进相关活动，以求降低制造成本。

这些制造成本汇总在《制造成本报告书》中，是各制造商对构成销售额成本的本期产品制造成本的说明。

第6章 提高QCD的生产技术

▶▶ 构成制造成本的三个要素

如第274页图所示,《制造成本报告书》显示,制造成本由三个部分组成:材料费、劳务费、经费(包含外包加工费)。

因此,生产技术的负责人在为其负责的产品建立生产系统时,要考虑到制造成本的三个组成部分,建立一个更有效、更低成本的生产系统,从而实现以较低的制造成本进行生产。

具体的实施实例包括:使用成本改进的四个原则和VA/VE(见第6-6节)方法来降低材料费,以及降低工时(见第6-3节)和连续自动运行时间(见第6-16节)来降低劳务费。为了降低成本,在构建生产系统时还应考虑降低运行成本[①]和外包加工费,以及引进节能设备(见第7-15节)。此外,除了本出版物中讨论的项目,还有许多其他项目是由制造商根据其实际情况自行实施的。

生产技术负责人的重要作用是:通过充分利用企业拥有的生产技术,积极实施上述记名的项目和其他项目,提高本企业的产品QCD(见第1-4节),提升企业利润。

---

① 运行成本:指运行某一设备所需的费用,经常与设备投入使用时所需的初始成本(见第3-11节)进行对比。

制造成本的构成

● 《制造成本报告书》的实例

项目	金额
Ⅰ. 材料费	
Ⅱ. 劳务费	
Ⅲ. 经费	
1. 本期制造总费用（Ⅰ+Ⅱ+Ⅲ）	
2. 期初半成品存货量	
3. 期末半成品存货量	
本期产品制造成本（1+2－3）	

主要经费项目
水电费、运费、折旧费、外包加工费、修缮费、税收和公共费用、旅费/交通费、通信费、保险费等
※也有把外包加工费作为独立项目的地方

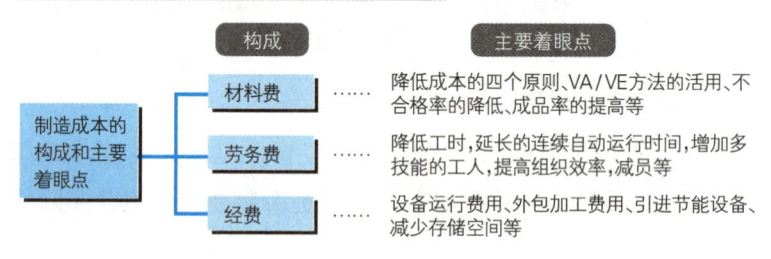

制造成本的构成和主要着眼点

构成　　　　主要着眼点

- 材料费 …… 降低成本的四个原则、VA/VE方法的活用、不合格率的降低、成品率的提高等
- 劳务费 …… 降低工时，延长的连续自动运行时间，增加多技能的工人，提高组织效率，减员等
- 经费 …… 设备运行费用、外包加工费用、引进节能设备、减少存储空间等

降低成本的四个原则

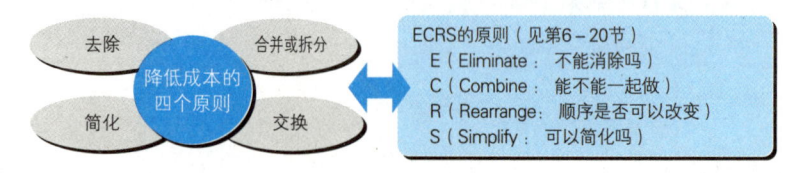

降低成本的四个原则：去除、合并或拆分、简化、交换

ECRS的原则（见第6－20节）
- E（Eliminate：不能消除吗）
- C（Combine：能不能一起做）
- R（Rearrange：顺序是否可以改变）
- S（Simplify：可以简化吗）

6-2
在标准作业中纳入运动经济的原则

为了推动高效的生产,必须通过有效结合运动经济原则和四项基本原则,制定、部署和运用合理的标准作业,不造成浪费。

▶▶ 运动经济的原则

运动经济的原则(Principle Of Motion Economy)是指为了使工人能够高效、舒适、合理和安全地工作且不产生浪费而设计的经验性原则,以便低廉地生产具有优良 QCD 的产品。

这些运动经济的原则可大致分为:基本原则,与身体使用有关的原则,与生产车间布局有关的原则,与设备/工具设计有关的原则。

▶▶ 运动经济的四个基本原则

制定标准作业(见第 3-13 节)时,必须引入"运动经济的四项基本原则"的思路。这些运动经济的四个基本原则是指:①减少运动次数、②同时进行运动、③缩短运动之间的距离、④使运动更加轻松。

具体来看，①减少运动次数，是指减少工人的无用运动（找东西、拿东西等），减少基本运动①本身的次数。

②同时进行运动是指通过同时使用工人的双手和脚，排除单手操作和保持等状态，使操作有节奏，同时也减少了工人自身的疲劳。

③缩短运动之间的距离是指通过缩小工作区域和移动范围，排除必要以外的大运动，减少运动所需的时间。

④使运动更加轻松的目的是，改进需要用力的作业和通过不舒服的姿势而进行的作业等，使工人进行的运动本身变得轻松。

通过建立一个矩阵（见第277页图），将这些运动经济原则和四项基本原则结合起来，并关注和改进每个交叉点的运行，就有可能建立一个合理的标准作业，以确保QCD和安全。

生产技术的负责人在制定自己负责的生产线等标准作业时，重要的是要活用这些运动经济的原则，追求更有效率、更低成本的标准作业。另外，标准作业在实际部署、运用中定期重新审视和改进也很重要。

---

① 基本运动：美国运动研究者吉尔布雷斯将人类运动分为16个（后来为18个）基本运动元素，如伸手、抓握等，并给每个运动元素赋予了一个相应的符号，以便更容易找到任务中需要改进的地方。

第6章 提高QCD的生产技术

降低成本的4个原则

基本原则	减少运动数量	同时进行运动	缩短运动之间的距离	使运动更加轻松
与身体使用有关的原则	・是否没有无关运动 ・是否合并了多个运动	・是双手进行的运动吗 ・是双手呈左右对称的运动吗	・是否能在不移动零件和工具等的情况下取下	・有没有多项工作 ・是否有效利用了重力等
与生产车间布局有关的原则	・没有找零件或工具，也没有替换吗 ・零件和工具变得容易取吗	・为了能同时取得零件和工具等，有没有在零件箱和工具放置处等的配置和放入方法上下功夫	・零件和工具等放在附近吗 ・路上有什么障碍吗	・工作高度是否合适 ・能不能容易地改变布局和保管位置
与设备和工具设计有关的原则	・能不能统一工具的种类 ・能不能把多种工具放在一起	・能否用一只手操作工件 ・不能取两个或者多个吗	・能否将操作盘和测量台等设定在工人附近	・是否足够轻便 ・是否使用了手柄以使其更容易操作

※上面的表格是基本的，在使用时应增加内容，以适应每个生产车间的具体任务。

缩短运动距离的改进实例

移动时间 →

移动距离为180cm的情况

↓ 改进

移动距离为100cm的情况 | 因改进而占用的时间

这段时间的积累 ➡ 一点一滴加起来就是一座山了

277

6-3
用更少的工时进行生产（降低工时）

"降低工时"对于用更少的工时和人员生产优质产品、降低制造成本、提高产品竞争力和创造企业利润至关重要。

▶▶ 降低工时

为了提高某一产品的竞争力，有必要以较少的工时和较低的制造成本生产出质量优质的产品。为了实现这一目标，企业通过改变目标产品的设计、各种改进活动和作业时间的熟练程度，降低标准工时（见第3-13节）的设定值，在更短的时间内创造所需的附加值。

这种通过改变设计和生产方法来减少标准工时的设定值，从而以更少的工时和人员创造所需的附加值的做法被称为"降低工时（Decreasing of work time）"。

降低工时包括：①减少有关产品的设计变更工时；②通过改进活动（见第6-10节）降低工时；③通过熟练作业降低工时。其中，②的改进活动带来的工时降低，可分为两类：采用比现在更好的方法来降低工时；通过所谓的"降低工时"（见第6-12节）或"设备改进"（见第6-13节），如改变生产方法或

第6章　提高QCD的生产技术

将工作机械化来降低工时。

▶▶ 如何降低工时

　　一些生产车间（的人）不愿意降低工时，因为他们认为这会导致劳动密集化。换句话说，最根本的是要让工人意识到，浪费的工时要分配给增加价值和减少成本的工作。生产技术的负责人必须确保工人明白，降低工时、强化劳动与偷工减料[①]是完全不同的事情，需要在相互合作的基础上，构建以通过改进活动降低工时为主，以更少工时生产具有竞争力产品的体制。

　　生产技术部门并不单独进行这些改进活动，而是与生产车间一起，依次通过以下方式降低工时：①通过改进操作降低工时；②通过改进（生产）方法降低工时；③通过改进设备降低工时。特别是，按照第280页图所示的步骤进行，通过改进操作来降低工时，这样容易获得工人的协助，并顺利实现减员化[②]（生产）。

　　自主化（见第6-9节），是通过改进设备来降低工时的方法之一，通过将人的智慧赋予生产设备，可以将工作人员从（管理）监控中解放出来，大幅降低工时，从而减少人员数量。

---

① 偷工减料：应该做的事情没做完却当成做完。
② 减员化：通过改进等方式，减少进行相同生产所需的工人人数。

降低工时的目的与方法

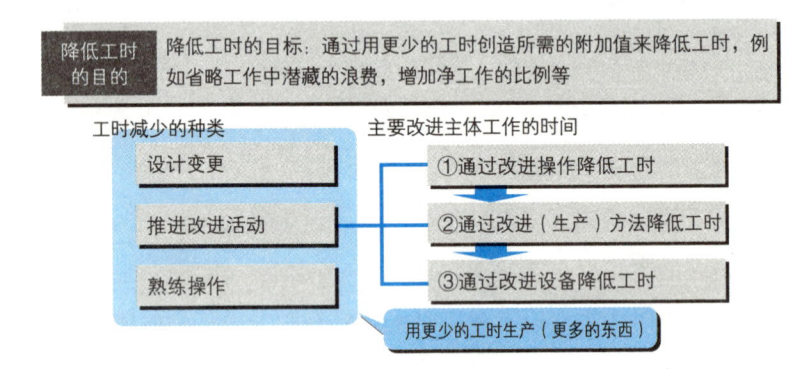

降低工时的目的：降低工时的目标：通过用更少的工时创造所需的附加值来降低工时，例如省略工作中潜藏的浪费，增加净工作的比例等

工时减少的种类：
- 设计变更
- 推进改进活动
- 熟练操作

主要改进主体工作的时间：
① 通过改进操作降低工时
② 通过改进（生产）方法降低工时
③ 通过改进设备降低工时

用更少的工时生产（更多的东西）

通过改进操作降低工时的方法

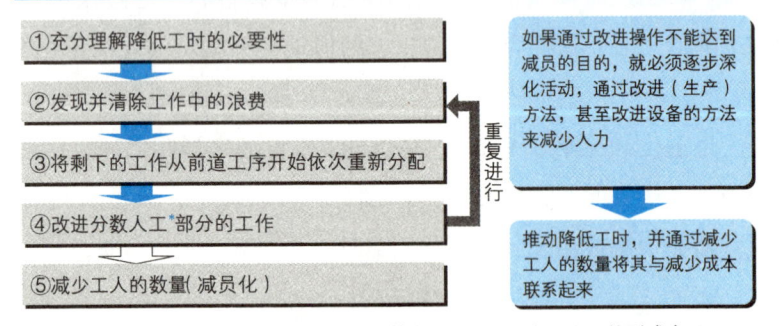

① 充分理解降低工时的必要性
② 发现并清除工作中的浪费
③ 将剩下的工作从前道工序开始依次重新分配
④ 改进分数人工*部分的工作
⑤ 减少工人的数量（减员化）

重复进行

如果通过改进操作不能达到减员的目的，就必须逐步深化活动，通过改进（生产）方法，甚至改进设备的方法来减少人力

推动降低工时，并通过减少工人的数量将其与减少成本联系起来

*分数人工：分配给工人的一个班次的工时数小于100%，以0.7人工的形式表示。

6-4
通过采用 GT 方法推动高效和低成本的生产

GT 生产，即把要生产的产品的类似部分组合在一起，以达到高效、低成本生产和大规模生产的效果。其作为通向多种少量生产的有效方法，正在引起人们的关注。

▶▶ **GT 方法**

GT 方法是分组技术（group technology）的缩写，指的是把要生产的产品或其他项目中非常相似或类似的部分进行分组的方法。通过使用 GT 方法对类似的产品和部件分组，即所谓的 GT 生产，可以获得大规模生产的效果，并实现高效、低成本生产。随着消费者需求的变化和不同类型产品的小批量生产的发展，融合了这些 GT 方法的 GT 生产正在吸引越来越多的关注。

这种生产方式被称为 "GT 生产方式"。

▶▶ **用 GT 方法提高生产效率**

为了推动整个企业的高效、低成本生产，一个有效的措施是对目标产品的形状、尺寸和材料进行调查和比较。例如在一条生产线中，由于产品的调整和停产，其劳动率（见第 2-5 节）

已经很低，这就可以将类似的加工工序整合到一个地方进行生产。换句话说，GT生产能够整合类似的产品，减少设定的次数，实现大规模生产，从而提高生产设备的劳动率。它还减少了用于生产有关产品的设备和生产空间的数量。因此，增加有关产品的生产成本，有助于提高企业的利润。

生产技术的负责人需要使用GT制定方法来建立生产系统，巩固现有工序，甚至重组工序（见第6-7节）和工厂（见第6-8节），重点是他们负责的产品和相同产品的相似性。在这一点上，生产技术负责人要认真评估目标产品的当前产量和未来的发展趋势，考虑并采用生产型布局及通用设备（见第2-6节），如第283页图所示。

为此，生产技术部门需要建立一个系统，使GT生产能够在全企业范围内实施。例如，在零件分类和零件编号系统中采用GT方法的概念，分配GT代码①并使类似零件能够通用。

---

① GT代码：表示零件或其他项目用GT方法分类的形状、尺寸或其他分类的代码。

第 6 章 提高 QCD 的生产技术

布局种类与GT生产定位

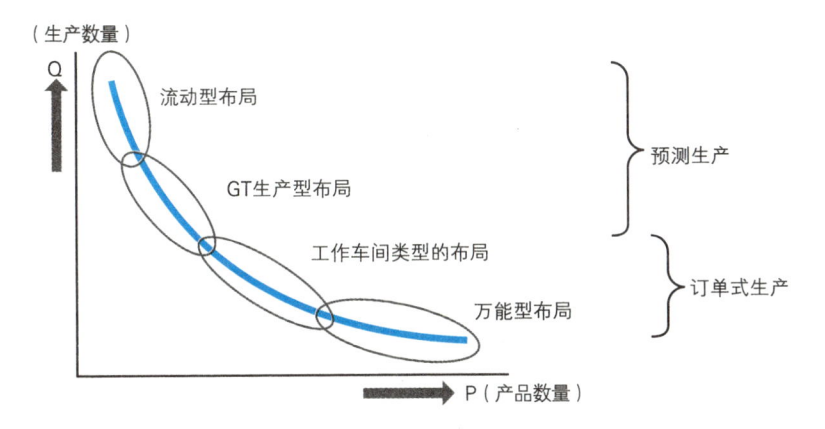

（生产数量）

Q

- 流动型布局
- GT生产型布局
- 工作车间类型的布局
- 万能型布局

} 预测生产

} 订单式生产

P（产品数量）

> GT生产型布局，是指具有类似工序的产品组被聚集在一起，生产设备按工序排列，以推动大规模生产的布局。

实施GT时的注意事项

实施GT时的注意事项

→ GT产品和生产项目的组合，应考虑中长期的需求预测量
→ 注意不要增加工序之间的障碍
→ 有关产品的运动路线应根据产量的大小来决定
→ 工序集中时，要仔细观察有关产品的未来动向
→ 同时推进类似零部件的通用化　等

283

6-5
推动小批量生产

　　小批量生产是时代的要求。重要的是要建立一个生产系统，通过减少设定时间或减少批量来快速响应不断变化的时代需求及消费者的需求。

▶▶ 批量生产

　　在日常生活中，当我们试图做一件事时，经常试图同时进行类似的任务。经验告诉我们，一次性完成相同或类似的任务更有效率，因为只需准备和清理一次就够了。这样，我们就可以用更短的时间完成需要做的任务。

　　当大量产品以这种方式生产时，在同等条件下分批生产适当数量的产品被称为"批次生产"、"批量生产"或"团块生产"。其生产的数量被称为"每批数量"或"生产批量"。

　　有关批量生产的具体实例见第3-4节。

▶▶ 如何使小批量生产获得成功

　　今天，消费者的需求正在迅速变化，像过去商品供不应求时进行的小规模、大批量的生产已经无法满足当今消费者的需

第 6 章　提高 QCD 的生产技术

求。这就要求企业通过以较小的批量生产各种产品来满足消费者的需求。

因此，有必要通过减少单一产品的批量来推动所谓的"小批量生产"，并确保小批量生产，以便能够立即对不断变化的需求做出反应。

生产技术的负责人为了确保这些小批量生产获得成功，必须减少设定时间（见第 4-8 节）。具体来说，我们必须努力减少设定时间，了解批量大小和设定时间之间的关系。如第 286 页图所示，减少批量 L 到 $1/n$ 和减少准备时间到 $1/n$ 都能有效地降低表面作业时间的数量。换句话说，通过将准备时间减少到 $1/n$，初期呈现的表面作业时间（负荷）不改变，批量减少到 $1/n$，依次重复，旨在实现变种变量生产（见第 1-7 节）和混合生产（见第 2-15 节），从而提高生产灵活性。

这将使他们能够保有其他竞争对手所不具有的生产技术优势。

小批量生产流程及其优势

● 产品数量和产量的流向

关键词是缩短准备时间

少种多量生产 → 少种多量生产 → 变种变量生产
　　　　　　　　　　　　　　 → 混合生产

● 小批量生产的好处

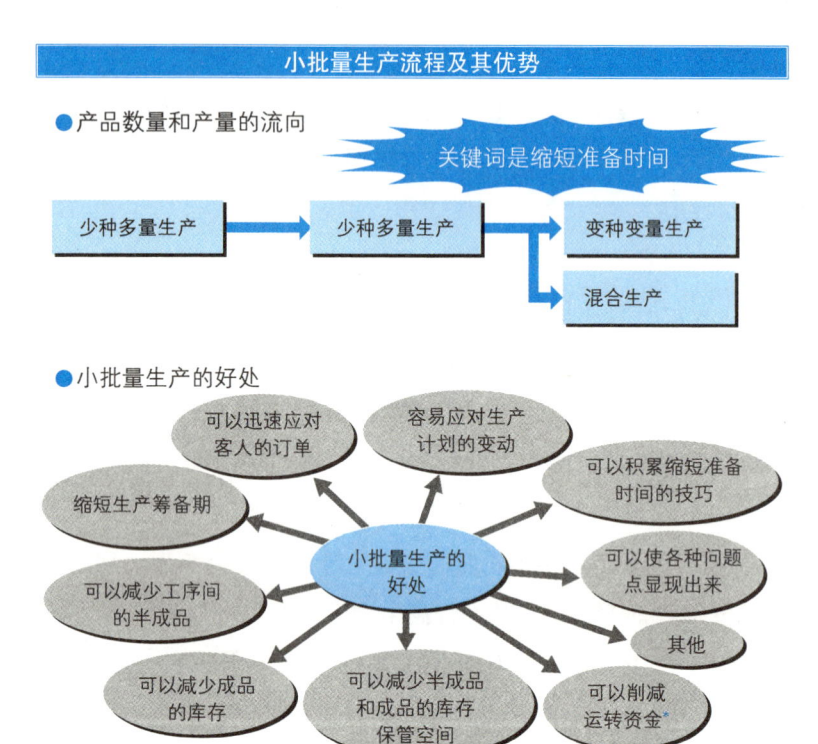

小批量生产的好处：
- 可以迅速应对客人的订单
- 容易应对生产计划的变动
- 可以积累缩短准备时间的技巧
- 缩短生产筹备期
- 可以使各种问题点显现出来
- 可以减少工序间的半成品
- 其他
- 可以减少成品的库存
- 可以减少半成品和成品的库存保管空间
- 可以削减运转资金*

＊运转资金：企业购买原材料和其他材料、支付费用和用于结算账单的资金等。

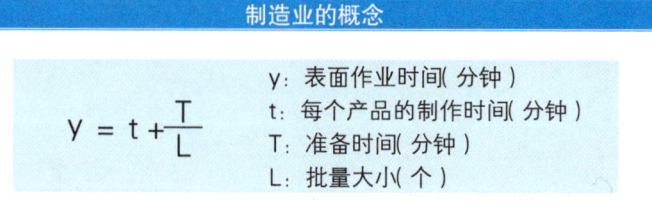

制造业的概念

$$y = t + \frac{T}{L}$$

y：表面作业时间（分钟）
t：每个产品的制作时间（分钟）
T：准备时间（分钟）
L：批量大小（个）

6-6
了解并使用 VA/VE 和 IE 等方法

VA/VE 和 IE 等方法是进行高效、低成本生产的重要方法。重要的是理解上述各方法，系统性地进行应用。

▶▶ VA/VE、IE

VA/VE 是 VA 和 VE 方法的总称。

VA 是 Value Analysis 的缩写，也被称为价值分析。具体来说，它指的是一种提高产品或服务价值的方法。例如，在不改变产品或服务的必要功能的情况下，找到低成本的替代品。

另一方面，VE 是 Value Engineering 的缩写，被称为价值工程。具体来说，它以"功能"和"成本"之间的关系来定义产品或服务的"价值"（见第 289 页图），并涉及了提高产品或服务价值的方法。

IE 是 Industrial Engineering 的缩写，也被称为经营工程。具体而言，它指的是优化设计、操作和控制经营资源的工程技术，以实现管理目标，如降低制造成本，即通过提高工作效率、降低劳动成本来创造利润。

▶▶ 如何有效使用每种手法

　　生产技术的负责人应了解这些方法，并在自己的工作中加以利用，改进他们负责的产品的 QCD，提高企业利润。为此，他们必须首先通过练习第 289 页图所示的每种方法来加深理解，将其融会贯通，提高自己的技术能力。

　　即使你的公司没有实施这些方法，你也可能以某种方式使用它们，所以一开始不要太紧张，在自己的工作中尝试使用这些方法，逐一解决面临的问题，体验它们的有效性，磨炼自己的技能。然后，应将采取的措施和制定的问题的效果总结成报告，分发给相关部门，以便让其他人也知道该方法。引进和建立该方法的关键是提升每种方法的有效性，并逐步推动其在组织中的使用，同时，通过这种方式谋求技术积累，直观地了解技术本身及其应用情况。

第 6 章 提高 QCD 的生产技术

VA的代表性观点和应用方法

VA的代表性观点
1. 能否高效使用材料
2. 能不能换成更便宜的材料
3. 能不能使用性价比更高的生产方法
4. 有没有性价比更高的采购方法　等

⇔ 创建和应用核对表,并将相关人员的智慧纳入提案中,是很有益的

制造业的概念

① 选择主题
② 推动建立体制
③ 功能(性)定义
④ 功能(性)评估
⑤ 起草改进方案
⑥ 研讨、实施和评估改进方案

VE中的价值

$$V(价值) = \frac{F(功能)}{C(成本)}$$

为了提高价值
① 功能相同,降低成本
② 成本相同,提高功能
③ 提高功能,降低成本
④ 提高功能,使其超过成本的上升量

如何进行IE分析

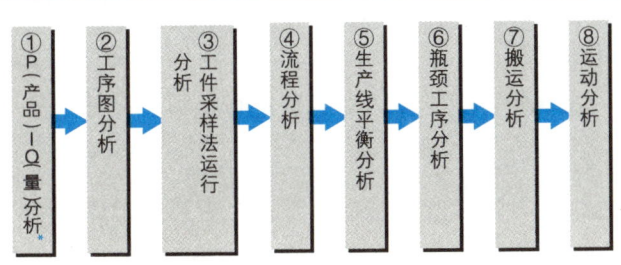

① P(产品)-Q量分析* → ② 工序图分析 → ③ 工件采样法运行分析 → ④ 流程分析 → ⑤ 生产线平衡分析 → ⑥ 瓶颈工序分析 → ⑦ 搬运分析 → ⑧ 运动分析

＊P（产品）-Q（量）分析：见第6-7节。

289

6-7
通过工序重组和生产线重组提高生产效率

为了提高企业的竞争力，通过实施工序和生产线重组，将现有的工序和生产线重组为更有效和更经济的方法来提高当前的生产效率已经变得非常重要。这个方面的一个典型方法是"工序分解"。

▶▶ 工序重组和生产线重组

为了提高企业的竞争力，一度否定现有的生产工序，重新组织成更有效率、更经济的工序，提高现行的生产效率，这被称为"工序重组"。另外，如果重组是针对生产线的，则称为"生产线重组"。

重组的方法包括：①更换工序；②与其他生产线上实施的方法相统一；③重新审视工序内容，并进行重组，进行工序分解（后述）；④用新的（生产）方法替换现有工序；等等。

通过实施这些方法，所有制造商都在努力消除工序中的浪费（2-12）和其他隐性浪费，改进产品的 QCD，提高空间的利用率等，使现有的制造结构更具竞争力。

生产技术的负责人需要结合这些重组方法，将自己的流程

第 6 章 提高 QCD 的生产技术

和生产线重组为更有效、更低成本的方法（见第 292 页图），以提高生产效率，增强企业竞争力。

▶▶ 通过工序分解提高生产效率

工序分解是一种更有效和更低成本的方法，它否定现有的工序或生产线，将其分解为要素工序（见第 2-14 节），提取、消除和改进任何潜藏在现有工序中的无关部分，并进行重组。

工序分解的具体步骤包括：①选择目标生产线；②编制工序图（见第 2-14 节）和布局图（见第 3-7 节）等文件；③提取各工序中的无用部分；④清除各工序中的无用部分；⑤将工序内容分解为要素工序；⑥重组工序，并按流程实施无用部分的清除；⑦进行减员；⑧重复⑤和⑥这两个步骤。

这种工序分解可以提高生产线的效率（见第 4-10 节），增加空间效率，减少人力（见第 6-3 节），所以生产技术的负责人必须重新审视和改进自身负责的工序和生产线，以提高生产效率。

如何进行工序和生产线的重组

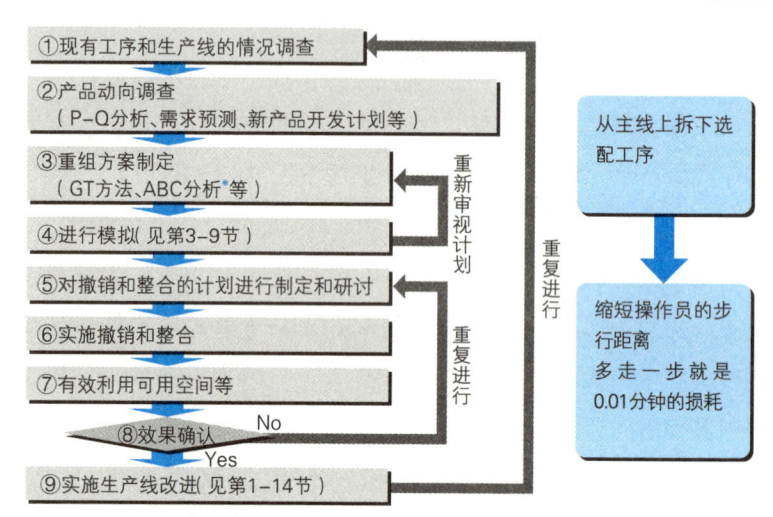

① 现有工序和生产线的情况调查

② 产品动向调查
（P-Q分析、需求预测、新产品开发计划等）

③ 重组方案制定
（GT方法、ABC分析*等）

④ 进行模拟（见第3-9节）

⑤ 对撤销和整合的计划进行制定和研讨

⑥ 实施撤销和整合

⑦ 有效利用可用空间等

⑧ 效果确认 — No / Yes

⑨ 实施生产线改进（见第1-14节）

重新审视计划 / 重复进行 / 重复进行

从主线上拆下选配工序

↓

缩短操作员的步行距离
多走一步就是0.01分钟的损耗

*ABC分析：一种将大量项目划分为ABC三类并确定管理重点的方法。

工序分解的推进方法

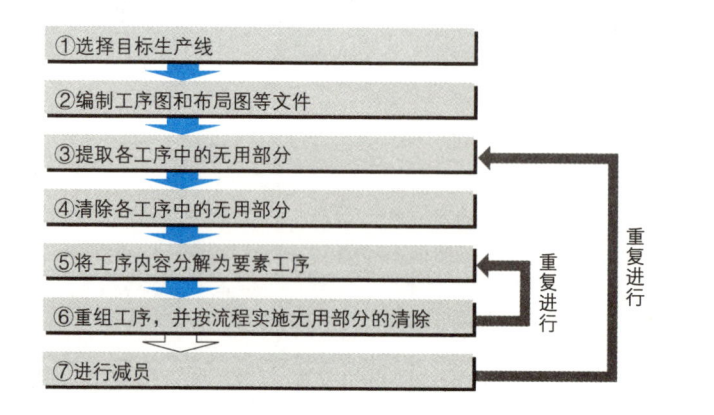

① 选择目标生产线

② 编制工序图和布局图等文件

③ 提取各工序中的无用部分

④ 清除各工序中的无用部分

⑤ 将工序内容分解为要素工序

⑥ 重组工序，并按流程实施无用部分的清除

⑦ 进行减员

重复进行

6-8
通过工厂重组谋求经营支援的有效利用

工厂重组是为了更有效地利用经营资源，例如提高整个企业的生产效率等。重要的是，事先应认真计划和准备，并确保顺利实施。

▶▶ 工厂重组

一些历史悠久的制造商，或那些快速成长和发展的制造商，其类似产品的生产在工厂之间重复或分散进行。有时，不仅在工厂内部，在工厂之间也会有无用的运输等存在。为了消除工厂之间的这种浪费，提高生产和空间利用效率，合并同类产品，建立更有特色的工厂等，使整个企业的制造更加高效和经济，这就需要进行"工厂重组"。

这里提及的"工厂重组"是指从全企业的角度对每个工厂生产的产品和生产成本进行重组，通过消除工厂之间存在的各种浪费，如劳动率、空间和运输方面的不平衡，提高生产效率。通过这种方式重组工厂，生产效率得到提高，经营资源得到更有效的利用。

如今，随着产品的多样化和生产的全球化，这些工厂重组并不局限于国内工厂和关联企业，海外工厂和海外企业也在大规模进行。

▶▶ 如何顺利进行工厂重组

在实施工厂结构调整时，有必要对现有产品和其他产品进行技术转让（见第 3-20 节）。换句话说，作为工厂重组计划的一部分，某种产品的生产需要被转移到另一个工厂或企业（包括海外）进行生产。为了确保生产的顺利转移，必须确保生产的 4M，包括生产人员的教育和培训，还要有计划地转移生产有关产品所需的技术，即所谓的"技术转让"。

技术转让是指将一个企业或大学开发的高级技术转让给另一个地方，如第 295 页图所示。在这里，它指的是将本企业多年来积累的技术、诀窍等转让给企业内部的另一个工厂、一个关联企业或海外。

换句话说，现在海外生产（能力）提升，伴随着生产移交的技术转让不仅是在国内进行，还越来越多地出现在国际上。

此外，当企业进行工厂重组和相关的生产移交时，工序重组和生产线重组（见第 6-7 节）往往是同时进行的。这就是为什么那些生产技术的负责人需要事先进行策划和准备，以确保生产不受干扰并顺利实施。

第6章 提高QCD的生产技术

工厂重组的理念

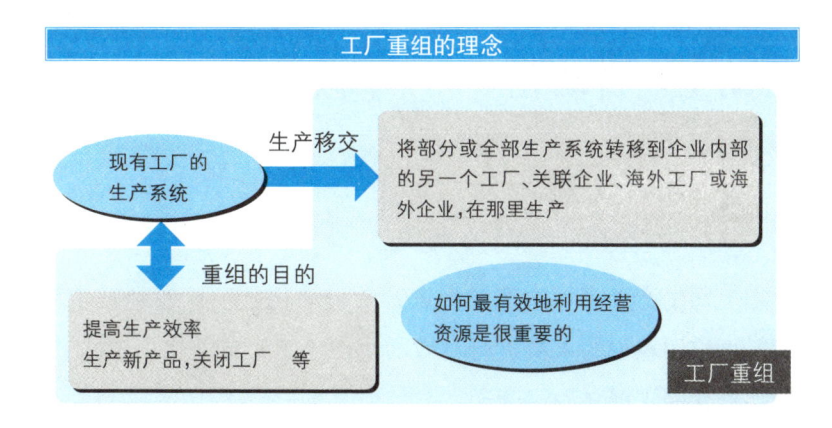

- 现有工厂的生产系统
- 生产移交：将部分或全部生产系统转移到企业内部的另一个工厂、关联企业、海外工厂或海外企业，在那里生产
- 重组的目的
- 提高生产效率、生产新产品，关闭工厂 等
- 如何最有效地利用经营资源是很重要的

工厂重组

技术转让的概念

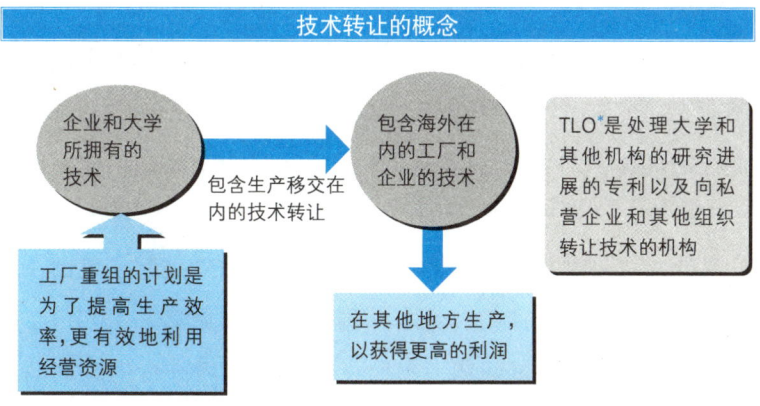

- 企业和大学所拥有的技术
- 包含生产移交在内的技术转让
- 包含海外在内的工厂和企业的技术
- TLO*是处理大学和其他机构的研究进展的专利以及向私营企业和其他组织转让技术的机构
- 工厂重组的计划是为了提高生产效率，更有效地利用经营资源
- 在其他地方生产，以获得更高的利润

*TLO：Technology Licensing Organization的缩写，技术转移机构。

295

6-9
推动工厂自动化

个别生产工序和生产线上进行的自动化已经扩展到整个工厂，可以用较少的人员进行有效的生产。工厂自动化（FA）是同一概念的扩展。

▶▶ 自动化的目的及其程度

过去，日本制造商通过开始并逐步发展以手工作业为主的制造业，实现了经济的快速增长。随着劳动力成本的上升，他们开始认真研究"自动化"，即生产设备的自动操作，而不需要手工操作，这带来了生产力的大幅提高。随后，大量进口工业产品造成贸易摩擦等，导致了本地生产在海外兴起。然而，最近所谓的"制造业回归（日本）国内市场"（见第7-13节），即由于技术外流和质量问题，重回（日本）国内进行生产的动向已经变得更加明显。这导致了自动化重获需求。

这些自动化工作从单个设备的自动化开始，目的是：①实现产品质量的稳定和均衡；②减少直接劳务费；③消除熟练技术人员的短缺。但根据自动化的方式不同，其程度上也略有不同。例如，在人工第一代生产线的自动化方面，典型的实例包

第 6 章　提高 QCD 的生产技术

括混入人工作业的半自动生产线，以及无需人工即可持续生产的全自动生产线。此外，半自动生产线包含的手工作业也以不同方式进行。

这意味着，为了有效地推动自动化，需要熟练的设备设计和考虑到自动化的熟练产品设计，但也需要对产品进行重新设计，使其更容易实现自动化，这对取得成功至关重要。

另外，以丰田生产方式为代表，自动检测生产设备在生产上的异常，使该生产设备自动停止（的过程）被称为"自働化"，其按第 298 页图所示的步骤逐步升级（见第 6-15 节）。

▶▶ 工厂自动化

工厂自动化是指，为了以更少的人员实现高效生产，将生产工序和生产线等单独进行的自主化水平以同一思想扩展到整个工厂，有时也被称为"FA"[1]。其包括：在该工厂内的生产设备中设定工件自动装卸装置[2]和自动停止装置（见第 6-15 节）等；个别设备的自动运行或连续自动运行（见第 6-16 节）；进一步推进无人操作等。

---

[1]　FA：工厂自动化。FA 愿景座谈会定义为："FA 是在工厂灵活自动化的基础上，整合整个生产，实现生产力的提高。"
[2]　工件自动装卸装置：指将加工完毕的工件从生产设备上自动拆下，或自动安装未加工工件的装置。

297

自动化的三大目的

生产设备自动化的三大目的

- 实现产品质量的稳定和均衡
- 减少直接劳务费
- 消除熟练技术人员的短缺

自动化的程度与工人的参与度

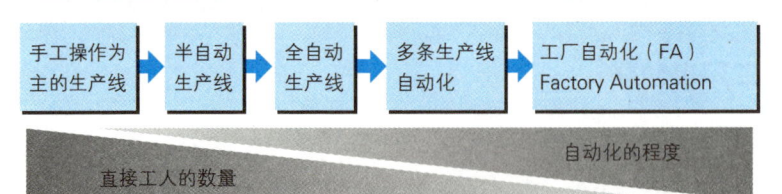

手工操作为主的生产线 → 半自动生产线 → 全自动生产线 → 多条生产线自动化 → 工厂自动化（FA）Factory Automation

直接工人的数量　　　　　　　　　　　　　自动化的程度

为了使自动化变得容易，产品设计的精巧度很重要

如何推动自働化

第1步……自启动进给	机器的进给操作是自主启动的，并在加工完成时停止
第2步……自动返回	加工完成后，自动返回到原始位置
第3步……自动拆除	自动拆除(卸下)工件
第4步……自主进行安装和启动	

将"(机器的无意识)移动"转化为"(机器的有意识)运行"，为上述每个步骤配备一个检测异常并自动停止的装置⇒自働化(加了人字旁的自働化，是丰田为了倡导"将人的智慧赋予机器设备"提出的理念)

6-10
稳步积累改进之处

为了建立对竞争对手的技术优势，必须以更快的速度稳步积累改进之处，提高自己的制造水平。

▶▶ 加快改进活动的速度

没有什么是仅限于制造业的，世界上的各种标准都在不断进步。因此，如果在一段时间后，企业的进步水平与世界相同，就相当于维持现状。换句话说，如果保持现状或取得的进展慢于世界的进步水平，就会被认为是在大幅退步。

为了在激烈的竞争中生存，制造商开发新产品和新技术的速度，必须以比世界更快，特别是要比照竞争对手的速度，提高自身的技术能力。另一方面，还必须积极推动改进活动，加快提高本企业的制造水平。有关自身的生产技术水平，也是同样的道理。

▶▶ 生产技术中的改进活动

生产技术的负责人开展的改进活动大致可分为两类：一类是与自己的工作或作为生产技术部门输出的工作有关的改进活

动；另一类是与自己的工作或作为生产技术部门推动的工作有关的改进活动。前者的实例包括：与生产线和其他领域相关技术问题，或与自己部门的问题有关的改进活动，这些活动与生产车间联合开展。后者则包括：重新审视各种标准、规范和图纸类，以及针对所在部门问题的改进活动。

重要的是，要按照以下顺序推动各种类型的生产改进：①操作改进，②（生产）方法改进，③设备改进。在此，①操作改进是指改进工作方法和工作环境；②（生产）方法改进是指改进制造方法；③设备改进是指改进设备本身，如自主化（6-15）。

所有这些改进活动都需要依次稳步地积累，其结果要水平（横向）部署[①]，以提高企业自身的技术水平。

[①] 水平（横向）部署：将在某项活动等中取得的成果和技术诀窍（见第5-12节）等活用到类似的作业和相关部门。

第6章 提高 QCD 的生产技术

改进活动的速度

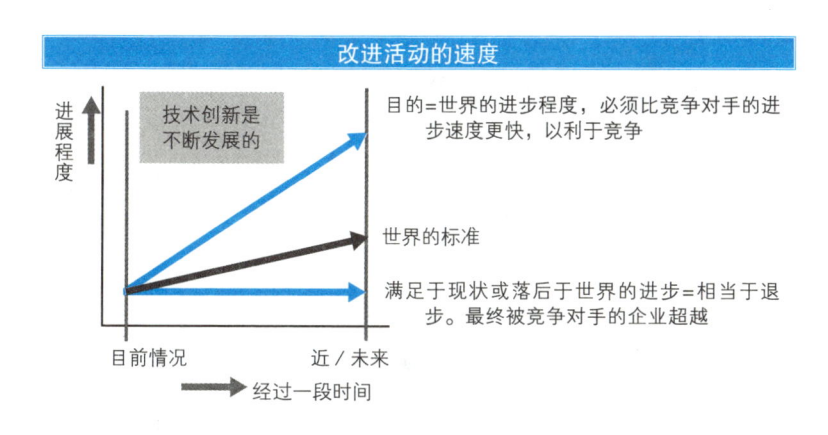

- 进展程度
- 技术创新是不断发展的
- 目的＝世界的进步程度，必须比竞争对手的进步速度更快，以利于竞争
- 世界的标准
- 满足于现状或落后于世界的进步＝相当于退步。最终被竞争对手的企业超越
- 目前情况 近/未来
- 经过一段时间

生产技术负责人开展的改进活动的分类及其推进方法

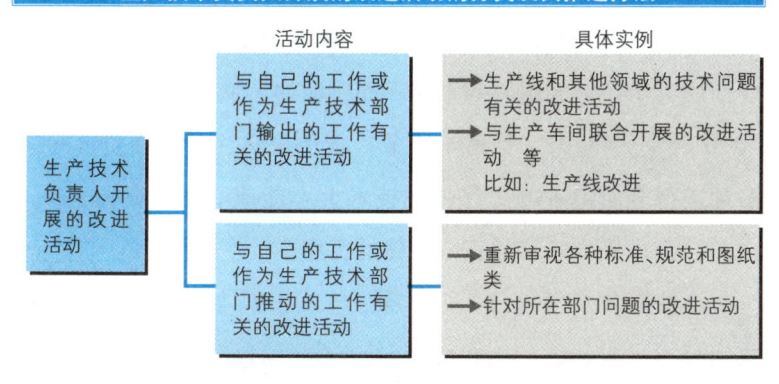

活动内容	具体实例
生产技术负责人开展的改进活动 → 与自己的工作或作为生产技术部门输出的工作有关的改进活动	→ 生产线和其他领域的技术问题有关的改进活动 → 与生产车间联合开展的改进活动 等 比如：生产线改进
与自己的工作或作为生产技术部门推动的工作有关的改进活动	→ 重新审视各种标准、规范和图纸类 → 针对所在部门问题的改进活动

生产中的各种改进方式

① 操作改进 ⇄ 改进操作方法和工作环境等
② (生产)方法改进 ⇄ 改进制造方法，如同时加工等
③ 设备改进 ⇄ 改进设备本身，如自主化等

重要的是要采用成本较低的改进方法

301

6-11
推动瓶颈技术的改进

瓶颈技术是指今天仍然存在问题的技术，如未能对包含问题的工序采取措施。因此，需要稳步采取措施，逐一进行改进。

▶▶ 瓶颈技术

瓶颈技术包括：在生产某产品所需的工序中，循环时间最长而成为生产上的阻碍的工序，即所谓的"瓶颈工序"（见第4-10节）；工序能力（见第4-3节）无法提高，且存在质量问题，必须进行全面检查的工序；在技术上不能成功解决的过程中出现的，必须采取转移或安全措施的工序。

这些瓶颈技术可分为两大类：一是一开始就令人担忧的不稳定技术（见第3-10节）；二是在生产启动前不可能设想到，但在生产启动后出现问题的技术。

▶▶ 怎样改进瓶颈技术

要改进在某种产品生产中造成问题的瓶颈技术，首先：①确定目前的问题是什么，并提取其中包含的瓶颈技术；接下来②整理并列出过去没有成功解决的项目或新出现的技术项目；

第6章 提高 QCD 的生产技术

③明确没有成功的具体原因，以及涉及的人员和问题，并排出优先次序；④在此基础上，必须追寻问题的源头，制定和研讨新的应对策略，并⑤对其进行测试；⑥当试验结果确认该策略有效时，⑦应在实际生产线上实施，并在其他生产车间水平（横向）部署（见第 6-10 节）。如果不能确认有效性，就返回步骤④，开始重复追求原因的步骤，再次进入循环。

此外，在提取瓶颈技术时，把重点放在造成待进行①、待加工的要素工序上（实例见第 3-4 节），如加工、运输、停滞和检查等，这样更容易了解瓶颈技术，并采取对策。

生产技术的负责人，要有一种态度和韧劲，通过稳步推进每项对策来改进现状，同时对提取出的瓶颈技术做好风险准备，定期了解问题，努力收集信息，为对策提供线索。

此外，为了不阻碍初始工序且提高工作效率，可以采用的有效的措施包括：使一个工人操作多道工序，如第 304 页图所示。

---

① 待进行：指工人无法开始自己的作业而等待的状态，如物品没有从前一个工序传动过来，或者机器正在运转中，无法拆卸或安装材料等。

瓶颈技术改进的推进方法

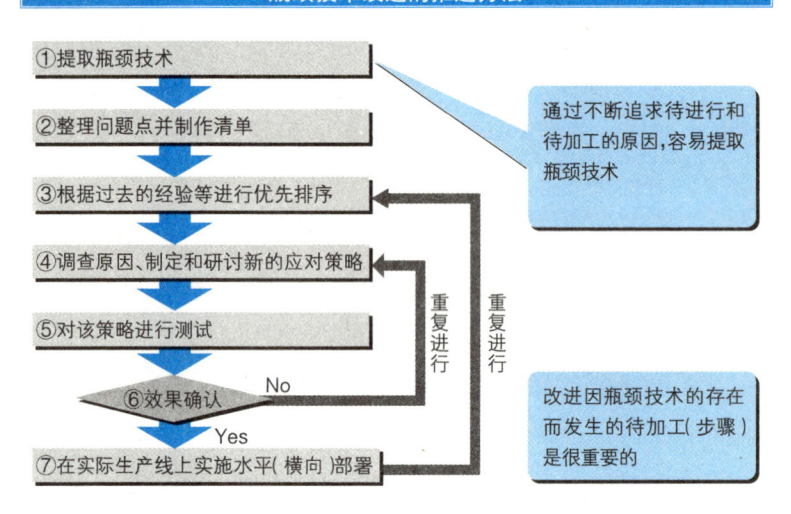

① 提取瓶颈技术

② 整理问题点并制作清单

③ 根据过去的经验等进行优先排序

④ 调查原因、制定和研讨新的应对策略

⑤ 对该策略进行测试

⑥ 效果确认 — No → 重复进行

Yes ↓

⑦ 在实际生产线上实施水平（横向）部署

通过不断追求待进行和待加工的原因，容易提取瓶颈技术

改进因瓶颈技术的存在而发生的待加工（步骤）是很重要的

避免初始工序就出现瓶颈的实例

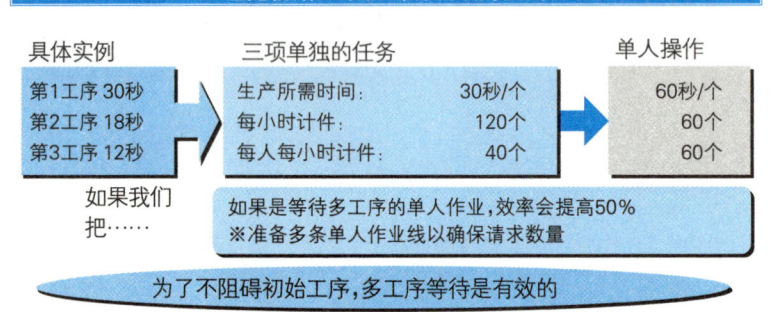

具体实例	三项单独的任务		单人操作	
第1工序 30秒	生产所需时间：	30秒/个	60秒/个	
第2工序 18秒	每小时计件：	120个	60个	
第3工序 12秒	每人每小时计件：	40个	60个	

如果我们把……

如果是等待多工序的单人作业，效率会提高50%
※准备多条单人作业线以确保请求数量

为了不阻碍初始工序，多工序等待是有效的

6-12

推进（生产）方法改进和技术改进

为了提高产品竞争力和企业利润，如企业产品的 QCD，必须积极改进（生产）方法和技术，并在生产中加以利用。

▶▶ **（生产）方法的改进和技术改进**

现在所有行业都在实施改进活动（见第 6-10 节）。它范围广泛，涵盖了整个企业的活动。在这些广泛的改进领域中，与制造商，特别是生产技术部门最相关的是（生产）方法改进、技术改进和设备改进（见第 6-13 节）。

此处提到的"（生产）方法改进"指的是对产品制造方式的创造性和改进，大致可分为：与产品有关的（生产）方法改进和设备改进，与设备类有关的（生产）方法改进。与产品有关的（生产）方法的典型实例包括改进产品的 QCD 的项目，而与设施有关的（生产）方法的典型实例包括减少设定时间和循环时间的项目。

另一方面，"技术改进"是指使用某种产品所需技术的独创性和改进，与（生产）方法的改进一样，可大致分为与产品有关的技术改进和与设备有关的技术改进。与产品有关的技术改进的典型实例包括：消除瓶颈的项目（见第 6-11 节），如工序能力不足。而与设备有关的技术改进的典型实例包括：消除瓶颈的技术项目（见第 4-10 节）。

这两方面的改进主要是为了提高产品的 QCD，如生产系统的可靠性、质量、生产力和生产筹备期，从而提高产品竞争力，创造企业利润。

▶▶ 稳步建立改进

为了使生产技术的负责人有效地推动（生产）方法和技术的改进，必须识别和处理有改进空间的浪费，以及目前不产生附加价值却必须进行的作业。为此，有必要建立一个系统，使浪费（见第 6-11 节）容易被发现。例如，有效防止工人从事标准作业（见第 3-13 节）以外的工作，使工人和其他相关人员能够认识到待进行工作造成的浪费[1]，并通过实际工作查明待进行的实际情况。

如上述这样，对已发现的改进项目，如（生产）方法的改进、性能的改进等，通过稳步采取措施，逐步积累经验，可以提高有关企业的生产技术能力和企业竞争力。

同样重要的是，生产技术的负责人要从平常开始关注方法开发（见第 7-16 节）和新技术（见第 7-17 节），要收集企业

---

[1] 浪费：见第 2-12 节。生产车间潜藏的浪费任务的实例包括：检查、分类、返工、（设定）、协调、行走、搬运、等待、临时储存、换手、搜索、（记录）和清理。

第6章 提高QCD的生产技术

内、外部的信息,并积极将其与生产方法和技术的改进联系起来。

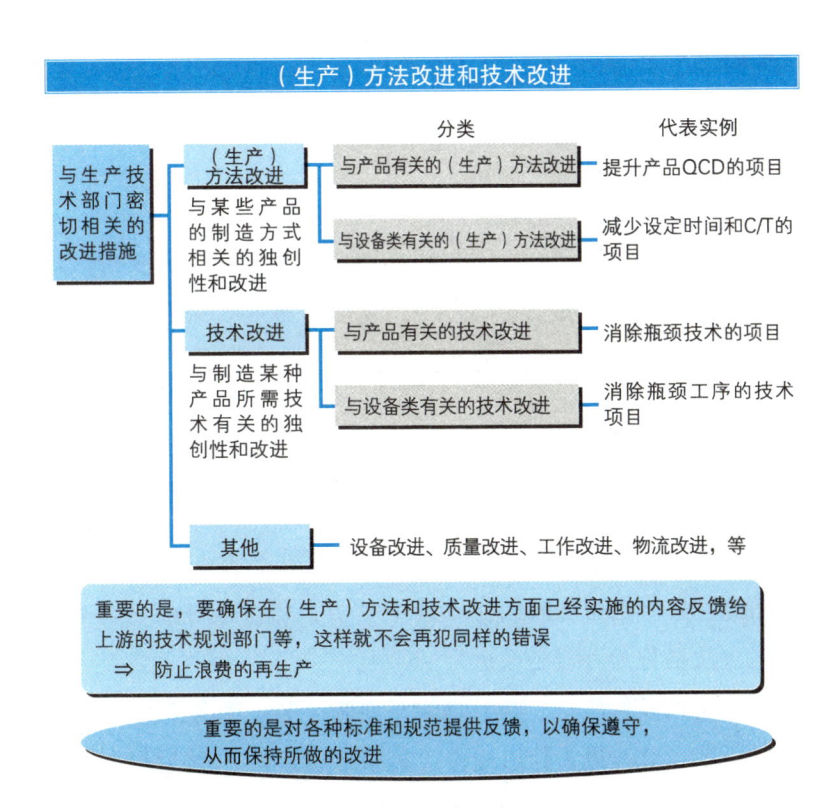

(生产)方法改进和技术改进

与生产技术部门密切相关的改进措施	分类	代表实例
(生产)方法改进 与某些产品的制造方式相关的独创性和改进	与产品有关的(生产)方法改进	提升产品QCD的项目
	与设备类有关的(生产)方法改进	减少设定时间和C/T的项目
技术改进 与制造某种产品所需技术有关的独创性和改进	与产品有关的技术改进	消除瓶颈技术的项目
	与设备类有关的技术改进	消除瓶颈工序的技术项目
其他	设备改进、质量改进、工作改进、物流改进,等	

重要的是,要确保在(生产)方法和技术改进方面已经实施的内容反馈给上游的技术规划部门等,这样就不会再犯同样的错误
⇒ 防止浪费的再生产

重要的是对各种标准和规范提供反馈,以确保遵守,从而保持所做的改进

6-13
了解设备改进的步骤并利用这些步骤进行改进

在推动设施改进时，了解设施改进的步骤是很重要的。这时就需要与工人紧密合作，尽可能不关注成本，并有效和经济地解决现有设备的问题，使其更容易使用。

▶▶ 如何进行设备改进

为了改进某个设备的除尘（功能），将对切屑容易堵塞的部分进行加工，使切屑容易流动，以此提升设备便捷性（见第6-14节）、自动化和自働化（见第6-9节）等，这种改进设备本身的方法被称为"设备改进"。

推进该设备改进，与其他设计对象一样，首先决定①改进哪个设备，②改进为什么规格（见第3-12节）。然后根据改进的程度，③对需要改进的地方进行详细设计，④设计评审（见第7-2节），采纳相关人员的意见。如果设计审查成功，⑤立即完成设计，安排零部件，确保、装配、调整，⑥进行试运行（见第4-2节），如无问题，分别进入⑦正规生产。另外，④如果在设计审查或⑥试运行中发现问题，必须分别返回③或⑤步骤去除问题，再次进行审查或试运行。

为了有效和低成本地推动这些设备的改进，有必要根据问题和要改进的程度来决定改进的类型和组织的参与程度，并考虑到第 6-10 节所述的内容和以下项目。

▶▶ 设备改进的注意事项

在推动设备改进时，生产技术的负责人必须考虑当前设备所处的环境，进行改进以实现更顺利的生产。具体而言，推进改进活动需要考虑到以下几点：与工人密切合作，消除目前设备中不容易使用的部分；在改进设备之前，重新审视是否可以采取措施改进操作（见第 6-3 节）或（生产）方法（见第 6-12 节）；尽量减少必要的改进部分，降低成本和时间，并在进行改进时采用尽可能简单的机制；注意不要与现有部件相互干扰[①]等；目前设备的性能不应受到影响。

---

① 干扰：指在装配或操作某人等情况下，由于已经存在其他物品等而无法进行本来的装配或动作的状态。

比较大的设备改进步骤

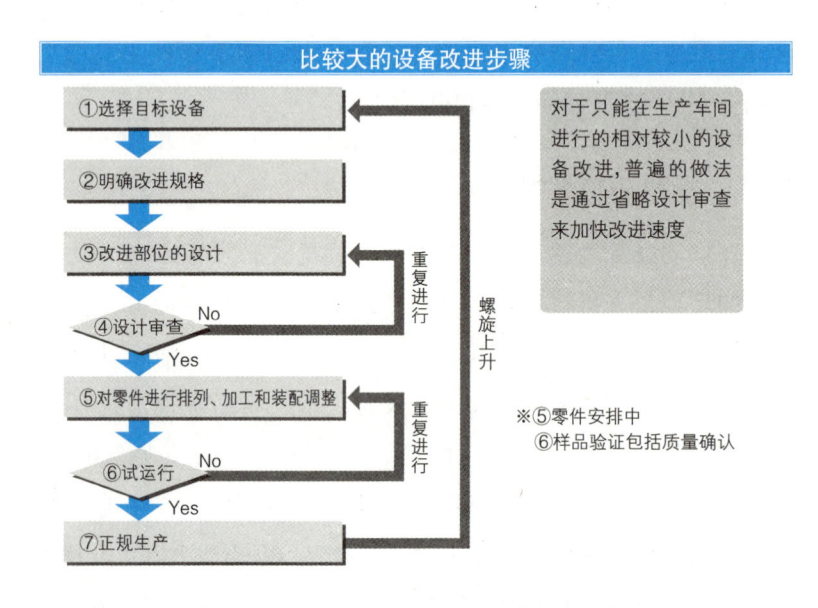

① 选择目标设备
↓
② 明确改进规格
↓
③ 改进部位的设计 ← 重复进行
↓
④ 设计审查 — No
↓ Yes
⑤ 对零件进行排列、加工和装配调整 ← 重复进行
↓
⑥ 试运行 — No
↓ Yes
⑦ 正规生产

螺旋上升

对于只能在生产车间进行的相对较小的设备改进，普遍的做法是通过省略设计审查来加快改进速度

※⑤零件安排中
⑥样品验证包括质量确认

设备改进的注意事项

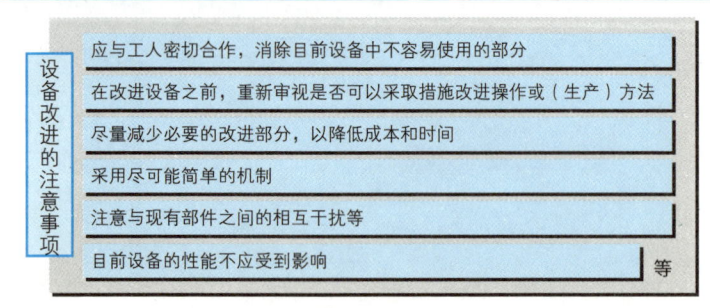

设备改进的注意事项	应与工人密切合作，消除目前设备中不容易使用的部分
	在改进设备之前，重新审视是否可以采取措施改进操作或（生产）方法
	尽量减少必要的改进部分，以降低成本和时间
	采用尽可能简单的机制
	注意与现有部件之间的相互干扰等
	目前设备的性能不应受到影响

等

6-14
改造成便于使用的设备

为了使现有设备便于使用，令生产车间（人员）满意，重要的是在纳入生产车间要求的基础上，对该设备进行改造。而且，还要在新设备中体现出技术、诀窍，使其从一开始就易于使用。

▶▶ **设备翻新的必要性**

当工人评估生产车间运行的设备时，他们可以清楚地看到哪些设备是用户友好型的，哪些不是。如第 313 页图所示，"便于使用的设备"是指易于上手，可以安全、放心地进行操作的设备。具体而言，包括：工序能力高、工作性能好、除尘效果好、设定简单（见第 2-10 节）、无短停机（见第 4-9 节）、无故障、发生故障时自动关闭、发生故障后易于恢复等。

要建立符合 SQCDM（见第 4-9 节）标准的优秀生产车间，重要的是推进设备翻新（见第 3-18 节），即要在生产车间正在使用的设备中，加入第 313 页图所示的内容，进行改进，使其使用方便。

换句话说，设备翻新是指对现有设备中操作不顺手的部分进行改进。通过这种方式，在考虑到生产车间的 SQCDM 的情况下，确定目标设备并进行改造，以推动实现该设备需要达到的目标。

尤其是通用设备（见第 2-6 节），它们与专用设备不同，被有意设计成多种用途，因此在重复进行的生产车间中会出现冗余功能。就像函数计算器和最近的个人电脑一样，价格越昂贵，操作就越复杂，难以使用。或者说，最经常使用的部件可能会出现磨损，所需的功能可能不再符合要求的标准。

因此，生产车间将需要大修、翻新或改造不便使用的设备，构筑符合 SQCDM 标准的优秀生产车间。

▶▶ 设备翻新时

设备翻新等具体任务一般由生产技术部门处理。因此，在设备翻新时，生产技术的负责人必须与生产车间的主管人员、每天操作设备的工人密切合作，了解有关设备的现状和生产车间需要对设备进行改进的点。将生产车间 24 小时使用的设备改造成便于使用的设备，这样就可以有效和低成本地实现生产车间的生产目标。

此外，生产技术的负责人，需要将这些技术、诀窍作为技术标准进行记录（见第 5-15 节），以便应用于新旧设备，并确保新设备从一开始就易于使用，哪怕是由其他技术人员负责。

第 6 章　提高 QCD 的生产技术

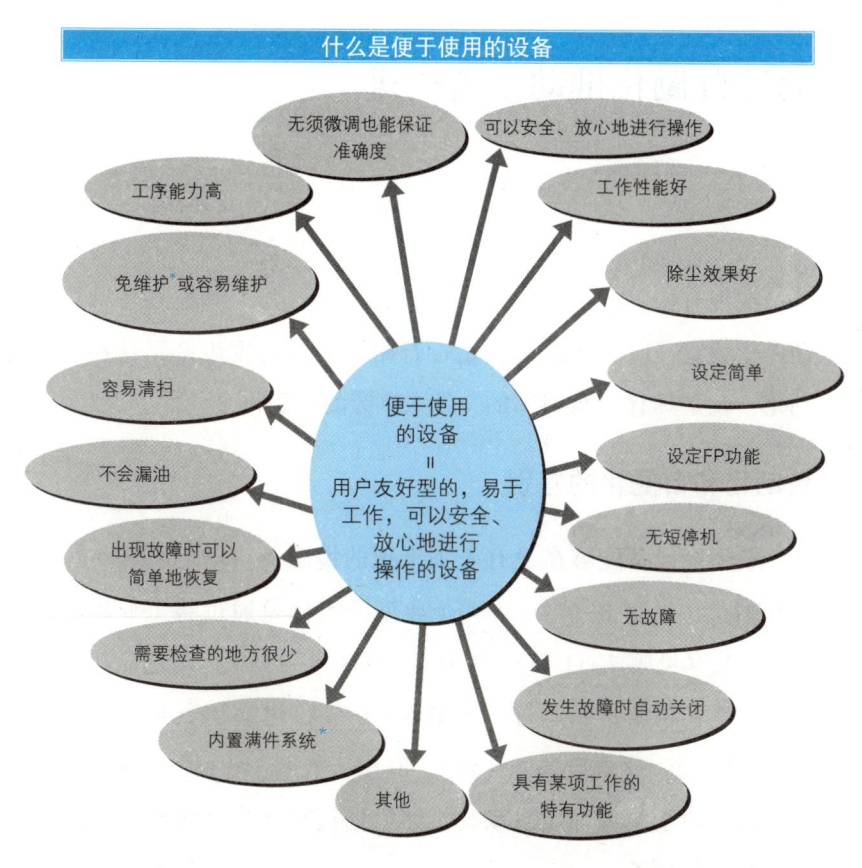

什么是便于使用的设备

便于使用的设备
=
用户友好型的，易于工作，可以安全、放心地进行操作的设备

- 无须微调也能保证准确度
- 可以安全、放心地进行操作
- 工序能力高
- 工作性能好
- 免维护[*]或容易维护
- 除尘效果好
- 容易清扫
- 设定简单
- 不会漏油
- 设定FP功能
- 出现故障时可以简单地恢复
- 无短停机
- 需要检查的地方很少
- 无故障
- 内置满件系统[*]
- 发生故障时自动关闭
- 其他
- 具有某项工作的特有功能

[*] 维护：Maintenance。指为工业产品提供设备、维护、检查和保养，保持设备稳定运行和产品质量的所有活动。
[*] 满件系统：检测到设定数量的成品，如加工系统，已经达到满件生产的时候，自动停止生产设备的系统。

313

6-15
通过自働化推动设备改进

在现有的生产设备上增加智慧和巧思,并为其配备各种自动停止装置,以防止生产大量不合格产品和过度生产。这种自动化,就是具有"意识"的、带人字旁的自働化。

▶▶ 自动化和自働化的差别

使生产设备能够在没有人工干预的情况下自动运行被称为"自働化"(见第6-9节)。一个典型的实例是通过将工业机器人、ATC(见第7-11节)和APC(见第7-11节)附加到机床上,让它们持续自动运行(见第6-16节)建立一个FMC(见第7-12节)。比如设备群(组)。其中,如第316页图所示,工业机器人用于实现加工自动化,然后通过教学自动进行装配和其他复杂的任务。

另一方面,安装能够自动检测生产设备中任何异常位置并自动停止生产设备的装置,即所谓的"自动停止装置",一般称为"自働化"(本书第6-9节中给出了推动"自働化"的实例)。这种自働化,加上无库存物流,共同构成了丰田生产方式的4个手段。

第 6 章 提高 QCD 的生产技术

此外，高度自动化的生产设备配备了自动关闭装置，以实现持续自动运行，这当然会提高可靠性和经济效益。

推动这种自働化可以最大限度地减少不合格产品的大量出现、生产过剩和生产设备及工具损坏等不利影响。此外，工人可以安心地专注于生产，大大减少人数，这可以使生产效率得到革命性的提高。

此外，如第 316 页图所示，丰田正在积极推进自働化（进程），利用工人的独创性和智慧，给大多数生产设备上附加了"意识"。

▶▶ 自働化的代表实例

自働化装置不仅出现在丰田汽车中，还出现在其他各个制造商的工厂里。典型的装置包括自动停止装置，如工具折损检测装置、满件检测装置（见第 6-16 节）、原材料短缺检测装置[①]、FP（见第 4-3 节）、固定位置停止装置和工件姿势异常检测装置。

这里，工具折损检测装置是指自动检测工具折断、缺损和其他损坏，以尽量减少不合格产品发生的设备，而固定位置停止装置是指在检测到异常情况时自动将生产设备停在预定位置的设备。

---

① 原材料短缺检测装置：指检测到供应给生产设备的原材料用完时，自动停止生产设备的装置。并且，可以增加一个出料运行（见第 7-11 节）装置，这样一来，即使原材料供应不足，也可以加工到最后一个工件。

这就需要生产技术的负责人在生产系统异常时，停止生产线，使问题点显现出来，并针对该问题点，利用自働化推动设备改进，提升生产线（的效率）。

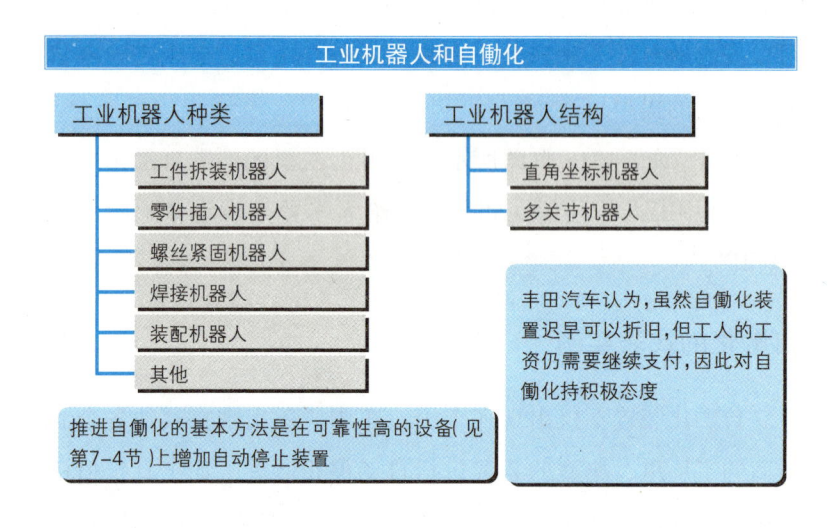

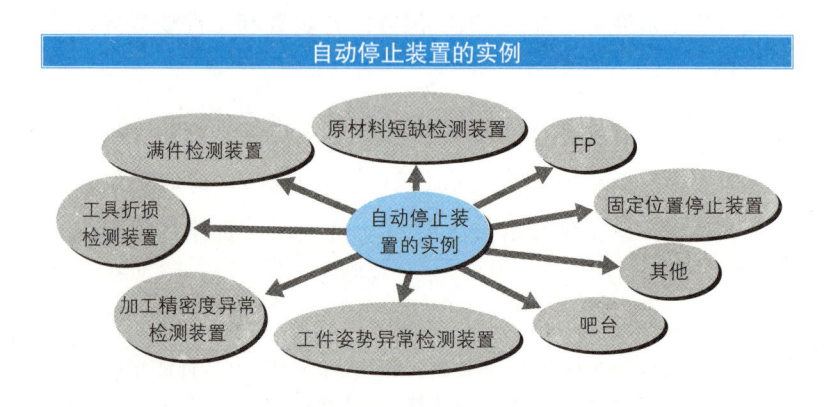

工业机器人和自働化

工业机器人种类
- 工件拆装机器人
- 零件插入机器人
- 螺丝紧固机器人
- 焊接机器人
- 装配机器人
- 其他

工业机器人结构
- 直角坐标机器人
- 多关节机器人

丰田汽车认为，虽然自働化装置迟早可以折旧，但工人的工资仍需要继续支付，因此对自働化持积极态度

推进自働化的基本方法是在可靠性高的设备（见第7-4节）上增加自动停止装置

自动停止装置的实例

自动停止装置的实例：
- 满件检测装置
- 原材料短缺检测装置
- FP
- 工具折损检测装置
- 固定位置停止装置
- 其他
- 加工精密度异常检测装置
- 工件姿势异常检测装置
- 吧台

6-16
推动连续自动运行

"连续自动运行"方法是一种令全自动设备（如全自动加工和全自动装配线），在没有人工干预的情况下持续连续生产的方法。重要的是要消除短停机，确保设备平稳运行，不至于生产过剩。

▶▶ 连续自动运行

"连续自动运行"是指：即使在工人离开生产线的情况下，也将连续自动地运行全自动设备，如，全自动加工生产线和全自动装配线等。其持续时间被称为"连续自动运行时间"。也有企业将其分别称为"连自"或"连自时间"。

连续自动运行根据其运行目的不同，可以分为各种连续自动运行时间。例如，10 分钟连续自动运行以休息时间的连续生产为目的；1 小时连续自动运行以午休时间的连续生产为目的；4 小时连续自动运行以直接连续生产为目的；15 小时连续自动运行以夜间连续生产为目的等。这些连续自动运行的目的时间和名称，因有关企业的工作模式和作业时间而有所不同。

▶▶ 连续自动运行的成功要点

为了成功实现连续自动运行，达到引进全自动设备的目标，必须消除最大的抑制因素——短停工（见第 4-9 节）。因此，生产技术的负责人要与生产车间的工人一起，充分利用视频图像等，认真调查短停工的原因，并对其采取措施。关于如何进行操作，请见第 4-9 节。

此外，即便是连续自动运行设备，也不代表无限制的生产就够了。连续自动运行要求生产与需求相匹配，不会因为状态好就过度生产。

出于这个原因，生产技术的负责人需要确保在产量超过后续工序的要求时，设备能自动停止生产。因此，设备应安装满件检测装置①，当已完成的产量达到预定数量时，该系统会自动停止生产设备，通过连续自动运行防止生产过剩。通过安装这些自动停止装置（见第 6-15 节），可以将连续自动运行的不利影响降到最低。停止信号也会依次传递给前面的工序，这样每个工序就被串联起来，像是一个整体。从安全的角度来看，在全部工作结束后，设备的运行等在整个企业内达成统一同样重要。

---

① 满件检测装置：检测到设定的完成加工的量等已经达到预定水平并变满时，自动使生产设备停止运转的装置。

第 6 章　提高 QCD 的生产技术

连续自动运行的种类和目的

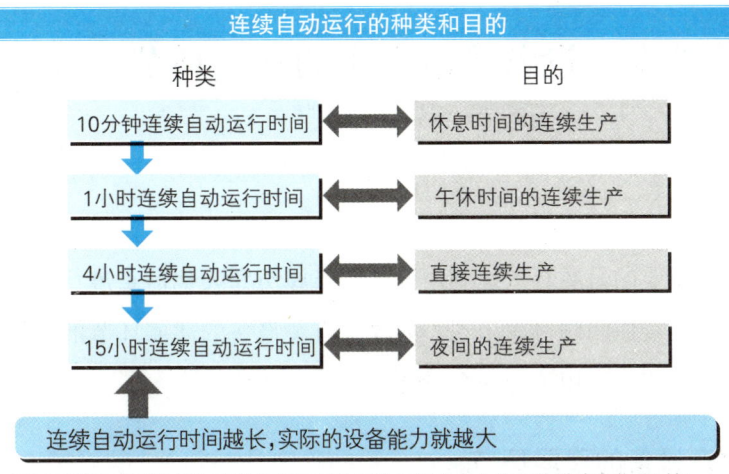

种类		目的
10分钟连续自动运行时间	↔	休息时间的连续生产
1小时连续自动运行时间	↔	午休时间的连续生产
4小时连续自动运行时间	↔	直接连续生产
15小时连续自动运行时间	↔	夜间的连续生产

连续自动运行时间越长，实际的设备能力就越大

※重要的是，连续自动运行的类型和目的取决于每个企业的工作模式和作业时间。

为了低成本地进行连续自动运行

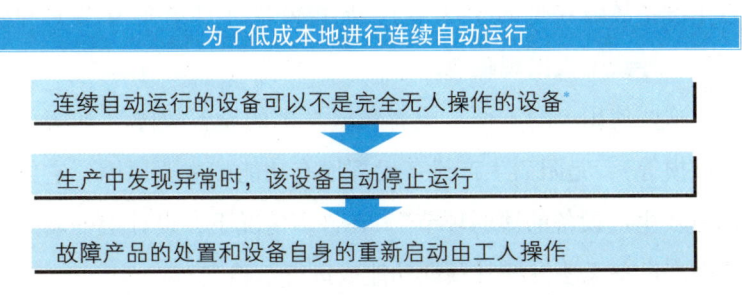

连续自动运行的设备可以不是完全无人操作的设备*
↓
生产中发现异常时，该设备自动停止运行
↓
故障产品的处置和设备自身的重新启动由工人操作

* 完全无人操作的设备：指即使没有工人，也能在发现异常的同时全自动进行处理的设备。

6-17
改进生产设备等设计上的薄弱环节

重要的是要有效地利用设备故障履历和其他信息进行改进,以防止类似问题再次出现,如改变有关设备的薄弱环节的设计,并将这些经验用于下一个设备。

▶▶ 生产设备的薄弱环节

工厂内大量设定的生产设备中,有的使用不便,有的频繁发生设备故障(见第5-5节),如短停机(见第4-9节)和破损等,导致工人出现疏忽。

这些使用上的不便,或者频繁发生的设备故障(如短停机和破损等),是阻碍生产设备发挥原有功能的主要原因,它们被称为"生产设备的薄弱环节"。在许多情况下,设计上的弱点会使生产设备无法发挥其预期功能或运行不稳定。

▶▶ 如何改进设计上的薄弱环节

生产技术的负责人,为了改进生产设备的引进等设计上的薄弱环节,需要认真听取每天使用该生产设备的工人的意见和要求,了解生产设备、生产系统、产品的改进点等。在此基础

第 6 章 提高 QCD 的生产技术

上,还要经常与设计者及相关人员协商,采取最佳方案,使生产设备得以安心生产和使用。

此外,也要对生产设备的设计采取个别措施,如利用设备故障履历(见第 5-5 节)来确定有关生产设备的频繁故障点,实施设计变更。如果生产设备是企业内部设计和制造的,应向设备设计部门发出图纸变更委托书(见第 4-12 节),要求修改图纸。如果需要改变设计的设备是在企业以外设计和制造的,那么必须确保内部设计的图纸在生产技术部门有适当的编号,且得到妥善保管,并对最新版本进行管理(见第 5-8 节)。这将防止重新制造替换零件时,由于相关零件的磨损而使旧图纸造成的问题再次发生。

此外,通过将在生产设备的生产和使用阶段获得的预防性维护(见第 6-19 节)信息,即所谓的 MP 信息(见第 6-19 节)反馈给现有或新建的设备,最大限度地减少问题的发生。

此外,还必须将信息反馈给编制生产设备采购规格说明书(见第 3-12 节)的部门,在设备引进前预先做好应对措施,这样不仅可以避免类似的问题,还可以避免类似的问题造成的可用率降低(见第 2-5 节)。

设计上的薄弱环节的分类及其应对策略

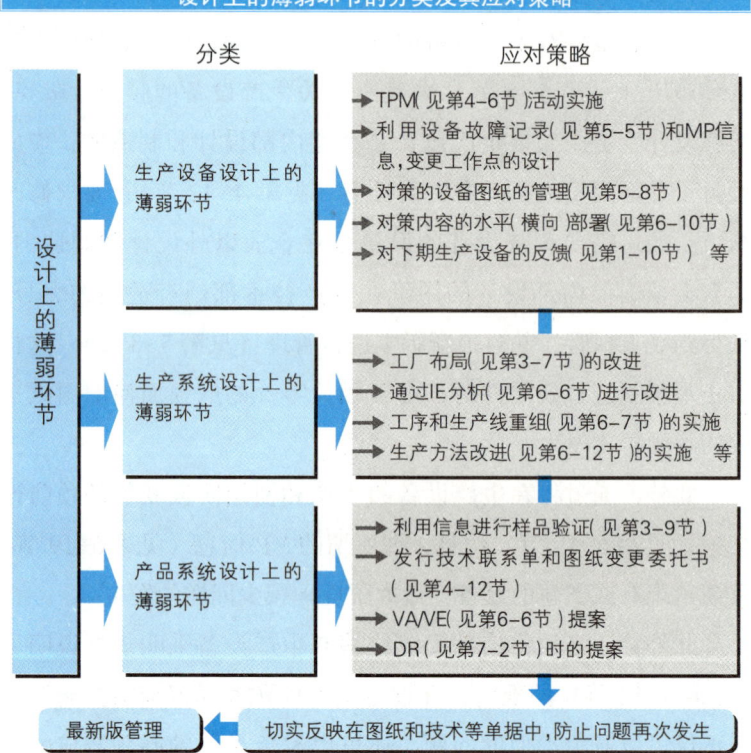

分类

设计上的薄弱环节
- 生产设备设计上的薄弱环节
- 生产系统设计上的薄弱环节
- 产品系统设计上的薄弱环节

应对策略

生产设备设计上的薄弱环节：
- → TPM(见第4-6节)活动实施
- → 利用设备故障记录(见第5-5节)和MP信息，变更工作点的设计
- → 对策的设备图纸的管理(见第5-8节)
- → 对策内容的水平(横向)部署(见第6-10节)
- → 对下期生产设备的反馈(见第1-10节) 等

生产系统设计上的薄弱环节：
- → 工厂布局(见第3-7节)的改进
- → 通过IE分析(见第6-6节)进行改进
- → 工序和生产线重组(见第6-7节)的实施
- → 生产方法改进(见第6-12节)的实施 等

产品系统设计上的薄弱环节：
- → 利用信息进行样品验证(见第3-9节)
- → 发行技术联系单和图纸变更委托书(见第4-12节)
- → VA/VE(见第6-6节)提案
- → DR(见第7-2节)时的提案

最新版管理 ← 切实反映在图纸和技术等单据中，防止问题再次发生

6-18
追求并实现高效的 MH

MH 负责原材料、部件和成品的整体处理和运输，是促进自动化的一项重要技术。重要的是，通过直接交付和工序重组，减少 MH 本身的数量。

▶▶ 什么是 MH

MH 是"材料搬运（Material Handing）"的简称，是指材料的搬运设备及其作业，有些企业将其简化后称为"料运"。

MH 的具体内容，基于能够有效和经济地生产有关产品的布局（见第 3-7 节），并涵盖整个原材料和部件的处理和运输，包括供应、装配、成品的机外排放和转移。这些类型的 MH 包括装配、供应和转移，这也是促进自动化的基本要素技术（见第 1-3 节）。

最新的趋势是，越来越多的企业采用基于 AGV[①] 的自动运送系统（见本书第 7-12 节中的实例）来实现厂内运输的自动化，如 CIM（见第 7-13 节）和 FA（见第 6-9 节）等，而 AGV 作为这种系统的基础技术正变得越来越重要。

[①] AGV：Automated Guided Vehicle 的缩写。无人驾驶运输车。

MH 推进上的要点

促进自动化和连续自动运行的过程中，MH 成了许多企业一个难以克服的瓶颈（见第 6-16 节）。例如，供应部件由于供应不足而在待机或滑道中被卡住或塞住，从而导致短停机（见第 4-9 节）及其他自动运行的障碍，不能实现最初的投资目标。

作为生产技术的负责人，从经营上也要求采取措施防止这些事态的发生，追求并实现高效的 MH。

为了实现这一目标，必须为本企业产品的形状和尺寸找到最合适的 MH 并使之标准化，同时审查货物形状[①]，以建立或改进一个具有较少搬运操作的生产系统。具体来说，可以通过尽量取消临时存储、转变形态和翻转，整合工序，扩大分工等方式来减少 MH 的数量，整理企业内部已经证明的 MH，并梳理已经发生的问题和采取的对策的实例，通过组织其他企业的实例来改进 MH 技术。在某些情况下，企业还需要要求产品设计部门改变产品形状、尺寸等。

在此基础上，生产技术负责人需要更可靠、更高效的 MH 技术，并通过直接交付和工序重组减少 MH 本身（包括重型和大型的产品），实现顺利生产。

---

① 货物形状：为了便于运输和处理而被包装的状态，例如，整齐地存放在预定的容器中的预定位置，以便高效、经济地运输和处理零件。

第6章　提高QCD的生产技术

MH的构成和运动的自动化

MH的构成

种类	功能	内容
装配	在实际的装配操作中,进行材料处理功能	插入、结合、组装时的必要零件处理
供应	将零件和其他要装配的部件送入工作区的功能	储存、对齐*、输送、分离
转移	用于移动和停止工件、夹具等的功能	连续转移、间歇转移、同步转移、直接转移

重力运送虽然可以降低设备费,但由于滑道和工件的形状等容易引起卡住和堵塞等,导致短停机,因此需要注意

搬运自动化

	MH	负责原材料、部件和成品的整体运输的技术,对促进自动化至关重要
	AGV(无人驾驶运输车)	在工厂和其他地方自动运输货物的车辆,无人值守或有人值守,在预定地点装载或卸载货物
	自动运送系统	在加工和装配过程之间自动运输生产所需的零件、产品、夹具和工具的整个系统,例如,将它们装载到AGV或其他设备上,然后自动运输到预定的位置

＊对齐:使供给零件的方向和姿势一致。

325

6-19
....
将 MP 信息和工序信息活用于设备维护等

企业为了在竞争中得以生存，必须提高产品竞争力以及产品的完成度。为此，必须将生产过程中获得的 MP 信息和工序信息等反馈给生产设备等，并利用这些信息对设备进行维护和改进等。

▶▶ MP 信息

在某种产品的生产过程中，可以获得各种信息，包括技术信息。由于企业之间的竞争日趋激烈，这些技术信息以技术联系单和图纸变更委托书（见第 4-12 节）以及 MP 信息和工序信息的形式反馈给产品设计和设备设计部门（见第 1-10 节）。将其应用于设备维护（见第 5-11 节）和各种改进上，并在下一个设备中有所体现，使产品竞争力以及产品完善度获得提升。

MP 信息是指在生产设施和设备的规划、设计和生产阶段纳入的信息，通过很好地利用生产设施和设备的维护记录和生产信息，提前预测此类问题的发生，防止生产设施出现缺陷和故障。这指的是维护预防（Maintenance Prevention）的信息，即将问题发生率降到最低的管理活动。

第 6 章　提高 QCD 的生产技术

▶▶ 工序信息

　　正如人们所说的"生产车间是活着的",即使在生产同样产品的生产车间,每天的生产状况也时刻变化。为了准确把握这些变化,工序信息不可或缺。也就是说,工序信息是为了高效、低成本地生产某一产品而构建的、关于各工序的信息。

　　这一信息被反馈给前一工序,以进行微调;鼓励事先进行采取应对措施,将信息传达给后一工序;为了防止问题再次发生,这些信息可以用于设备维护;维修部门可以利用这些信息进行预防性维护(见第 5-3 节);向技术部门反馈,这些信息在生产中得到了充分的利用,例如,改进相关设备或在下一步的工序计划和工序设计中使用这些信息。

　　以这种方式获得的 MP 信息和工序信息可以积极利用在生产中,如将其反馈给前后工序的技术人员和工人,可以提高有关产品的完成度,这反过来又会提升有关产品的竞争力。

工序信息的实例

工序信息
- 与产品质量（Q）相关的信息
- 与产品成本（C）相关的信息
- 有关产品交付（D）的信息
- 有关设备运行的信息
- 等

↓

活用于设备维护及各种改进，并反映在下期设备中　等

如何将MP信息和工序信息用于设备维护的实例

MP信息　　**工序信息**

充分利用于设备维护的实例
- → 改进质量不稳定的部位
- → 重新审视日常检查、定期检查的项目和检查内容
- → 重新审视定期更换和定期修理的周期
- → 发现并解决生产设备薄弱环节
- → 对生产设备的薄弱环节进行应对，并水平(横向)部署　等

↓

提升生产体系，提高产品竞争力

6-20
将技术信息反馈到产品设计等方面

技术信息，如在生产过程中获得的技术和诀窍，应反馈到产品设计等方面，与产品的完成度一起用于提高产品竞争力，从而提高市场竞争力。

▶▶ **反馈的重要性**

根据开发设计部门提交的图纸，生产技术的负责人需要考虑：是否可以通过类似的方式制造目标产品等来实现更高效、更低成本的生产，然后结合工序计划（见第3-2节），建立生产系统并与实际生产相联系。将生产启动（见第3-8节）阶段和生产阶段获得的技术、诀窍，包括与产品和设备有关的技术和诀窍，都反馈给设计部门（见第1-10节），以便在下一阶段的设计中得以改进和利用。这对提升产品的竞争力很重要，可以以低成本、快速和稳定的方式制造出更好的产品。

现如今，企业竞争异常激烈。从经营的角度上来讲，需要在全企业范围内扎实地积累反馈活动，并结合产品的完成度，提高产品竞争力，增加企业利润。

▶▶ 反馈的具体方法

通过向设计部门和其他相关部门反馈"技术信息",如在生产等阶段获得的技术和诀窍等,作为技术联系单和图纸变更委托书(见第4-12节)、MP 信息(见第6-19节)和工序信息(见第6-19节),来实现更高水平的制造的方法。

如第331页图所示,技术联系单从生产部门或供应商反馈给生产技术部门,从生产技术部门反馈给产品设计部门或设备设计部门;图纸变更委托书从生产部门或供应商反馈给生产技术部门,从生产技术部门反馈给产品设计部门或设备设计部门;MP 信息和工序信息从生产部门反馈给生产技术部门,从生产技术部门反馈给设备设计部门。

请注意,根据信息性质的差异,其可能不经过生产技术部门,直接反馈给有关部门。当然,收到反馈的部门必须将其研讨的结果输入技术联系单或图纸变更委托书的答复栏中,并将其返还给发出人。虽然途径因企业的组织形态而异,但为了实现高效、低成本的制造目标,要根据本企业实际情况采取措施。这不仅关系到本企业生产技术的可视化,在提高生产技术上也是必需的。

生产技术部门的负责人,需要积极利用这些机制来提高产品的 QCD 和其他市场竞争力。

第6章 提高QCD的生产技术

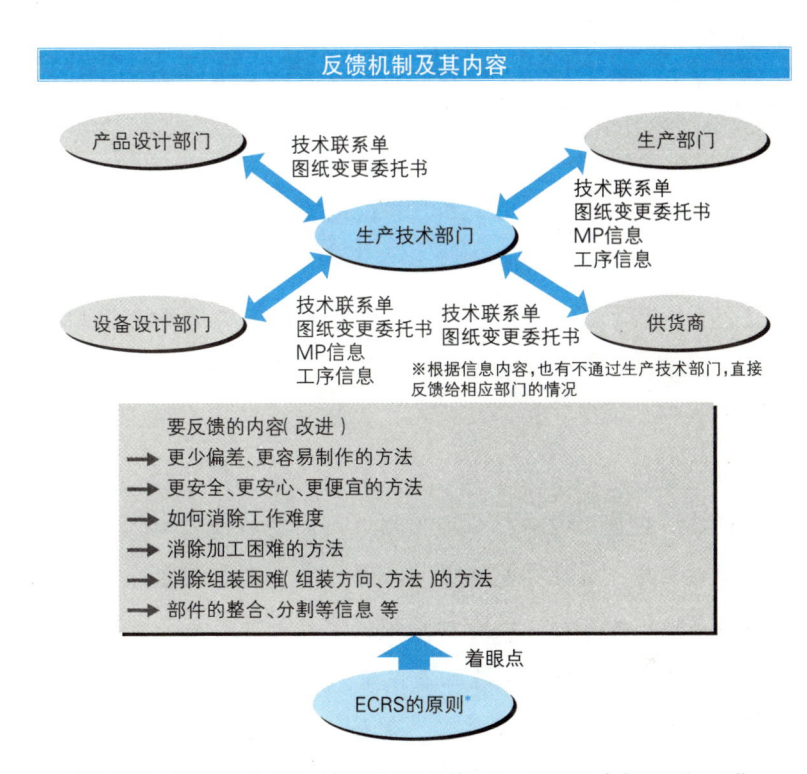

反馈机制及其内容

```
产品设计部门 ←— 技术联系单
              图纸变更委托书  →  生产技术部门  →  生产部门
                                              技术联系单
                                              图纸变更委托书
                                              MP信息
                                              工序信息

设备设计部门 ←— 技术联系单        技术联系单   →  供货商
              图纸变更委托书      图纸变更委托书
              MP信息
              工序信息
```

※根据信息内容,也有不通过生产技术部门,直接反馈给相应部门的情况

要反馈的内容(改进)
→ 更少偏差、更容易制作的方法
→ 更安全、更安心、更便宜的方法
→ 如何消除工作难度
→ 消除加工困难的方法
→ 消除组装困难(组装方向、方法)的方法
→ 部件的整合、分割等信息 等

↑ 着眼点

ECRS的原则*

*ECRS原则:给出了提取改进对象问题点时的着眼点。ECRS的内容可见第6-1节。

331

专栏 产量下降的时候才是改进公司体系的机会

在某个制造商的几十个客户中，有 A 企业和 B 企业。整体经济不景气的时候，A 企业采取了与 B 企业截然不同的措施，即使现在经济已经复苏，对其产品的 QCD 方面的影响仍然鲜明。接下来，就为大家阐述这个实例。

A 企业在产量开始下降、生产人员过剩的情况下，与生产管理部门合作，减少日产量，将过剩人员集中到一起，实施各种改进活动和员工教育培训。然而，这些活动因为太忙而一直未能得到实施，后期才集中精力着手于此。改进的重点是工人本身难以操作的部分；教育和培训的重点是学习新技能并加快设定；主管人员主要是完善标准作业，修订手册。另一方面，B 企业开始专注于减少经营资源，例如，只保留眼前生产所需的人员，并抽调多余的人员。因此，工厂的工人数量减少，各种管理获得简化，不同类型的实际产品数量减少，经营得以简化。

两家企业的财务结算状况显示：两者的收入和利润都有所下降，但 A 企业的下降幅度较大，其应对策略在股东大会上受到了批评。仅从结算结果来看，许多股东认为 B 企业采取的措施是成功的。

然而，随着经济的复苏和生产的增加，由于工人短缺和技能明显下降，B 企业开始努力保证生产量，紧急雇用零工、兼职

第6章 提高 QCD 的生产技术

工、临时工和短工。生产力和产品质量均有所下降，企业不得不努力应付。A企业在前一阶段开始稳步改进生产环境，并开始看到积极的成果，能够以较少的人员，安全、顺利、稳定地生产出 QCD 优良的产品，使生产更高效、更经济。这意味着低成本生产成为现实，同时也增加了员工对经营者的信任度，相信自己会在困难的时候得到关怀，并致力于进一步改进（生产）。

如上所述，一个企业如何应对生产量下降，这会对以后的生产结构，即"经营结构"产生巨大的影响。当生产量下降时，经营者如果认为这是一个改进公司体系的机会，采取以全企业为整体的办法来克服困难的策略，就可以激励员工，并带来更好的结果。

第 7 章

今后的生产技术：基本项目

当今世界快速发展，制造商需要适应不断变化的生产环境，以更有效和更低成本的方式生产产品，并在此基础上不断进行改进和发展。

生产技术的负责人必须了解这些趋势，建立、维护和改进能够应对这些变化的生产系统，并摸索和建立更好的方法。

因此，本章介绍企业应用于未来生产技术的基本理念：如追求企业产品更有效和更低成本的生产所需的便于生产的产品和用户友好型的设备，对环境的反应能力，建立有效利用 IT 和其他计算机技术的方法，开发生产和引进技术的方法，以及最近引起关注的 IoT（物联网）。

7-1
积极推动 CE、SE

CE 和 SE 都体现了通过尽早开展工作同步推进（生产）的理念，这是缩短新产品和换代产品启动期的有效方法。

▶▶ 什么是 CE、SE

CE（Concurrent Engineering）指的是并行工程。更具体地说，是指从研究、开发到开始生产新产品和换代产品的一系列技术策略，这些策略在短时间内平行进行。也有一些企业将这种 CE 称为 SE（Simultaneous Engineering）。SE 代表同步工程，有些企业将其称为"同步活动"。

CE 和 SE[①] 从研究和开发开始，就参与一系列流程中的部分环节，如产品设计、样品验证和评估、工序计划、工序设计、采购安排、系统建设、试加工和生产等，并在每个环节中紧密结合，开展活动，从而缩短了整个启动期。例如，生产技术部门不是等待自己的上游产品设计和原型制作部门完成各自的任务，而是积极参与前端装载（见第 2-9 节）和设计评审（见第

---

① CE 和 SE：同时进行设计和生产力研究有时称为 CE，包括其前后在内的活动有时也称为 SE。

7-2节),并同时纳入自己的工序计划和工序设计的任务。同样,提早提供必要的信息,以便在生产技术部门的工作完成之前开始纳入后续工序,如采购安排。这样便缩短了新产品的质量和启动期,并通过加快产品的市场供应来降低成本,从而通过在更短的时间内生产出具有优异 QCD 的产品来提高产品竞争力。

生产技术的 CE、SE

生产技术的负责人需要同时进行设计和生产力研究(见第 3-2 节)等,通过加快后续工序的启动时间来缩短启动期,并在初期阶段就考虑后续工序的要求,以改进产品的 QCD 等。

为此,需要有序地推进下图所示的项目,通过开发设计部门、样品验证部门、采购部门和生产部门等相关部门负责人之间的密切信息交流,同时分享生产信息、技术和诀窍,在短时间内实现顺利的垂直启动(见第 4-1 节)。

通过CE、SE推动工作的方法

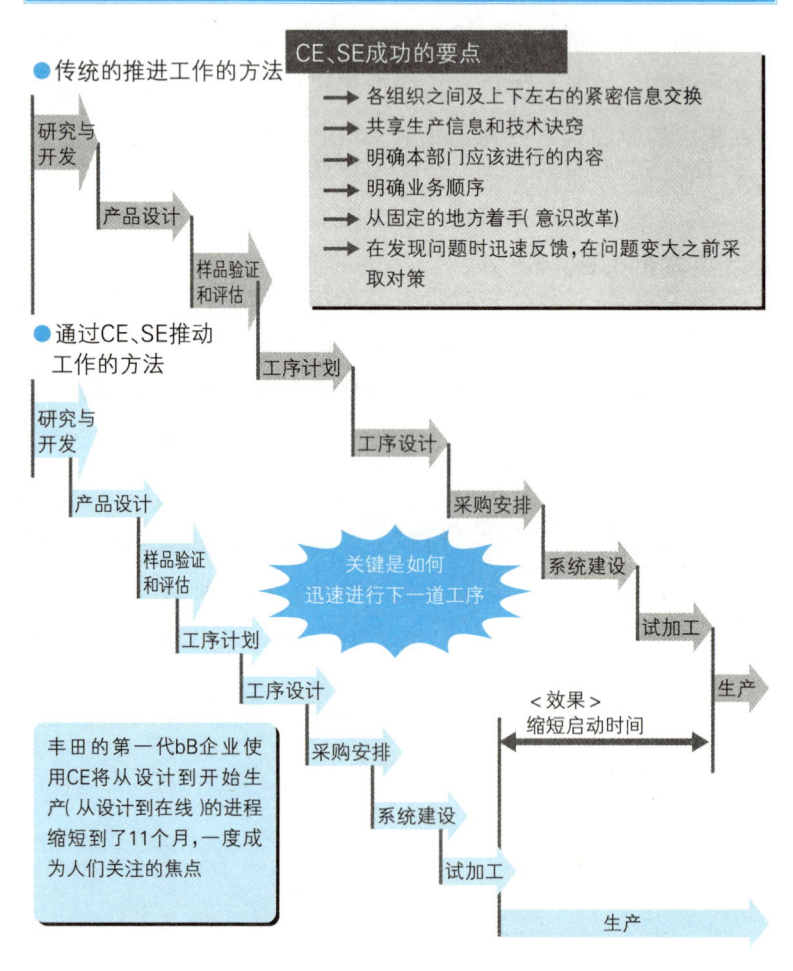

● 传统的推进工作的方法

- 研究与开发
- 产品设计
- 样品验证和评估
- 工序计划
- 工序设计
- 采购安排
- 系统建设
- 试加工
- 生产

CE、SE成功的要点
- → 各组织之间及上下左右的紧密信息交换
- → 共享生产信息和技术诀窍
- → 明确本部门应该进行的内容
- → 明确业务顺序
- → 从固定的地方着手(意识改革)
- → 在发现问题时迅速反馈,在问题变大之前采取对策

● 通过CE、SE推动工作的方法

- 研究与开发
- 产品设计
- 样品验证和评估
- 工序计划
- 工序设计
- 采购安排
- 系统建设
- 试加工
- 生产

关键是如何迅速进行下一道工序

<效果> 缩短启动时间

丰田的第一代bB企业使用CE将从设计到开始生产(从设计到在线)的进程缩短到了11个月,一度成为人们关注的焦点

7-2
参与设计评审（设计审查）

设计审查是实现高效和低成本制造的基本活动之一，其包括在图纸（制作）阶段尽量减少设计对象原有的问题等。

▶▶ 设计评审的必要性

很多企业都会进行设计评审（Design Review）和样品验证（见第3-9节），提前评估和研讨，并将其商业化，以提高设计对象的完成度，尽量减少交付后的返工[1]等问题，实现高效和低成本的制造。

此处提到的"设计评审"（或称为DR）是指对产品的设计进行审查，以确保其满足所需的功能、性能和产品QCD（见第1-4节）规范等，并确保其使用安全，且具有良好的可维护性（见第4-7节）。主要从设计的角度来检查设计，在设计阶段提取和检查各种不符合要求的细节、来自后续工序的建议和疑虑，在可预见的问题发生之前加以纠正，并提高设计对象的完成度。

---

[1] 返工：例如，在设计部门，为了应对设计错误和改良产品等，重新研究图纸，在后续工序中，评定已经完成的任务，退回（不满足要求的设计），确保其调整后能够实施。

这些设计评审也可以说是生产力研究（见第 3-2 节）的一环，通过实施这些审查，可以取得第 341 页图所示的效果。

▶▶ 生产技术部门的作用

生产技术部门，从新产品的开发和设计阶段就必须与开发设计部门紧密合作，使目标产品更容易制造，提高完整性。这是因为，产品的生产启动后，后续工序已经通过客户运往市场后，必须进行设计变更，以改进产品的 QCD，如提高质量、降低制造成本和缩短生产筹备期等——在这种情况下，如果得到相关部门的批准，或者变更供应商、生产系统等，手续和执行可能会变得复杂，并且增加意想不到的费用。

为了尽量减少这些情况的发生，生产技术的负责人必须从产品的设计环节开始积极参与，并充分利用他们积累的技术、诀窍和经验，提出各种建议，使其更容易制造。对设备设计来说也是如此。

将生产技术人员派到开发设计部门当实习生，或接受产品设计人员进入生产设计部门，这样可以兼顾双方的技能，提高两个部门之间的开放性，使设计产品与生产车间的联系更加紧密，更容易进行生产制造。

第7章 今后的生产技术：基本项目

设计评审（DR：设计审查）的效果

- 能满足质量
- 目标成本令人满意
- 可以提高可靠性
- 能满足规格
- 能够提高可维护性
- 所有相关人员都可以确认、共享规格
- 可以事先了解并调整日程
- 可以提取和反映参加成员的经营者
- 提高客户满意度
- 其他
- 预防加工、装配的问题
- 与相关部门沟通
- 实现技术、诀窍的发掘、集约化
- 能够反映现场的要求和改进点
- 可以反映市场和使用方便性方面的问题

设计评审的效果

◆ 将生产技术部门积累的技术、诀窍和经验反映到产品设计等
◆ 将(设计)FMEA(见第3-5节)信息应用到产品设计等

→ 实现更好的生产

341

7-3
利用 3D 打印技术缩短生产准备时间

可以进行立体造型的 3D 打印技术，有可能彻底改变制造业的现状。由于可以应用于多个领域，其在制造业外也备受瞩目。

▶▶ 3D 打印技术

与在纸张等平面上的打印不同，3D 打印技术在 3DCAD[①]、3DCG[②] 和三维测量机等三维数据基础上生产三维物体。

这些 3D 打印技术适用于单件生产，如样品验证（见第 3-9 节），以及各种产品的小批量生产。它的用途正在扩大，包括通过样品验证来检查设计和验证其功能的情况，以及作为样品提交给客户的情况。

目前，可用于 3D 打印技术的材料包括树脂、金属、石膏和糖。例如，对于金属产品的样品验证，粉末烧结法可用于实现约 0.05 毫米的模塑物体的准确度，而对于树脂的样品验证，喷墨法将材料分层，使其有可能实现约 0.02 毫米的准确度。3D 打

---

① 3DCAD：three-dimensional computer aided design 的缩写。重现三维虚拟空间，并绘制三维物体。

② 3DCG：three-dimensional computer graphics 的缩写。三维计算机图形学。

第7章　今后的生产技术：基本项目

印正变得越来越容易操作。

其在广泛的应用领域也越来越受欢迎，包括制造、建筑、医药和教育。此外，3D打印技术本身的性能也在不断提高，随着普及推广，其价格也在不断下降，形成了一个良性循环。

▶▶ 生产技术注意事项

我们听说，3D打印技术能用一台打印机创造复杂的形状，而传统的制造需要多个工序。因此，3D打印技术在样品验证时可以非常有效。另一方面，在有些情况下需要谨慎行事，例如在转向大规模生产时。典型的实例包括：需要将利用3D打印技术成批生产的物品分割成多个部件进行组装，或者不需要起模斜度[①]即可造型，却无法在大规模生产时对该物品进行模具化。因此，在样品验证和大规模生产之间，有可能需要改变工序。然而，根据产品的不同，有可能只使用一道工序就塑造出复杂的形状，这样就有可能利用该系统进行各种制造任务。

因此，根据使用方式，3D打印技术不仅有可能彻底改变制造业，还有可能改变其他行业。生产部门的工程师等需要确认其可用性，并在开发、设计、样品验证和生产系统建设中很好地利用它们，以缩短生产准备期间。

---

① 起模斜度：Draft angle。为便于从模具中取出模塑品而加在模具上的斜度。

什么是3D打印技术

3D打印技术的代表性造型方式

- 热熔叠层
- 光造型
- 粉末固结
- 粉末烧结
- 喷墨
- 切削加工

3D打印技术的五大特征

- 擅长多种少量生产，如单件生产等
- 可以制作比用模具制作更复杂的立体形状的产品
- 不用模具和模塑机制作样品等
- 不仅可以制作树脂零件，还可以制作金属零件
- 可以通过邮件等轻松发送3D数据

3D打印技术在使用上的缺点

- 运行成本（见第6-1节）
- 使用材料有限
  （例如，金属为马氏体时效钢、镍基调合金、钛64、不锈钢等）
- 即使可以进行样品验证，批量生产过渡时也有可能必须改变工序
- 在某些情况下，设计在样品验证和大规模生产之间存在变化 等

7-4
要构筑高度可靠和灵活的生产系统

在当今快速变化的世界中，生产系统必须足够可靠和灵活，以应对所要生产产品的部分变化。

▶▶ 高度可靠和灵活的生产系统

在当今竞争日益激烈的商业环境中，新产品的开发和换代十分频繁，产品的生命周期（见第 1-15 节）也越来越短。为了应对这种情况，促进高效和低成本的生产，减少现有的半成品和库存，生产技术的负责人必须主动建立一个具有高度可靠性[①]和灵活性（机动性）的生产系统。

为了建立一个可靠的生产系统，生产设备必须高度可靠。其能够让工人集中精力进行安全生产，是一种作业中不让工人产生额外紧张感的设备，必须满足第 347 页图要求。

另一方面，高度灵活的生产系统不是专门用于某种产品的生产系统，而是能够应对产品变化的生产系统，构成生产系统的每个工序和生产设施必须具有基于某种理念的灵活性，具体而言，就是第 347 页图所示的要求。

---

① 可靠性：某项功能、性能等能够保持的时间稳定性程度。

▶▶ 构建生产系统的要点

要构建可靠、灵活的生产系统,生产技术的负责人不仅要引进可靠的生产设备,更重要的是与生产设备的负责人合作,让目标产品的变化成体系发展。在此基础上,必须建立一个高度灵活的生产系统,如第 347 页图所示,以便生产技术的负责人能够灵活地应对事先设想的变化,例如,通过规划目标工序,或使有关的生产系统体系化。

也就是说,事先分阶段确定(上述生产系统的)适用范围,例如能应对目标工序和生产设备,甚至能应对事先程度的目标产品,实现所谓的生产系统的体系化等,使其具有灵活性。

第7章 今后的生产技术：基本项目

高度可靠的设备具备的要求

- 必须是精度稳定的设备
- 即使在非常时期也是作业性良好的设备
- 应是免维护或易于维护的设备
- 可靠的设备要求
- 应是除尘效果良好的设备
- 必须是没有短停机的设备
- 必须是无漏油的设备
- 必须是发生故障后易于恢复的设备
- 必须是没有故障的设备

高度灵活（机动）的要求及其效果

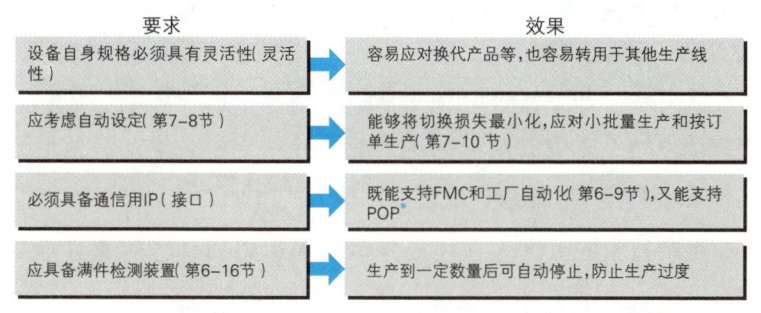

要求	效果
设备自身规格必须具有灵活性（灵活性）	容易应对换代产品等，也容易转用于其他生产线
应考虑自动设定（第7-8节）	能够将切换损失最小化，应对小批量生产和按订单生产（第7-10节）
必须具备通信用IP（接口）	既能支持FMC和工厂自动化（第6-9节），又能支持POP*
应具备满件检测装置（第6-16节）	生产到一定数量后可自动停止，防止生产过度

*POP：Point of production的缩写。生产时点信息管理。是指从发生源直接采集生产过程中产生的各种信息，实时处理，向主管人员提供信息，以便传递给生产车间必要的指示，控制生产的信息管理系统。

构筑高度灵活（机动）生产系统的要点

构筑高度灵活（机动）生产系统的要点
- 构成生产系统的工序本身必须具有灵活性 → 扩大加工对象范围
- 构成生产系统的生产设备应便于移动 → 使工序更换变得容易
- 构成生产系统的控制系统必须具有灵活性 → 使设备动作变更变得容易

与产品体系化一样，生产系统也需要体系化和标准化

347

7-5
积极使用 IT 技术

积极将日益先进的 IT 技术融入我们自己的业务和生产系统，以促进高效和低成本的生产，这一点非常重要。

▶▶ 活用 IT 技术

IT 技术（Information technology 的缩写，信息技术）在各个领域都得到了应用，其进展从日新月异到分秒必争，甚至最近出现了"狗年"[①] 效应，发展速度惊人。

生产技术的负责人在积极将该技术运用到自己的业务中的同时，更重要的是构建高效、低成本的生产系统。例如，如第 350 页所示，通过 WAN 或互联网，与顾客、供应商、工厂等交换各种信息，可以推进高效、低成本的制造生产。具体来说，利用条形码和其他代码自动识别和设定工件，按顺序传输工序进度的数据，在总部或办公室通过视频实时查看实际生产状况，利用实际测量等数据，发出生产指令，改变设定值（见第 7-12

---

① 狗年：狗成长一年相当于人类的七年，这意味着技术革新等变化的速度很快。而且，最近，也出现了"鼠年"的说法，即人的一年相当于老鼠的 18 年。

第 7 章　今后的生产技术：基本项目

节），而不必前往工厂或生产车间。

▶▶ 运用 IT 技术补充/传播生产技术的方法

近年来，如制造业网络的老字号 NC（数控）[①] 网络那样，中小制造商利用互联网联合订购产品，并汇集他们自己的专业技术和信息，实现"条形图工厂"，以及政府主导的实现"智能工厂"（见第 7-20 节）。

"虚拟工厂"不仅通过参与网络系统（NWS）的企业联合订单来增加销量，还可以通过互联网找到拥有本企业不具备技术的企业，实现跨行业和跨业务生产。

换句话说，互联网让一家企业有机会从其他企业获得本身没有的生产技术能力，或者向它们提供本企业的技术。

今后，企业要提高自身技术能力，应参照这些实例，提高自身的技术能力和生产管理能力，如将生产计划与生产结果和进厂零部件的状态自动匹配和沟通，发布生产指令（见第 1-6 节）。生产技术人员要积极收集这些 IT 技术的信息，将其纳入自己的业务和生产系统，并以企业为单位，传播包括生产信息在内的各类信息，加强、提高自身的技术和经营能力。

[①] NC（数控）：主页 http://www.nc-net.or.jp/。在运营网站内开设了"技术森林"，将制造业技术知识数字化，以方便使用者。

通过IT技术实现集中生产的实例

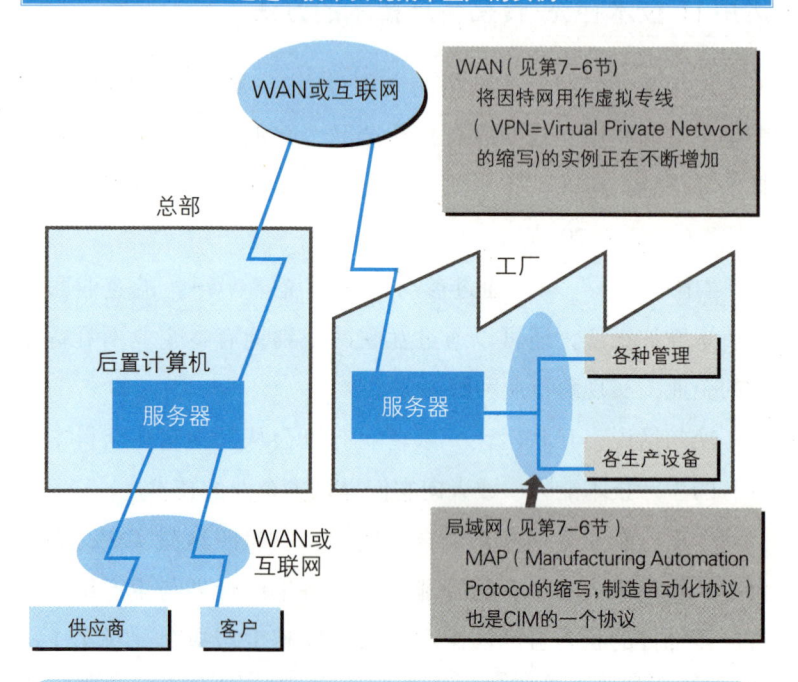

WAN或互联网

WAN（见第7-6节）
将因特网用作虚拟专线
（VPN=Virtual Private Network的缩写)的实例正在不断增加

总部

后置计算机
服务器

工厂

服务器 ─ 各种管理
　　　　 ─ 各生产设备

WAN或互联网

供应商　客户

局域网（见第7-6节）
MAP（Manufacturing Automation Protocol的缩写，制造自动化协议）也是CIM的一个协议

对于生产线、工厂和其他制造场所来说，成功地采用网络技术来建立更先进和高效的生产系统是非常重要的。

（※）IT：国际上，在IT的基础上增加了通信的ICT（Information and Communication Technology的缩写，信息和通信技术）已经作为常用方式固定下来。

第 7 章　今后的生产技术：基本项目

7-6
利用 PLS 系统高效生产

PLS 系统允许用户远程检查和指导生产车间的状况、生产进度和质量状况。对于高效的生产技术关系来说，使用设定指示也很重要。

>> **PLS 系统**

出于安全考虑，最近在街角和建筑物内都安装了监控摄像头。类似的系统也正在生产车间安装和运行。具体来说，在生产车间安装摄像头，可以使相关人员在不离开办公室的情况下，通过 LAN、WAN 或互联网监控生产车间的状态、生产进度，以及远程工厂和供应商的质量（见第 1-5 节），并发出指示。

如上所述，PLS 系统（production live system 的缩写，生产车间系统)[1] 是一个允许对生产车间等进行直播，从而达到远程监控、指示和变更设定的现场系统。

这里提到的 LAN 是 Local Area Network 的缩写，是指局部信

---

[1] PLS 系统：在日本，位于相模原市的马克电子企业引入了这一系统，作为加强与生产承包商信任关系的服务，这在当时成为一个热门话题（《日刊工业新闻》，2003 年 8 月 21 日）。

息通信网。该局域网是指连接工厂内等同一用地内的计算机等的私人网络。另一方面，WAN 是 Wide Area Network 的缩写，是指广域信息通信网。这个 WAN 指的是利用电话线、专用线路、ISDN[①] 的商业线路，连接局域网之间覆盖广大地区的网络。

▶▶ 也将 PLS 系统用于设定指示

PLS 系统用于检查和显示生产车间的情况、生产进度及质量状况。此外，使用该系统对设定及其确认做出指示也很重要。例如，如果突然来了一个订单，PLS 系统可以用来灵活地改变生产计划，并为此从远程位置发出指令，或者在出现设定延迟的情况下发出设定支持的指令。

通过建立 PLS 系统，生产技术的负责人可以提高生产车间管理的准确性，同时使生产更加灵活和可靠。

---

① ISDN：Intergraded Services Digital Network 的缩写。综合数字通信网络。一种数字通信服务，使用连接到每个家庭的电话线，实现快速和稳定的数据传输。

第7章 今后的生产技术：基本项目

PLS结构

```
            WAN或互联网
        生产指示和远程控制
  WAN或              ←→        工厂
  互联网              生产情况         订货方
                    ↓
                  服务器            办公室
                    |
  ─────────────────────────────────────  LAN
  │                                   │
 通过监测    设备的   生产车间   设备的   FMC       FMS
 或PD指     动作              动作    (见第7-12节) (见第7-12节)
 示工人的   控制              控制
 动作
```

※PD：Programmable Display。

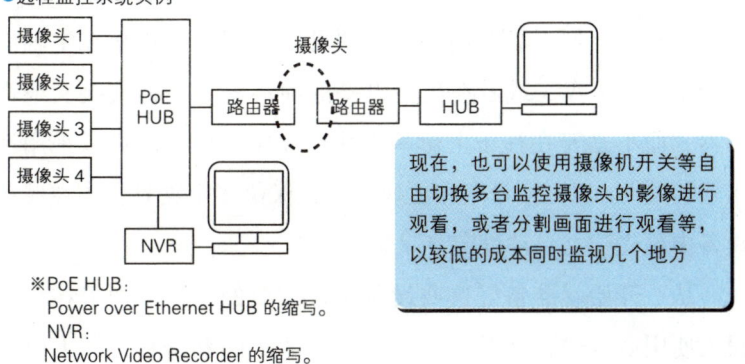

● 远程监控系统实例

```
 摄像头1 ─┐
 摄像头2 ─┤  PoE           摄像头
 摄像头3 ─┤  HUB  ── 路由器 ╌╌╌ 路由器 ── HUB ── 🖥
 摄像头4 ─┘   │
              NVR 🖥
```

现在，也可以使用摄像机开关等自由切换多台监控摄像头的影像进行观看，或者分割画面进行观看等，以较低的成本同时监视几个地方

※PoE HUB：
  Power over Ethernet HUB 的缩写。
  NVR：
  Network Video Recorder 的缩写。

353

7-7
生产设备和夹具类应易于设定

在缩短设定时间和推进设定自动化的基础上，要求在生产设备和夹具类中预先安装容易操作的装置。

▶▶ **生产设备方面的事前准备环节**

在多种少量生产日益发展的今天，为了能在更短的时间内内进行自动设定，要求给生产设备预先安装容易操作的装置。

例如，对于有许多设定的设备，应在主轴端增加客源快速更换工具或类似工具的内侧，以便可以一键更换连接在主轴前端的工具和卡盘，或者在生产设备的前端安装一键式接头或耦合器，而不是安在柱子上影响工作或设定。例如，可以采用滑出式装置①，以方便设定和更换工具，保留多个夹具，并在关键设备中预先建立自动设定（见第7-8节）。

从一开始就准备好这些设备是很重要的，因为如果在设备投入使用后再进行调整，会花费更多的时间和金钱。最大限度地减少引进生产设备和生产线后用于改进的工时，是实现高效、

---

① 滑出式装置：在正常加工过程中，为了提高换刀和设定过程中的可操作性，允许机床进一步缩回，与缩回端分开的机构。

第 7 章　今后的生产技术：基本项目

低成本生产的重要步骤。

▶▶ 夹具方面的事前准备环节

与生产设备方面一样，在夹具和工具方面需要提前做一些准备工作，以便能够更快、更自动地进行设定。

例如，设定区的高度和其他尺寸应该有统一标准，夹具和工具应该做得更轻、更薄、更小，应该准备好对接标准和参考孔，中间夹具（如底板）应该事先固定在通用机床①上经常出现的带 T 形槽②的桌子上，并且应该使用垫片等统一夹具和工具的标准尺寸。

通过提前将上述项目纳入生产设备和夹具、工具，生产技术的负责人可以减少设定时间并实现设定自动化（见第 6-9 节），这将实现更有效和更低成本的生产。

---

① 通用机床：设计用于加工不同类型工件的机床（工件）。
② T 形槽：T 形槽的标准是 JISB0952 "机床工作台-T 形槽和螺栓"，它规定了 T 形槽的尺寸和间距等尺寸。

为了便于设定，应该事先准备的内容实例

为了便于设定,应该事先准备的内容实例

- 生产设备方面的事前准备环节
  - 在主轴端预先加工快速更换工具或其他工具的内侧
  - 不在妨碍生产设备正面工作的柱子上挂东西
  - 采用一触即发的接头、耦合器等
  - 应采用滑出式装置
  - 长期预备几个夹具
  - 预先在关键设备中嵌入自动设定装置
  - 其他

> 根据目标产品的特质，确定要生产和不要生产的产品，这一点非常重要

- 夹具方面的事前准备环节
  - 统一设定部分的高度尺寸等
  - 推广更轻、更薄、更小的夹具和工具
  - 准备好对接标准和参考孔
  - 在T形槽的工作台上固定中间夹具
  - 用垫片等统一夹具类的基准尺寸
  - 其他

第7章 今后的生产技术：基本项目

7-8
在关键设备中嵌入自动设定装置

对于生产自己企业未来产品的关键设备，积极嵌入自动设定（装置），确保高效、经济地生产多个目标产品是很重要的。

⏩ **自动设定**

随着商品目录的切换，在生产设备的某个时刻自动进行的设定（见第 2-10 节），称为"自动设定"。

这种自动设定系统满足了对高效、低成本生产日益增长的需求，因为随着多种少量生产和变种变量生产（见第 1-7 节）的发展，批量变得越来越小。具体来说，在采用一班[①]制进行生产的生产车间，如果必须连续多次进行设定，那么它就和短停机一样，都会抑制连续自动运行（见第 6-16 节）和高效生产。

然而，为了应对不断变化的市场需求，提高有关产品的市场竞争力，这些生产车间和其他地方还必须积极促进小批量生产（见第 6-5 节）和按订单生产（见第 7-10 节）。

[①] 一班：在实行轮班工作的生产车间，一个工人每日作业时间的总称。译者注：一般来说，8：00 至 16：00 是第一班，16：00 至 24：00 是第二班，24：00 至 8：00 是第三班，以此类推。常采用"两班倒"或"三班倒"的表现形式。

因此，自动设定正在成为促进小批量生产、按订单生产和 CIM（见第 7-13 节）的一项基本要素技术（见第 1-3 节）。

▶▶ 自动设定的效果

实现自动设定的实例包括：自动切换 NC（Numerical Control 的缩写，即数控）程序和方法，如 ATC（见第 7-11 节）和 APC（见第 7-11 节），切换加工主体[①]、加工内容和加工条件，以及夹具和其他工具被自动改变和生产。

这样，通过在自动化的生产设备中嵌入自动设定（装置），可以用更少的工人自动连续加工多个目标产品、不同部位的零件、不同种类的零件等。

为了能在当前激烈的企业竞争中生存下来，生产技术的负责人要在企业未来产品生产所需的关键设备中嵌入自动设定（装置），自动切换相关生产系统所要生产的产品，并通过连续自动运行或无人操作系统来提高生产力。

换言之，通过嵌入自动设定（装置），可以用更少的生产人员高效、低廉地连续生产多个生产有关产品。

---

① 加工主体：实际进行加工的生产设备和夹具等的总称。

第7章 今后的生产技术：基本项目

自动设定的具体实例

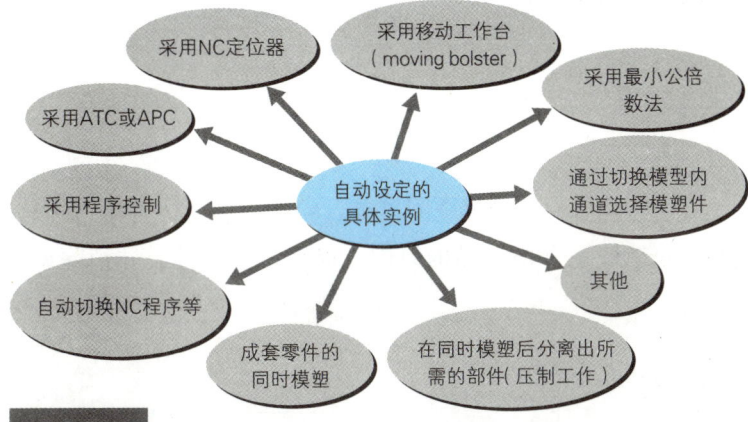

- 采用NC定位器
- 采用移动工作台（moving bolster）
- 采用最小公倍数法
- 采用ATC或APC
- 通过切换模型内通道选择模塑件
- 采用程序控制
- 自动设定的具体实例
- 其他
- 自动切换NC程序等
- 成套零件的同时模塑
- 在同时模塑后分离出所需的部件（压制工作）

相关术语说明

- 移动支柱：在小松（企业名）的大型压力机上使用的自动设定系统的一个组成部分等
- 最小公倍数法：最大限度地提高冲压模具和一系列产品的其他部件的规格，只选择必要的部件，防止移动不必要的部件

实现混合生产的NC定位器的实例

- NC定位器（数控自动定位装置）：将压制的钢板等放在加工台上，并对其进行高精度定位以进行点焊等的设备
→ 工件的定位和夹紧装置的位置由NC控制，从而共享整个装置，不需要为每个汽车型号进行专门的夹紧设定
→ 夹持系统用于固定车体等，并实现混合生产（见第2–15节）

7-9
实现一次合格

为了促进高效和低成本的设定，必须实现一次合格的生产。需要去除造成不合格产品的原因，提高可重复性，并消除调整设定。

▶▶ 一次合格

在设定工作中，如果不对下一个产品的质量进行检测，或检测不当，就很难看出设定的目的是什么，从而导致不合格产品（见第4-11节）不断涌现。这可能给后续工序和客户造成相当大的不便，损害多年建立起来的信任，使企业利润流失。

为了防止这些问题发生，在设定过程中，必须检查产品更换后加工产品的质量，以确保其符合有关产品的要求。

这种在产品更换后检查第一个加工产品的质量，以确保其满足所需并为正常生产做好准备的过程，被称为"一次合格"。也有企业称之为"一次设定"。

通过实现一次合格的生产方式，可以降低不合格产品的产生，消除重新调整、试加工和质量检查的步骤及其所需的时间。换句话说，一次合格减少了调整所需的时间（调整可能会导致

第 7 章　今后的生产技术：基本项目

几次重做），并允许在更短的时间内开始正常生产。因此，一次合格是一种可以将节省出的调整时间分配给其他生产环节的方法。

▶▶ 如何实现一次合格

如果在其他设定中被替换的零件不具有可重复性（见第 1-10 节），并且在每次设定时都必须调整其位置和尺寸，那么不仅需要花费时间来设定零件，还难以一次生产出合格的产品。

为了实现一次合格，有必要采用深度分析①和 PM 分析②（物理分析）等方法，彻底调查第一次就出现不合格产品的原因，并采取应对措施。此外，有必要确保夹具等基准面牢固，不移动基准面，使用定位销和锚进行牢固定位，根据抵接基准进行定位，使用 T 形槽（见第 7-7 节）固定中间夹具进行定位，采用选择性挡板等。重要的是要采取一些措施，如减少塞子的调整，有选择地使用 LS 等，以减少调整作业所需的时间，提高更换部件的可重复性。

为了实现一次合格，生产技术的负责人需要与生产车间的主管人员一起合作，逐一消除不合格产品出现的原因，提高可重复性，减少或消除对于设定工序的调整。

---

　　① 深度分析：是指反复追究生产车间等面临的某个现象为什么会发生的原因，抓住真正原因的手法。

　　② PM 分析：将现场发生的不合格等现象（phenomena），从原理、原则角度进行物理（physical）解析，按照加工机制（mechanism）进行研讨，直到弄清楚其与生产 4M 的关联性。

如何实现一次合格

如何实现一次合格
- 彻底调查出现不合格产品的原因,并提出应对措施(深度分析和PM分析)
- 确保基准面牢固
- 不要移动基准面
- 使用定位销和锚进行牢固定位
- 根据抵接基准进行定位
- 使用T形槽固定中间夹具进行定位
- 减少塞子的调整,例如采用选择性的塞子等
- 有选择地使用LS等来减少调整
- 其他

为了实现一次合格的良好生产,必须消除产生不合格产品的原因,提高可重复性,并消除设定期间的调整工作。

第 7 章　今后的生产技术：基本项目

7-10
推进按订单生产

按订单生产是一种能够显著提高适应波动需求的生产方法。近年来，它因将按订单生产的优势纳入预测生产而引起了人们的关注。减少设定时间等，对提高生产的灵活性很重要。

▶▶ 按订单生产

随着目前工业产品在私人领域的丰富，消费者需求变得多样化，从事预测生产的制造商不仅想要管理自身内部库存，还想要管理市场和其他地方的外部库存。

为了减少这些库存量，基于预测（如订单）而进行产品生产的制造商，在满足客户需求的同时，致力于减少生产，降低半成品和成品的库存。

换句话说，按订单生产是一种将按订单生产的优点融入预测生产中的生产形态，并因显著提高对需求变化的适应性而受到关注。为了实现这一目标，必须提高生产的灵活性，例如，减少每次设定所需的时间等。

▶▶ 按订单生产的必要性

按订单生产主要基于生产者预测市场趋势而主动策划、开发和设计产品，按照客户的要求进行安排，并快速生产，最终交付给客户。

因此，在预测生产中看到的便于生产的半成品和成品库存可以大大减少，管理也可以随着生产而简化，可以享受如第365页图中所示的好处，比如用较少的经营资源促进生产等。

换句话说，按订单生产可以确保在有效利用现有的、可用的经营资源和投入较少的经营资源的情况下，满足客户的需求。

因此，高效和低成本的生产需要最大限度地利用有限的经营资源。为了实现这一目标，必须提高生产的灵活性，并在规定的时间内快速生产，以便成功转换为按订单生产。这将大大增强对需求波动的适应性。

为了使这些按订单生产获得成功，必须建立一个系统，通过缩短设定时间（见第4-8节）来实现快速生产，例如将生产技术的负责人易于设定的生产设备（见第7-7节）导入系统。

第7章 今后的生产技术：基本项目

按订单生产的概念

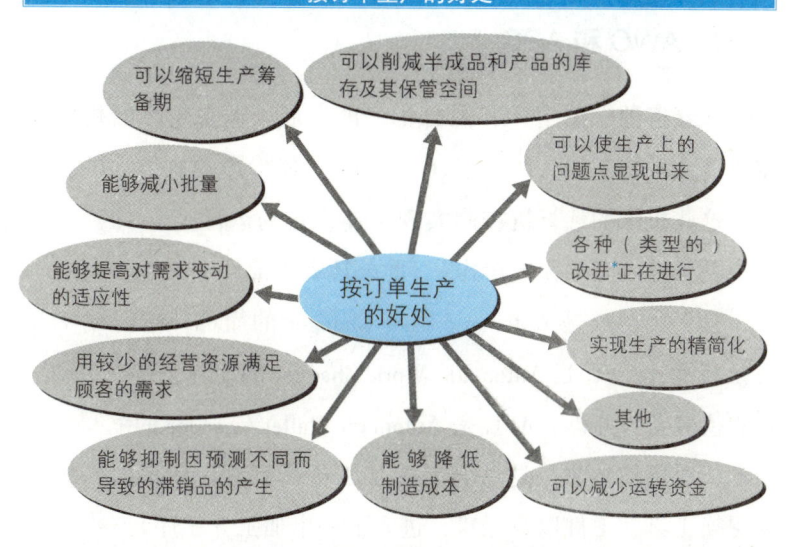

按订单生产的概念

按订单生产（make to order）：一种生产形态，生产商按照客户设定的规格生产产品
备注：将预测生产改为具有订单生产特征的生产形态，称为"按订单生产"
引自：JISZ8141《生产管理术语》

↓

预测生产中存在因预测不同而导致的滞销和进货风险等风险，按订单生产可以避免这些问题

按订单生产的好处

- 可以缩短生产筹备期
- 可以削减半成品和产品的库存及其保管空间
- 能够减小批量
- 可以使生产上的问题点显现出来
- 能够提高对需求变动的适应性
- 各种（类型的）改进*正在进行
- 用较少的经营资源满足顾客的需求
- 实现生产的精简化
- 其他
- 能够抑制因预测不同而导致的滞销品的产生
- 能够降低制造成本
- 可以减少运转资金

＊各种（类型的）改进：针对企业各部门的改进包括财务结构改进、成本改进和物流系统改进，而针对生产部门的改进包括生产系统改进、生产线改进、操作（作业）改进、质量改进、5S改进和布局改进。

365

7-11

内部设备也配有 ATC、AWC 和 APC

为了用低成本进行多种少量生产和混合生产,必须推动设备在企业内进行生产,并采购具有高度生产灵活性的、便于使用的设备,如适配本企业的 ATC、AWC 和 APC,满足企业的需求。

▶▶ ATC、AWC 和 APC

随着多种少量生产和混合生产的发展,越来越多的机床配备了清洁系统,如 ATC、AWC 和 APC,使生产具有更大的灵活性。这些机床的计算机控制实现了连续自动运行(6-16)和不同类型工件之间的无人操作①,此外还有多部件加工。

这里,ATC 是 Automatic Tool Changer 的简称,指自动工具更换装置;AWC 是 Automatic Work Changer 的缩写,是指自动工件更换装置;此外,APC 是 Automatic Pallet Changer 的缩写,指启动托盘更换装置。这些装置在加工进行到规定阶段时,会自动更换工具、工件以及托盘,进入下一个加工(工序)。

---

① 无人操作:某一生产设备或生产线等高度自动化,即使没有工人也能运行。

第 7 章　今后的生产技术：基本项目

其中，在 ATC 等中，随机方式和近路方式（参看第 368 页图）组合的随机抽样法中也采用了近路方式，以最短路径移动要更换的工具，缩短其自动更换时间等。

▶▶ 采取内部制造设备的方法

近年来，越来越多的企业在推广所谓的"设备内制"，即生产设备由企业自己设计和制造，目的是提高自己的生产技术，防止技术和信息外流。

最近，许多企业采用了适配自身设计和制造的内部设备的 ATC、AWC 和 APC 方法，以帮助减少设定时间，实现关键设备的连续自动运行或无人操作。然后演练已有的控制技术，并与其他生产设备和生产线联网，以建立一个独特的内部生产系统。

通过这种方式，生产技术部门可以带头推动设备的内部生产，从而有可能以较低的成本生产出只具有本企业产品生产所需的功能，且易于使用的设备。此外，它使企业内部积累了各种技术和诀窍，这反过来又促进了生产的提高，如减少设定时间和自动化，这就是为什么越来越多的企业选择在企业内部进行生产。

ATC的控制方法

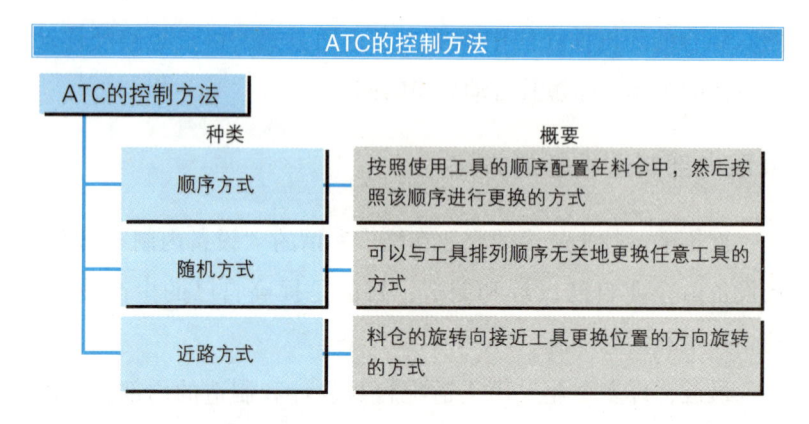

ATC的控制方法

种类	概要
顺序方式	按照使用工具的顺序配置在料仓中，然后按照该顺序进行更换的方式
随机方式	可以与工具排列顺序无关地更换任意工具的方式
近路方式	料仓的旋转向接近工具更换位置的方向旋转的方式

AWC和APC的区别

AWC和APC的区别

AWC　直接更换工件的装置
APC　将托盘上的工件与托盘一起更换的装置。朝向复杂形状的工件

在带有AWC和APC的加工中心（MC）和索引机等机器中，除了在自动加工中拆装工件，还可以在切换产品种类时进行部分准备
例如：卸料运行*中的工作表更换等

＊卸料运行：一种设备操作。在这种操作中，机器中正在加工的工件被加工到最后，并依次排出机器，而不必在设定期间提供下一个待加工的工件。

7-12
把信息系统和生产设备的控制系统结合起来

随着消费者需求和其他因素的快速变化,未来的生产系统必须整合信息系统和生产设备控制系统,成熟地应对变化,实现更有竞争力的生产。

▶▶ 生产设备的 IT 化

最近的生产设备具有基于计算机的 NC(Numerical Control 的缩写,数控)设备和通信功能,已变得越来越以 IT 为导向。生产设施的 IT 化促进了对生产本身的控制,也促进了它们组成的生产系统以及其他生产系统的联系,并使建立 FMC、FMS、CIM(见第 7-13 节)等更加容易,从而使生产系统更灵活地应对市场的变化。

这里的 FMC 是 Flexible Manufacturing Cell 的缩写,代表灵活生产单元。具体而言,它指的是通过为加工中心和数控车床等机床配备储存器、工件自动供给装置[①]、工件自动装卸装置(见

[①] 工件自动供给装置:是自动给连续自动运行(见第 6-16 节)设备等未加工的工件供料的装置,包括料仓、储存器、搬运机器人等。

第 6-9 节)、ATC 和 APC（见第 7-11 节），可以灵活地生产多种类型产品的机器。另一方面，FMS 是 Flexible Manufacturing System 的缩写，即灵活制造系统。具体而言，它指的是主要由上述 FMC 和专用设备（见第 2-6 节）组成的生产系统，与 FMC 一样也可以灵活地生产多种类型的产品。

此外，构建先进的生产系统需要将 CIM 拥有的生产相关信息系统与整个企业及供应链（见第 5-10 节）等信息系统进行整合，提供给生产。

▶▶ 与信息系统结合

随着最近信息技术的进步，现在不用直接到现场就可以检查生产车间的情况。例如，可以通过建立一个 LAN（见第 7-6 节），不离开办公室就可以检查生产车间的状态，或者通过互联网检查远程工厂或供应商的生产车间的状态。此外，更先进的地方在于，越来越多的企业正在采用 PLS 系统（见第 7-6 节）来远程监控其生产车间的状态，发布指令，改变设定值等。

生产技术的负责人越来越需要将这些系统引入自己的生产车间，或者更进一步，将其与生产车间已有生产设备的控制系统对接，控制生产线等，以实现更高效、更低成本的生产。

为此，生产技术的负责人必须与专业制造商合作，积极收集和分析其他企业的实例，构建出适配本企业生产结构的系统，将信息系统纳入自己的生产系统和新系统，实现更具竞争力的生产。

第7章 今后的生产技术：基本项目

CIM的具体实例

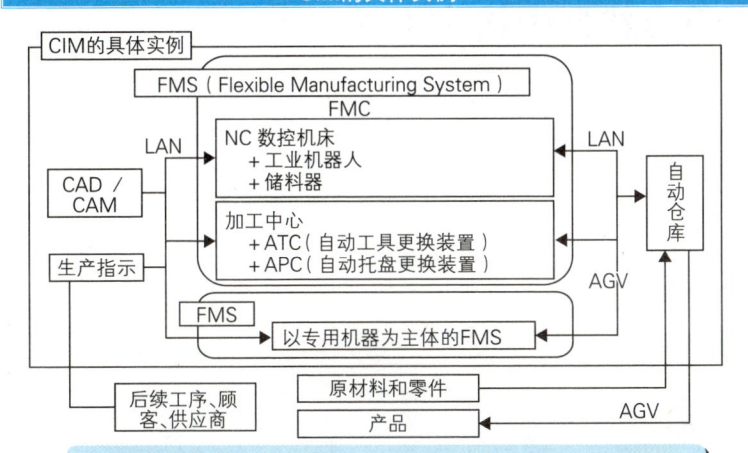

```
CIM的具体实例
    FMS ( Flexible Manufacturing System )
              FMC
    LAN    NC 数控机床           LAN      自
CAD /       + 工业机器人                  动
CAM         + 储料器                     仓
                                        库
           加工中心
           + ATC ( 自动工具更换装置 )
生产指示    + APC ( 自动托盘更换装置 )   AGV

       FMS
              以专用机器为主体的FMS

   后续工序、顾       原材料和零件
   客、供应商           产品          AGV
```

例如，在建立一个新的系统时，必须按顺序成功地纳入生产信息的三个功能（①通知结果的报告功能，②通知异常的报警功能，③支持行动的建议功能）

7-13
在重点线群中构建 CIM

加深对构成计算机综合生产系统（CIM）中各系统的理解，并为承担企业未来的重要生产线群构建适合企业的 CIM，这一点很重要。

▶▶ **什么是 CIM**

伴随着生产回流日本[①]，FA（见第 6-9 节）再次受到关注。这是拓展海外业务的制造商为解决当前问题而做出的尝试，即在质量控制极佳的日本进行生产，并尽可能减少人员（和劳动力成本），以应对海外地区较高的劳动力成本和未能达到的质量目标。

构建一个 CIM 系统（Computer Integrated Manufacturing System 的缩写，计算机集成制造系统）对这个 FA 的有效运作至关重要，具体实例见第 7-12 节。

这里，CIM 指的是将与订单接收、生产和运输有关的信息

[①] 回流日本：这是指在海外扩张的制造商出于各种原因在日本投资并在日本生产，而不是在目的地国或其他海外国家投资，例如在新产品生产等方面实施新的大型设备投资等出现的情况。

联网，可以有效控制整体生产，同时将数据库与其他生产线等集中起来，共享和使用信息，全面管理和控制整个生产过程并优化管理。通过建立这种 CIM，生产与市场和管理信息相联系，从而能够灵活、快速、顺利地应对市场需求。

构成这些 CIM 的典型计算机技术包括 CAD/CAM（见第 7-14 节）、CAE（见第 7-14 节）、CAP（Computer Aided Planning 的缩写，计算机辅助规划）、CAT（Computer Aided Testing 的缩写，计算机辅助测试）、CAQA（Computer Aided Quality Assurance 的缩写，计算机辅助质量保证）、CAL（Computer Aided Layout 的缩写，计算机辅助布局）、FMC 和 FMS（第 7-12 节）和其他构筑技术。

如何构筑 CIM

想要在当前激烈的企业竞争中生存下来，生产技术的负责人在建设对企业未来发展起关键作用的关键生产线时，需要促进自动化（见第 6-9 节），并建立一个低成本且易于使用的 CIM。当自动化作为这一过程的步骤进行推进时，需要注意的要点包括：①系统应该反映出本企业的技术和诀窍，②系统应该能够灵活地应对变化，③系统应该能够发挥人的能力等。

为了将通过推广自动化获得的信息与 CIM 联系起来，生产技术的负责人必须加深对构成 CIM 系统的理解，研究其他企业的实例，思考并最终确定适合自己企业的 CIM。他们要发挥领导作用，向设备制造商说明他们想要什么样的系统，并根据他们自己的构想，而不是按照制造商的要求，建造 FMC、FMS 和 CIM。

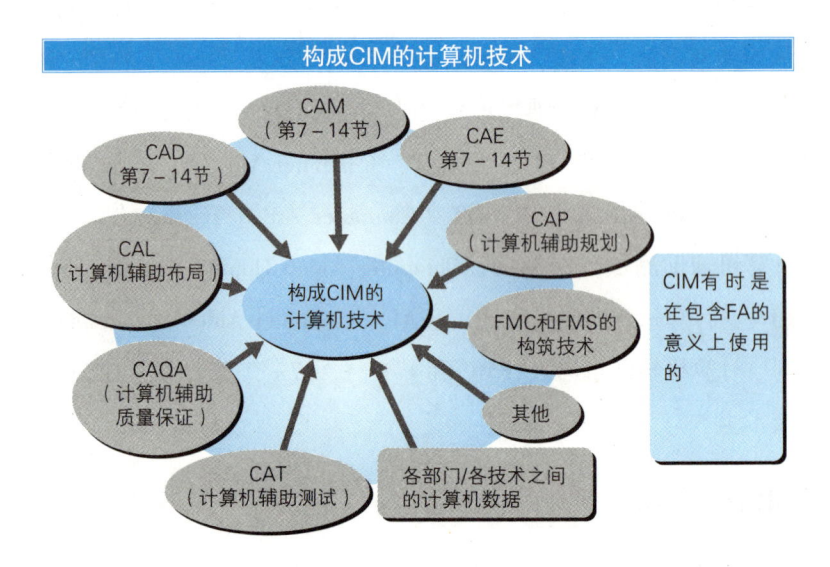

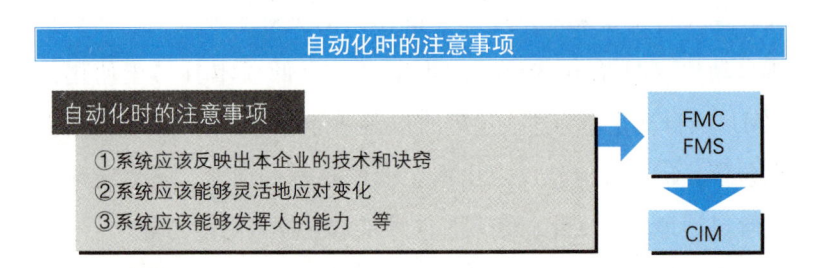

构成CIM的计算机技术

- CAD（第7－14节）
- CAM（第7－14节）
- CAE（第7－14节）
- CAP（计算机辅助规划）
- CAL（计算机辅助布局）
- CAQA（计算机辅助质量保证）
- CAT（计算机辅助测试）
- FMC和FMS的构筑技术
- 各部门/各技术之间的计算机数据
- 其他

→ 构成CIM的计算机技术

CIM有时是在包含FA的意义上使用的

自动化时的注意事项

自动化时的注意事项
① 系统应该反映出本企业的技术和诀窍
② 系统应该能够灵活地应对变化
③ 系统应该能够发挥人的能力　等

FMC
FMS
↓
CIM

7-14
善于使用 CAD/CAM、CAE

为了高效、低成本地推进生产技术业务，要求有效利用 CAD/CAM、CAE 等计算机新技术，提高业务的准确性和效率。

▶▶ 什么是 CAD/CAM、CAE

使用计算机进行设计工作的形式，称为 CAD（Computer Aided Design 的缩写，计算机辅助设计）。

另一方面，从 CAD 设计数据中自动创建生产所需的各种信息，如 NC 数据，并根据这些数据促进实际加工的生产形态，称为 CAM（Computer Aided Manufacturing 的缩写，计算机辅助制造）。

这些通过各自的 CAD 和 CAM 数据库整合设计和生产的系统被称为 CAD/CAM，或"CADAM"。

▶▶ 什么是 CAE

例如，在铸造、压铸[①]、树脂模塑和其他使用模具的工序中，不可能从外面看到模具内的情况。因此，这些工序使用计

---

① 压铸：Diecasting。在压力下将熔融金属注入模具以生产铸件的过程。

算机来模拟（见第 3-9 节）熔融金属如何在模具中流动和固化。计算机可以在批量生产之前，通过模拟计算出最佳的模具形状和生产条件，缩短生产准备期，尽量减少生产启动后问题的出现。

这种基于计算机的工程活动被称为 CAE（Computer Aided Engineering 的缩写，计算机辅助工程）。随着 3D 的普及，这种 CAE 除了用于上述的熔融金属流动分析，还用于应力分析系统、振动分析系统、可加工性分析系统等，也被称为生产力研究（见第 3-2 节）的支持软件，用于在更短的时间内启动具有卓越 QCD 的制造生产。

换句话说，CAD/CAM 与 CAE 的成功使用使得在短时间内开发和设计具有优良功能和 QCD 的产品成为可能，可以在初期阶段发现和解决问题，并减少样品验证的次数。这使我们能够缩短开发时间，降低新产品和换代产品的成本，以及改进产品功能、性能和质量。

这些因素要求生产技术的负责人在自己的工作中采用和利用 CAD/CAM 与 CAE 来提高工作的准确性和效率。

第7章　今后的生产技术：基本项目

引入CAD的优势

引入CAD的优势
- 提高设计速度
- 图纸干净，防止误读
- 三维CAD允许以三维方式查看设计，使其更容易防止出现干扰*
- 易于进行设计修改
- 编辑设计*很容易
- 高效的共同设计
- 轻松存储CAD数据
- 易于移动和携带CAD数据
- 易于重新使用CAD数据
- CAD数据可用于模拟
- 易于电传CAD数据
- 易于找到CAD数据

等

* 干扰：见第6-13节。
* 编辑设计：设计某一事物时，使用或部分修改过去设计的图形，在短时间内设计所需图形的方法。

CAD/CAM、CAE的流程

CAD(Computer Aided Design的缩写,计算机辅助设计)

↓ 模拟试验　　　　　　　通过编辑设计等缩短设计时间

CAE(Computer Aided Engineering的缩写,计算机辅助工程)

↓ 反馈

CAD(Computer Aided Design的缩写,计算机辅助设计)　　通过反映模拟结果提高可靠性

↓ 实际制造

CAM(Computer Aided Manufacturing的缩写,计算机辅助制造)

377

7-15
引进更节能的设备

　　使用尽可能少的能源生产某些产品，这不仅是企业本身的需要，也是社会的需要。需要节能产品和节能设备来满足这一需求，并减少整个 LC 的能源消耗。

▶▶ **节能设备**

　　近年来，我们对环境问题，包括全球变暖的认识逐步提高。再加上，受油价和其他因素影响，能源成本波动较大，其在生产成本中的所占比例对运输业和制造业造成巨大影响。

　　1979 年（昭和五十四年）制定了《合理利用能源法》（节能法），作为与这些能源问题相关的法律，要求根据国内和国际上围绕能源的经济和社会环境，合理利用能源，确保有效利用燃料资源。

　　在这种背景下，制造商不仅要在产品使用阶段减少能源消耗，而且要在生产阶段减少能源消耗。这是制造商和整个社会的共同需求。为了满足这些需求，具有节能措施和减少能源消耗的设备被称为"节能设备"。

第7章 今后的生产技术：基本项目

▶▶ 节能的六个着眼点

在建设新的生产系统或更新设备时，生产技术的负责人应在内部和社会上引进节能设备，包括在有关产品的生产阶段，以减少 LC① 的整体能源消耗。

此外，还要求生产技术的负责人积极推动降低能源成本的工作，如水电费和燃料费（如重油），对现有生产设备采用节能措施。

为了有效和具体地促进这些节能活动，重要的是促进基于第 380 页图所示的六个节能焦点的措施：消除、终止、减少、维修、收集、替换。

参考上述思路和下面节能技术的实例可知，生产技术的负责人的重要作用是在他们建立或负责的生产系统中实现节能。

---

① LC：Life Cycle 的缩写，指"生命周期"，详情见第 1-15 节。

节能的六个着眼点和具体实例

步骤	着眼点	具体的内容
消除	想一想为什么需要它,放弃那些不需要的	消除或减少设备的闲置时间,消除浪费的照明等
终止	停止那些不能带来附加价值的无用操作	安装节能定时器,减少设备预热时间等
减少	审查操作条件,如压力、温度和其他设定点,以减少消耗	降低液压和气压设定,降低加热和冷却温度等,降低罐体液位高度等
维修	修复浪费能源的故障区域	修复漏油和漏气,修复漏水和更换垫片等
收集	减少被丢弃的能源,如废热	使用废热(热水、工件预热)、蓄能器等
替换	用更便宜的能源和更有效的设备做替代	使用热泵,将液压喷射器转换为机械喷射器等

典型的节能技术

典型的节能技术
- 缩减设备规模
- 安装节约能源的定时器
- 通过采用新技术和施工方法降低工时
- 片式输送机等的间歇性运行
- 提高燃烧效率
- 有效利用余热(预热、热水) 等

此外,还出现了使用替代能源的趋势,如使用太阳能和风能(发电)。

380

7–16
积极推进生产方法的开发

　　生产方法的开发是指开发和建立现有设备/技术无法承载的新生产方法，并提供给生产系统。需要积极推广，以提高其产品的竞争力。

▶▶ 生产方法开发及其必要性

　　启动新产品或换代产品（见第3-8节）的生产时，仅靠现有的设备和技术，可能很难或不能启动满足有关产品QCD要求的生产系统。在其他情况下，当一个企业想进一步改进目前的QCD并提高其产品的竞争力时，到目前为止积累的生产方法可能仍然不安全或无法应对这种情况。此时，生产技术部门必须自己开发新的生产方法，或者引进外部技术（见第7-17节）。

　　开发和建立现有设备和技术无法承载的新生产方法，并将其提供给生产系统，称为"生产方法开发"。根据企业情况的不同，也可以称为"技术开发（狭义）"。为了在当前激烈的竞争中生存，企业需要积极推动生产方法的开发，提高产品竞争力。

▶▶ 如何进行生产方法的开发

　　第383页图截取了生产方法开发项目的重点以及开展方法。

生产技术负责人必须以此为参考,找出瓶颈技术(见第6-11节)和欠缺技术(见第7-17节),快速、安全地生产高质量、低成本的产品。要始终意识到问题的存在,参加展览和交易会,收集新的信息,寻找解决方案(见第7-11节),例如,保持好奇心,随时关注是否有可以使用的技术。参观相关企业和供应商的工厂,寻找解决自身问题的思路和想法也很重要。

通过实施这些措施,生产技术的负责人可以很容易地收集技术信息,建立更好的生产系统,并将其与生产方法的开发联系起来。

此外,当获得解决问题的信息或灵感时,不应突然将其应用于实际的生产线上,而应像面对不稳定技术(见第3-10节)那样,采取样品验证的方法,并与有关人员一起确认该方法的有效性,最后部署到实际生产线上。

第7章 今后的生产技术：基本项目

生产方法开发项目的提取重点

- 设定
- 生产力提高的抑制因素
- 组织效率
- 降低工时
- 生产筹备时间
- 其他
- 工序能力
- 环境措施
- 不合格率
- 设备停机时间
- 成品率*
- 空间效率

→ 生产方法开发项目的提取重点

*成品率：指投入的原材料量和计算出的货物量的比例。为了提高成品率，需要在取材和二次材料的活用等方面下功夫。

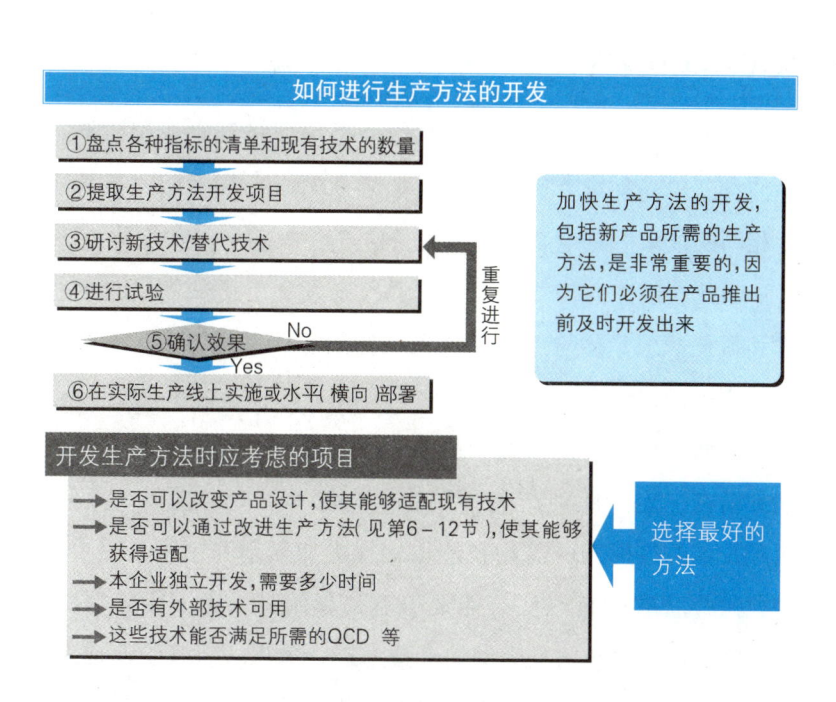

如何进行生产方法的开发

① 盘点各种指标的清单和现有技术的数量
② 提取生产方法开发项目
③ 研讨新技术/替代技术
④ 进行试验
⑤ 确认效果 —— No → 重复进行
　　Yes
⑥ 在实际生产线上实施或水平(横向)部署

加快生产方法的开发，包括新产品所需的生产方法，是非常重要的，因为它们必须在产品推出前及时开发出来

开发生产方法时应考虑的项目

→ 是否可以改变产品设计，使其能够适配现有技术
→ 是否可以通过改进生产方法(见第6-12节)，使其能够获得适配
→ 本企业独立开发，需要多少时间
→ 是否有外部技术可用
→ 这些技术能否满足所需的QCD 等

⇒ 选择最好的方法

383

7-17
引进企业所缺乏的技术和新技术

当前的技术竞争日益复杂、精密且不断变化和进步，为了成功应对这一局面，企业要在生产技术等多个领域，开发和引进本企业所缺乏的新技术，将自己与竞争对手区别开来。

▶▶ **确定欠缺的技术**

为了能够持续生存下去，制造商必须通过开发或引进新技术使自己与竞争对手区别开来，如果他们永远都在用与其他企业相同的技术进行生产，就无法在其产品中获得 QCD 优势。

为此，制造商需要开发新产品，开发和引进他们缺乏的技术和新技术，并参与建立一个强大的制造体系，使他们与竞争对手相区别，最终生存下来。

然而，从生产技术的角度来看，随着产品功能变得更加复杂和精密，生产此类产品所需的生产技术也同样提升。对此，生产技术的负责人所需的技能也变得更加复杂和精密，想要在企业内部获取所有这些技能变得越来越困难。为了突破现状，生产技术部门必须对现有的生产技术进行盘点，将其绘制成图，进一步明确自身缺乏的技术和技术方向（参看第 386 页图），有

第7章 今后的生产技术：基本项目

计划地提高技术，并有效利用有限的经营资源。这不仅要求企业内部开发（生产）方法（见第7-16节）并将其提供给生产，还要求成功利用外部技术和信息，吸纳企业缺乏的技术，迅速提升生产技术能力。

换句话说，必须积极收集技术信息，与供应商联合开发新技术，挑选具有优势技术的企业，向他们下单，并在企业自身的生产制造中加以利用。

对生产技术的负责人来说，重要的是要保持对技术问题的高度关注，充分利用第386页图所示的信息来源，收集外部优秀的技术信息，安排和引进匹配自身产品的生产技术等。

▶▶ 技术引进的注意事项

在引进一项新技术时，当然必须要对引进目的和技术方向进行对比，确认其适当、合理，但也必须注意其安全性、经济效益和未来潜力。此外，在引进新技术之前，必须对受训人员进行彻底教育，教会他们如何处理可能出现的任何问题，从而降低技术引进后出现问题带来的不利影响。并且，还要事先考虑如何在最坏的情况下处理生产问题。

此外，为了在引进新技术后按计划启动生产，不仅要预防问题发生，还要在问题发生后及早采取应对措施。生产技术的负责人不应该是唯一解决问题的人，维修人员和工人也要参与进来，并且必须有序、迅速地解决问题。

为了提高企业的生产技术能力，以应对不断变化和进步，同时变得越来越复杂和精密的技术竞争，更需要通过不断开发和引进这些新技术和其他技术来加强企业的技术基础。

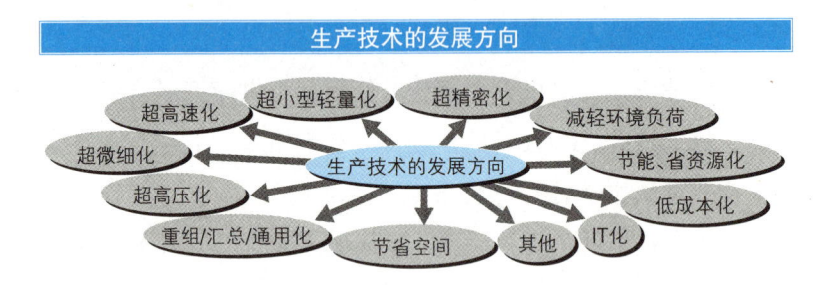

生产技术的发展方向

- 超高速化
- 超小型轻量化
- 超精密化
- 减轻环境负荷
- 超微细化
- 节能、省资源化
- 超高压化
- 低成本化
- 重组/汇总/通用化
- 节省空间
- 其他
- IT化

生产技术的发展方向

有助于提高生产技术的信息源

- 拆解
- 技术发布会
- 业界报纸
- 行业杂志
- 参观工厂
- 技术杂志
- 展览会
- 专利*信息
- 研讨会
- 其他
- 交流会
- 主页
- 函授教育

有助于提高生产技术的信息源

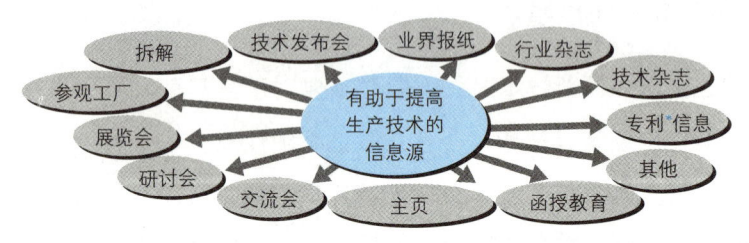

* 专利：见第5-2节。专利权被视为工业产权（见第1-9节）中的一种，属于知识产权。

7-18
推进 MOT（技术经营）

MOT（技术管理）是一种整合各种技术和管理相关技术的方法，根据企业技术的种子和需求有效地将其商业化，并将其与企业利润联系起来。

▶▶ 什么是 MOT（技术经营）

最近，人们经常听到 MOT[①]。这个词是 Management Of Technology 的缩写，译为"技术的经营（管理）"。

这种技术经营将企业自身的技术成果、需求与产品开发有效地联系起来，并将可以实现商业化成果的整体方法系统化。

MOT（=技术经营）用来培养技术人员的管理意识，创造基于技术的新产品和新业务，并进一步提高企业的利润。换句话说，MOT 是一种整合各种技术和经营相关技术的方法，其利用企业的技术成果和需求将产品转化为商品投入市场，并与企业利润挂钩。

---

① MOT：这是 Master Of Management Of Technology 的缩写。技术经营课程整合、研究技术和管理的硕士学位，即所谓的技术经营硕士（专业），也被称为 MOT。

这些 MOT 的范围如第 389 页图所示，涉及商品企划、研发、新市场创造、专利等知识产权（参看本书 1-9 节脚注）的保护、技术投资的成本效益最大化、技术创新、生产带来的各种管理等多个方面。

▶▶ MOT 与生产技术的关系

MOT 将基本技术流程从流程创新定位为产品创新。换句话说，过去的技术是基于流程创新的角度，如生产的 4M，包括人和设备如何有效地发挥作用，以及如何廉价和快速地生产出好产品，而从现在开始，产品创新的角度将变得更加重要，比如生产什么。

然而，这两种观点对我们的日常生活都很重要，仅有一种观点是不行的。今天，当不确定性很高，难以预见未来时，如果我们要在未来的制造业中获得竞争对手没有的优势，就比以往任何时候都更需要这两种观点。它们确实像汽车的两个轮子一样不可或缺。

生产技术的负责人应该牢记研究、开发、商业化和工业化这四个 MOT 阶段（如第 389 页图所示），以及每个阶段之间存在的三个山谷——魔鬼之河（有用性之谷）、死亡之谷（经济性之谷）和达尔文之海（接受性之谷），以及它们与生产技术的关系。重要的是采取主动，例如对自身的工作采取积极的态度。然后，要进一步深化现有的技术技能，同时培养经营视角和更广阔的视野，提高企业业绩。

第 7 章　今后的生产技术：基本项目

MOT的防守范围

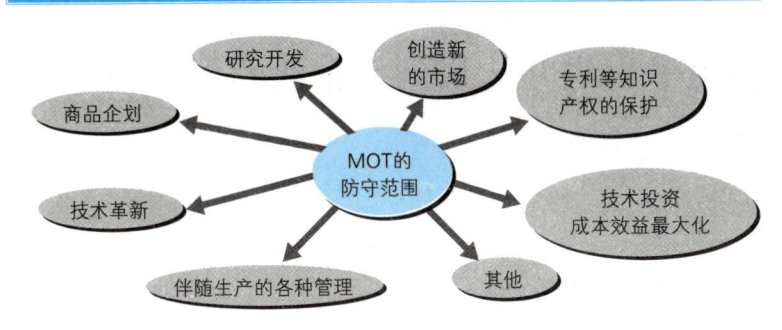

- 研究开发
- 创造新的市场
- 专利等知识产权的保护
- 商品企划
- MOT的防守范围
- 技术投资成本效益最大化
- 技术革新
- 伴随生产的各种管理
- 其他

在MOT中对基本技术流程的定位

流程创新 → 产品创新

如果要促进高效和经济的制造，使其在竞争对手的企业中占据优势，这两种观点都是必不可少的

MOT四个阶段的生产技术关系

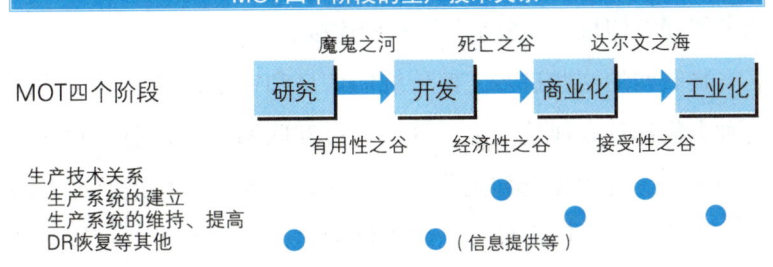

MOT四个阶段

魔鬼之河　　死亡之谷　　达尔文之海

研究 → 开发 → 商业化 → 工业化

有用性之谷　经济性之谷　接受性之谷

生产技术关系
　生产系统的建立
　生产系统的维持、提高
　DR恢复等其他

（信息提供等）

389

7-19
将 IoT 引进并运用到本企业的生产技术中

IoT 是一项有望大幅提高生产力的技术，例如，通过互联网将数据分析传感器纳入现有生产设备。也需要引入生产技术中，并进行应用。

▶▶ 什么是 IoT

IoT 是 Internet of Things 的缩写，指的是"物联网"。更具体地说，它是指将家用电器和汽车等各种物体与互联网连接和操作的整体技术。以前与 IT（见第 7-5 节）相关的设备，如 PC、服务器和打印机，主要是与互联网连接。

物联网的这些进步，使传统的信息和通信设备，以及其他各种事物都具有通信功能。这些通过互联网相互沟通，并进行自动识别、自动控制和远程操作。换句话说，信息是通过人的操作传输到互联网上的，而物联网的显著不同在于，物体本身就能向互联网传输信息。

在日本，一家大型材料制造商的工厂发生爆炸并造成人员伤亡后，针对在安全措施中采用物联网技术的工厂的认证系统将于 2017 年 4 月开始实施（平成二十九年）。该系统在设备老化和因熟练技术人员及其他工人退休而导致技术传输中断的背景下，希望强化大型工厂的安全措施。

▶▶ 今后备受期待的 M2M

物联网的一种形式是 M2M（Machine To Machine 的缩写，即机器对机器）。这指的是机器对机器的互动，即在没有人类干预的情况下实现该过程。例如，自动售货机本身可以监测自己的库存状态并自动补充，即自动向服务器发送订单请求，以获取数量不足的产品。

最近，美国思科系统提出了 IoE（Internet of Everything 的缩写，即万物互联网）的概念，其中也包含了物联网。这个概念所指的互联网世界，不仅包括 M2M，还包括 P2P（People To People 的缩写，即人对人）和 P2M（People To Machine 的缩写，即人对机器）。

该事物未来的前景是能够进一步应用于汽车、自动售货机、工厂安装的设备和医疗设备等物体上。而随着物联网的浪潮对生产车间的冲击逐渐成为现实，那些生产技术的负责人必须将物联网引入并应用到自己的业务中。

什么是IoT

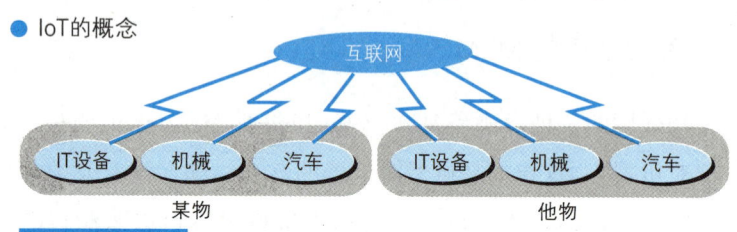

● IoT的概念

```
                    互联网
        ╱  ╱  ╱        ╲  ╲  ╲
    IT设备  机械  汽车    IT设备  机械  汽车
         某物                他物
```

支持物联网的技术
- 应用技术：人际互动
- 信息技术：数据存储、大数据分析等
- 通信技术：互联网、手机、Wi-Fi*等
- 传感技术：各种传感器，如加速度传感器

● "安全工厂"认证制度

三星	超级认证机构
两星	经认证的机构
一星	自愿安全升级的机构

拥有最先进的安全措施的设备，需要每四年进行一次的主要定期维修工程，这之后，其认证将延长至最多八年

根据2016年3月5日《读卖新闻》制作

将产品连接到互联网并实时监测其状况的做法有望扩大，从而有可能阻止无用的流程，发出警告，并在部件出现故障之前更换
【小松的应用实例】
小松在其建筑设备中安装了通信模块，以收集在世界各地运行的道路建设设备的数据并监测其运行状态

当事物与互联网连接时，就会产生数据

*Wi-Fi：Wireless fidelity的缩写。一种将电脑、智能手机和平板设备无线连接到网络的技术（标准）。

7-20
引进并运用工业4.0的理念

工业4.0被定位为"第四次工业化革命",旨在利用物联网消除浪费,在智能工厂中大规模生产各种小批量、高附加值的产品,以大幅降低成本和环境影响。积极利用该系统是很重要的。

▶▶ 什么是工业4.0

工业4.0,指"第四次工业革命"。这是一个德国政府牵头,由工业界、学术界和政府共同推动的制造业创新的国家项目。目前,日本政府正在与德国合作,促进智能工厂所需设备和通信规划的国际标准化。

具体来说,基于物联网(见第7-19节)技术和CPS的"智能工厂"[①],通过互联网连接工厂内部和外部,旨在大大降低成本和环境影响。这些智能工厂正试图大规模地生产多种少量的产品及高附加值的产品(大规模定制)。

在这里,CPS指的是网络物理系统,其中计算机和物理世

---

① 智能工厂:一个储存和利用设计、开发和生产信息的工厂,使生产设备和机器人能够自主地操作和生产。有时被称为"互联工厂"或"思维工厂"。

界通过网络耦合，系统收集、处理和利用从人和物获得的各种类型的数据。

积极推动工业 4.0 的知名企业包括西门子、宝马、SAP、博世和 DMG 森精机，各个企业跨行业合作，使其生产自律化和自动化。其中，DMG 森精机[①]作为一家机床制造商，既是实现工业 4.0 的"支持者"，也是自身制造的"目标"企业，旨在实现智能工厂，并最终获得自由的现金流。

具体来说，企业专有的操作系统 CELOS 通过网络直接连接生产车间和行政部门，并与 PPS（Production Planning System 的缩写，即生产计划系统）、ERP（企业资源计划，见第 1-15 节）系统和 CAD/CAM（见第 7-14 节）系统协作，实现联系。

与生产技术的关系

为了使生产技术部门能够有序地促进高效和低成本的生产，需要在本企业的生产技术中引入和运用工业 4.0 理念。为此，生产技术的负责人必须熟悉工业 4.0，并将其概念应用到自己的工作中。具体来说，生产技术的负责人必须在自己的工作中充分理解和利用工业 4.0 的每一个组成部分，包括物联网技术。

[①] DMG 森精机："日德联盟"企业，成为德国机床制造商 Gildemeister 的合并子企业，因此拥有全球第一的市场份额；见第 2-1 节。

第7章 今后的生产技术：基本项目

工业革命的发展历程

	主要内容	时期
第1次工业革命	通过蒸汽机实现工厂的机械化	18世纪晚期
第2次工业革命	通过使用电力进行大规模生产	20世纪初
第3次工业革命	通过PLC*实现生产工厂的自动化	20世纪晚期
第4次工业革命	通过物联网进一步提高效率	现在

＊PLC：见第2-1节。

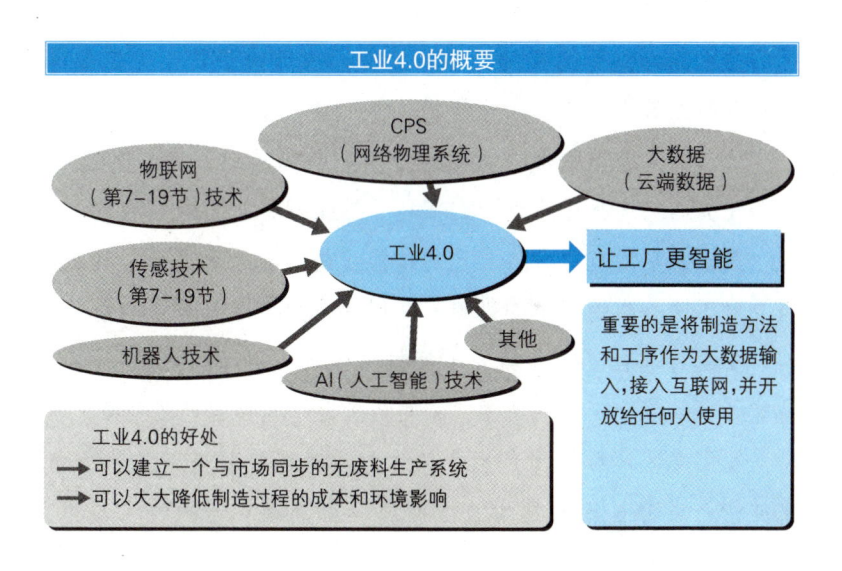

工业4.0的概要

- 物联网（第7-19节）技术
- CPS（网络物理系统）
- 大数据（云端数据）
- 传感技术（第7-19节）
- 机器人技术
- AI（人工智能）技术
- 其他

→ 工业4.0 → 让工厂更智能

重要的是将制造方法和工序作为大数据输入，接入互联网，并开放给任何人使用

工业4.0的好处
→ 可以建立一个与市场同步的无废料生产系统
→ 可以大大降低制造过程的成本和环境影响

395

专栏 什么是可靠的生产技术

生产技术的负责人必须成为企业内部和外部都信任的生产技术的负责人，才能顺利开展自己的工作，为企业和社会做出贡献。

生产技术的负责人要通过稳定地执行自己的任务，提高自己的技术能力，不仅获得自己所在部门内部的信任，还要赢得生产车间主管人员及工人的信任。

第二，要有雄心壮志和远大目标。要做到这一点，需要有一个积极的态度，始终意识到问题并寻找解决方案。

第三，必须有能力将自己的技能应用于自己的工作。为此，需要对不同类型的技术感兴趣，并拥有大量的技术诱发能力。

要成为一名值得信赖的生产技术人员，还必须培养一些其他能力，如第397页图所示，并稳步地逐一执行自己的任务。

我们真诚地希望负责生产技术的读者能够收集新技术的信息并使之成为自己的技术，然后进一步完善自己的技术能力，为企业和社会的发展做出贡献，同时在实践中应用、表现出越来越多的独创性，最终成为强国制造的一分子。

第7章 今后的生产技术：基本项目

成为一名值得信赖的生产技术人员所需的能力

- 应用技能
- 具有创造性和独创性的能力
- 目标导向的技能
- 规划工作的能力
- 与生产有关的技术技能
- 开展工作的能力
- 组织能力
- 发现问题的能力
- 沟通技巧
- 分析问题的能力
- 改变自己的能力
- 解决问题的能力
- 培训下属的能力
- 其他

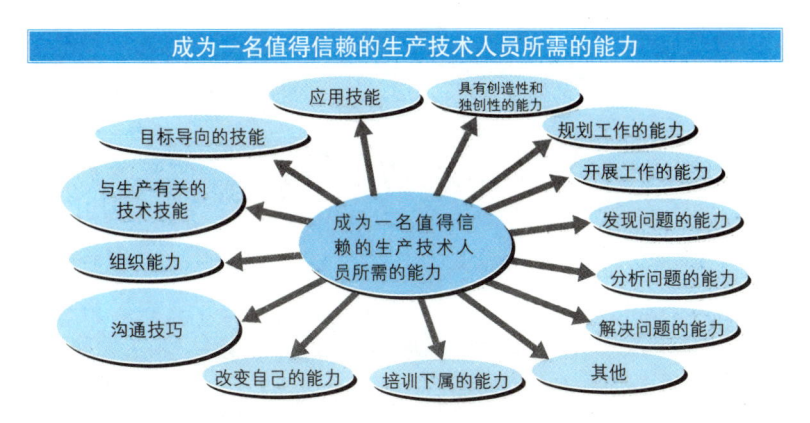

索 引

数字

 单件生产

 3D 打印技术

 4M

 5S

 7 大损耗

字母表

 CAD/CAM

 CAE

 CE

 CIM

 Cp 值

 FA

 FMC

 FMS

 FP

 GT 生产

 IE

 IoT

 ISO

 IT 技术

 MH

 MOT

 MP 情报

 PDCA 的循环

 PLS 系统

 QCD

 QC 工序表

 SCM

 SE

 SLP 手法

 VA/VE

名词

 漏油和漏气

指示灯	规划表
隐性知识	技术基础
一次合格	气压技术
联锁电路	显性知识
工业4.0	工业产权
转移技术	工具
内部设定	工厂重组
大修	工厂自动化
如何改进	工厂位置
改造	工厂布局
劳动状况的可视化	降低工时
劳动率（运转率）	工序FMEA
可动率（可用性率）	工序计划
环境友好型的生产系统	工程系列
技术	工序重组
技术转让	工序信息
技术改进	工序图
技术信息	工序设计
技术/诀窍	工序能力
技术标准	工序变更通知书（单）
技术联系单（图纸变更委托书）	生产方法改进
	生产方法开发
技能（技术）熟练度培训	故障停电时间

索　引

固定资产编号

混合生产系统

周期时间

最新版管理

工作研究

工作指导手册

试加工

样品验证

自动化

自働化

自动设定

自动停止装置

无库存物流

高度灵活的生产系统

按订单生产

节能设备

少种多量生产

减员化

小批量生产

初期流动管理

资料管理

可靠的设备

垂直启动

水平（横向）部署

技能

智能工厂

图纸管理

生产转移

生产技术

生产形态

生产效率

生产系统

生产准备计划

生产力

生产力提高率

生产设备质量保证活动

生产启动

生产工序

生产方式

生产筹备期

制造技术

制造成本

制造工序

制造功能特性

设计审查

设备改进

401

翻新

设备管理

设备采购规格说明书

设备保障记录

设备总效率

设备投资

设备引进的步骤

设备的 4S

设备能力

设备维护

单元生产方式

专用设备

外部设定

节拍时间

多种少量生产

设定

设定改进

缩短准备时间的诀窍 7 条

短交货期生产

短停机

便于使用的设备

拆解

设计评审

进度计划

电动控制技术

同步生产方式

动作经济原则

动力管理

动力设备

特殊技术

值得记录的生产设备

丰田生产方式

内部和外部生产分类

内制设备

流水线生产

瓶颈技术

瓶颈工序

平衡损失

通用设备

对人友好的生产系统

单人生产方式

标准化

标准作业

标准作业组合表

标准工时

质量改进

索 引

不稳定的技术
不合格产品
按部件划分的能力表
均衡化生产
变种变量生产
组织效率
手册化
浪费
用眼观看的管理方式
制造业的周期
液压技术

闲置设备类
要素技术
要素工序
生产线重组
筹备时间
布局
改造
连续自动运行
地点管理
批量生产
工件自动装卸装置

参考文献

菅间正二《一本读懂生产车间的实践手法》(秀和系统)

菅间正二《一本读懂生产车间的管理手法（第二版)》(秀和系统)

菅间正二《一本读懂现场改进的安排手法》(秀和系统)

菅间正二《图解今后的生产管理》(同文馆出版)

菅间正二《一本读懂"生产管理"的工作》(同文馆出版)

菅间正二《图解今后的工程管理》(同文馆出版)

新村出编《广辞苑（第五版）》(岩波书店)

日本标准协会编《JIS工业用语大典（第五版)》(日本规格协会)

日本标准协会编《JIS手册（57）质量管理》(日本规格协会)

菅间正二《图解今后的购买管理》(同文馆出版)

菅间正二《以高品质、低成本、短交货期为目标〈入门〉外包管理》(KANKI出版)

菅间正二《即用型生产设备设计技术诀窍集》(都市制作人)

日刊工业新闻（日刊工业报社）

朝日新闻（朝日报社）

读卖新闻（读卖报社）

各企业的网站

东方出版社助力中国制造业升级

书　名	ISBN	定　价
精益制造 001：5S 推进法	978-7-5207-2104-2	52 元
精益制造 002：生产计划	978-7-5207-2105-9	58 元
精益制造 003：不良品防止对策	978-7-5060-4204-8	32 元
精益制造 004：生产管理	978-7-5207-2106-6	58 元
精益制造 005：生产现场最优分析法	978-7-5060-4260-4	32 元
精益制造 006：标准时间管理	978-7-5060-4286-4	32 元
精益制造 007：现场改善	978-7-5060-4267-3	30 元
精益制造 008：丰田现场的人才培育	978-7-5060-4985-6	30 元
精益制造 009：库存管理	978-7-5207-2107-3	58 元
精益制造 010：采购管理	978-7-5060-5277-1	28 元
精益制造 011：TPM 推进法	978-7-5060-5967-1	28 元
精益制造 012：BOM 物料管理	978-7-5060-6013-4	36 元
精益制造 013：成本管理	978-7-5060-6029-5	30 元
精益制造 014：物流管理	978-7-5060-6028-8	32 元
精益制造 015：新工程管理	978-7-5060-6165-0	32 元
精益制造 016：工厂管理机制	978-7-5060-6289-3	32 元
精益制造 017：知识设计企业	978-7-5060-6347-0	38 元
精益制造 018：本田的造型设计哲学	978-7-5060-6520-7	26 元
精益制造 019：佳能单元式生产系统	978-7-5060-6669-3	36 元
精益制造 020：丰田可视化管理方式	978-7-5060-6670-9	26 元
精益制造 021：丰田现场管理方式	978-7-5060-6671-6	32 元
精益制造 022：零浪费丰田生产方式	978-7-5060-6672-3	36 元
精益制造 023：畅销品包装设计	978-7-5060-6795-9	36 元
精益制造 024：丰田细胞式生产	978-7-5060-7537-4	36 元
精益制造 025：经营者色彩基础	978-7-5060-7658-6	38 元
精益制造 026：TOC 工厂管理	978-7-5060-7851-1	28 元

书　名	ISBN	定　价
精益制造027：工厂心理管理	978-7-5060-7907-5	38元
精益制造028：工匠精神	978-7-5060-8257-0	36元
精益制造029：现场管理	978-7-5060-8666-0	38元
精益制造030：第四次工业革命	978-7-5060-8472-7	36元
精益制造031：TQM全面品质管理	978-7-5060-8932-6	36元
精益制造032：丰田现场完全手册	978-7-5060-8951-7	46元
精益制造033：工厂经营	978-7-5060-8962-3	38元
精益制造034：现场安全管理	978-7-5060-8986-9	42元
精益制造035：工业4.0之3D打印	978-7-5060-8995-1	49.8元
精益制造036：SCM供应链管理系统	978-7-5060-9159-6	38元
精益制造037：成本减半	978-7-5060-9165-7	38元
精益制造038：工业4.0之机器人与智能生产	978-7-5060-9220-3	38元
精益制造039：生产管理系统构建	978-7-5060-9496-2	45元
精益制造040：工厂长的生产现场改革	978-7-5060-9533-4	52元
精益制造041：工厂改善的101个要点	978-7-5060-9534-1	42元
精益制造042：PDCA精进法	978-7-5060-6122-3	42元
精益制造043：PLM产品生命周期管理	978-7-5060-9601-0	48元
精益制造044：读故事洞悉丰田生产方式	978-7-5060-9791-8	58元
精益制造045：零件减半	978-7-5060-9792-5	48元
精益制造046：成为最强工厂	978-7-5060-9793-2	58元
精益制造047：经营的原点	978-7-5060-8504-5	58元
精益制造048：供应链经营入门	978-7-5060-8675-2	42元
精益制造049：工业4.0之数字化车间	978-7-5060-9958-5	58元
精益制造050：流的传承	978-7-5207-0055-9	58元
精益制造051：丰田失败学	978-7-5207-0019-1	58元
精益制造052：微改善	978-7-5207-0050-4	58元
精益制造053：工业4.0之智能工厂	978-7-5207-0263-8	58元
精益制造054：精益现场深速思考法	978-7-5207-0328-4	58元
精益制造055：丰田生产方式的逆袭	978-7-5207-0473-1	58元

书 名	ISBN	定 价
精益制造056：库存管理实践	978-7-5207-0893-7	68元
精益制造057：物流全解	978-7-5207-0892-0	68元
精益制造058：现场改善秒懂秘籍：流动化	978-7-5207-1059-6	68元
精益制造059：现场改善秒懂秘籍：IE七大工具	978-7-5207-1058-9	68元
精益制造060：现场改善秒懂秘籍：准备作业改善	978-7-5207-1082-4	68元
精益制造061：丰田生产方式导入与实践诀窍	978-7-5207-1164-7	68元
精益制造062：智能工厂体系	978-7-5207-1165-4	68元
精益制造063：丰田成本管理	978-7-5207-1507-2	58元
精益制造064：打造最强工厂的48个秘诀	978-7-5207-1544-7	88元
精益制造065、066：丰田生产方式的进化——精益管理的本源（上、下）	978-7-5207-1762-5	136元
精益制造067：智能材料与性能材料	978-7-5207-1872-1	68元
精益制造068：丰田式5W1H思考法	978-1-5207-2082-3	58元
精益制造069：丰田动线管理	978-7-5207-2132-5	58元
精益制造070：模块化设计	978-7-5207-2150-9	58元
精益制造071：提质降本产品开发	978-7-5207-2195-0	58元
精益制造072：这样开发设计世界顶级产品	978-7-5207-2196-7	78元
精益制造073：只做一件也能赚钱的工厂	978-7-5207-2336-7	58元
精益制造074：中小型工厂数字化改造	978-7-5207-2337-4	58元
精益制造075：制造业经营管理对标：过程管理（上）	978-7-5207-2516-3	58元
精益制造076：制造业经营管理对标：过程管理（下）	978-7-5207-2556-9	58元
精益制造077：制造业经营管理对标：职能管理（上）	978-7-5207-2557-6	58元
精益制造078：制造业经营管理对标：职能管理（下）	978-7-5207-2558-3	58元
精益制造079：工业爆品设计与研发	978-7-5207-2434-0	58元
精益制造080：挤进高利润医疗器械制造业	978-7-5207-2560-6	58元
精益制造081：用户价值感知力	978-7-5207-2561-3	58元
精益制造082：丰田日常管理板：用一张看板激发团队士气	978-7-5207-2688-7	68元
精益制造083：聚焦用户立场的改善：丰田式改善推进法	978-7-5207-2689-4	58元

书　名	ISBN	定　价
精益制造084：改善4.0：用户主导时代的大规模定制方式	978-7-5207-2725-9	59元
精益制造085：艺术思维：让人心里一动的产品设计	978-7-5207-2562-0	58元
精益制造086：交付设计	978-7-5207-2986-4	59.8元
精益制造087：用BOM整合供应链生态	978-7-5207-2968-0	59.8元
精益制造088：PLM上游成本管理	978-7-5207-3396-0	59.8元

"精益制造"专家委员会

齐二石　天津大学教授（首席专家）

郑　力　清华大学教授（首席专家）

李从东　暨南大学教授（首席专家）

江志斌　上海交通大学教授（首席专家）

关田铁洪（日本）　原日本能率协会技术部部长（首席专家）

蒋维豪（中国台湾）　益友会专家委员会首席专家（首席专家）

李兆华（中国台湾）　知名丰田生产方式专家

鲁建厦　浙江工业大学教授

张顺堂　山东工商大学教授

许映秋　东南大学教授

张新敏　沈阳工业大学教授

蒋国璋　武汉科技大学教授

张绪柱　山东大学教授

李新凯　中国机械工程学会工业工程专业委员会委员

屈　挺　暨南大学教授

肖　燕　重庆理工大学副教授

郭洪飞　暨南大学副教授

毛少华　广汽丰田汽车有限公司部长

金　光	广州汽车集团商贸有限公司高级主任
姜顺龙	中国商用飞机责任有限公司高级工程师
张文进	益友会上海分会会长、奥托立夫精益学院院长
邓红星	工场物流与供应链专家
高金华	益友会湖北分会首席专家、企网联合创始人
葛仙红	益友会宁波分会副会长、博格华纳精益学院院长
赵　勇	益友会胶东分会副会长、派克汉尼芬价值流经理
金　鸣	益友会副会长、上海大众动力总成有限公司高级经理
唐雪萍	益友会苏州分会会长、宜家工业精益专家
康　晓	施耐德电气精益智能制造专家
缪　武	益友会上海分会副会长、益友会/质友会会长

东方出版社

广州标杆精益企业管理有限公司

用户需求日益多样化，企业从复杂多样的技术中，根据目标产品的规格，甄选出更高效、更经济的最优制造方法是关键。

因为，生产技术的优劣会对产品综合竞争力产生极大影响，进而左右企业效益。